LU

Les chemins de la vie…

Du même auteur

Au fil des sentiments
Mes premiers billets, tome I

Pour un peu d'espoir...
Mes plus beaux billets, tome II

Les chemins de la vie...
Mes plus beaux billets, tome III

Le partage du cœur
Mes plus beaux billets, tome IV

Au gré des émotions
Mes plus beaux billets, tome V

Les sentiers du bonheur
Mes derniers billets, tome VI

Denis Monette

Les chemins
de la vie…

Mes plus beaux billets

Tome III

Les Éditions
LOGIQUES
QUEBECOR MEDIA

Catalogage avant publication de Bibliothèque et Archives Canada

Monette, Denis

Mes plus beaux billets

Nouv. éd.

Éd. originale : Montréal : Éditions Le Manuscrit, 1985?-2003.

Sommaire : t. 1. Au fil des sentiments — t. 2. Pour un peu d'espoir — t. 3. Les chemins de la vie — t. 4. Le partage du cœur.

ISBN 2-89381-930-3 (v. 1)
ISBN 2-89381-931-1 (v. 2)
ISBN 2-89381-909-5 (v. 3)
ISBN 2-89381-923-0 (v. 4)

I. Titre.

PN6332.M66 2004   C848'.54   C2004-940-894-1

Correction d'épreuves : Michèle Constantineau
Mise en pages : Édiscript enr.
Photo de la couverture : Masterfile
Graphisme de la couverture : Gaston Dugas
Photo de l'auteur : Guy Beaupré
Les pensées des illustrations intérieures sont de l'auteur.

LOGIQUES est une maison d'édition agréée et reconnue par les organismes d'État responsables de la culture et des communications. Nous remercions le Conseil des Arts du Canada, le ministère du Patrimoine canadien et la Société de développement des entreprises culturelles du Québec pour leur appui à notre programme de publication. Nous reconnaissons l'aide financière du gouvernement du Canada par l'entremise du Programme d'aide à l'industrie de l'édition (PADIÉ) pour nos activités d'édition. Gouvernement du Québec — Programme de crédit d'impôt pour l'édition de livres — Gestion SODEC.

Les Éditions LOGIQUES
7, chemin Bates, Outremont (Québec) H2V 4V7
Téléphone : (514) 270-0208 Télécopieur : (514) 270-3515

Distribution au Canada
Québec-Livres
2185, autoroute des Laurentides, Laval
(Québec) H7S 1Z6
Téléphone : (450) 687-1210
Télécopieur : (450) 687-1331

Distribution en Belgique
Diffusion Vander
avenue des Volontaires, 321
B-1150 Bruxelles
Téléphone : (32-2) 761-1216
Télécopieur : (32-2) 761-1213

Distribution en France
Casteilla/Chiron
10, rue Léon-Foucault, 78184
Saint-Quentin-en-Yvelines
Téléphone : (33) 1 30 14 19 30
Télécopieur : (33) 1 34 60 31 32

Distribution en Suisse
TRANSAT SA
Distribution Servidis s.a.
Chemin des Chalets
CH-1279 Chavannes-de-Bogis
Suisse
Téléphone : (022) 960-9510
Télécopieur : (022)-776-3527

© Les Éditions Logiques inc., 2004
Dépôt légal : troisième trimestre 2004
Bibliothèque nationale du Québec
Bibliothèque nationale du Canada
ISBN : 2-89381-909-5

À celle qui depuis toujours,
... partage ce parcours.

Avant-propos

Plusieurs saisons se sont écoulées depuis notre dernier rendez-vous, n'est-ce pas ? Si on m'avait dit qu'après *Au fil des sentiments* et *Pour un peu d'espoir…* j'allais publier un autre volet de mes plus beaux billets, je me demande si je l'aurais cru. Et voilà que c'est fait et qu'un tome III s'ajoute aux premiers. Il est vrai que j'ai publié moult billets depuis la publication de mon second volume. Le temps passe si vite que je ne pensais pas en être à l'heure d'un autre dialogue avec vous. Si j'ai intitulé ce troisième volume *Les chemins de la vie*, c'est parce que nous avons tous à en suivre plusieurs pour y cueillir ci et là quelques gerbes de bonheur. Bien sûr qu'il y a aussi des chagrins, des émois, des sourires et des pleurs, mais que serait donc la vie si nous n'avions pas tour à tour ces sentiments au fond du cœur ? Comme je l'ai dit dans mes deux précédents ouvrages, je ne suis ni psychologue ni philosophe. Je ne suis qu'un être humain avec un vécu, un cheminement semblable au vôtre, des hauts et des bas, de bons et de mauvais moments… et un début de sagesse qui enneige doucement mes cheveux. J'ai franchi plusieurs âges de ces chemins de la vie et je suis conscient d'avoir à traverser d'autres décennies pour connaître, apprécier et comprendre davantage. Ces pages qui s'ouvrent devant vous, je vous les offre en toute modestie, tout en souhaitant devenir un ami de chevet. Je n'ai rien de plus que vous, rien de moins. Je n'ai que le privilège d'exprimer noir sur blanc, ce qu'en silence… votre âme ressent !

Denis Monette

Gardons l'espoir
en nos cœurs

et le bonheur se lèvera
bien avant nous
... demain !

Au fil du temps

Tout peut encore changer...

Vous y croyez, vous ? Moi, si ! Vous savez, dans la vie, il n'y a qu'au premier de l'An que les gens prennent ce qu'on appelle « des résolutions » que, la plupart du temps, ils ne tiennent pas. C'est comme une tradition, pour ne pas dire un jeu, que de « se jurer », pour s'apercevoir qu'on « se parjure » quelques semaines plus tard. Et si vous décidiez de changer votre comportement ou certaines habitudes, comme ça, n'importe quand, juste parce que vous avez le goût de vous améliorer ? Ne serait-il pas merveilleux de réussir, en plein automne, sans date précise, ce qu'on ne réussit pas à un moment choisi... par manque de conviction ? Ce qu'il faut, pour parvenir à son but, c'est d'abord de vraiment croire en soi et de persuader ensuite ceux qui nous aiment de croire en nous. Combien de fois ai-je entendu : « Là, c'est assez, il faut que je change, il faut que je mette un frein à ci ou à ça ! » Il n'est pas facile pour un être humain de se défaire de ses mauvaises habitudes et de se créer enfin une personnalité qui le rendra plus heureux tout en misant sur le bonheur de ceux ou celles qui lui sont chers. Donner la chance au coureur, ce n'est pas toujours aisé, surtout quand on a été échaudé tant de fois, mais je pense sincèrement qu'il est essentiel de le faire juste au cas où cette fois, ce serait « la fois » ! Le pire qui puisse arriver à une personne qui s'accroche à de bonnes intentions, c'est que plus personne n'y croit. Vous êtes-vous demandé comment se sent un individu qui se lève rempli de culpabilité, qui songe à changer, qui en parle et qui voit sur les visages des sourires méfiants ? Remarquez qu'il est dans les normes pour plusieurs de ne plus croire en ce qu'ils ont trop cru, mais ce qui est navrant, c'est que cette autre chance, quiconque est sincère y a droit. Le seul fait de savoir encore s'excuser ou s'amender est un indice de bonne volonté. Et ce n'est pas toujours pour que vous passiez l'éponge. Non, celui ou celle qui se repent ainsi devant vous et qui promet s'engage dans une ardente tentative. Les motifs peuvent être nombreux et, la plupart du temps, celui ou celle qui désire changer le fait parce qu'il ou qu'elle vous aime. Il est évident que, au départ, on se doit de changer pour soi, pour son propre bien-être, pour sa sérénité, pour son bonheur personnel. Ensuite ? c'est pour ceux qu'on aime et qu'on ne veut pas perdre qu'on y met toutes ses énergies. Quel que soit le problème, quelle que soit la tare, il est toujours possible de s'en sortir pour qui le veut bien. Moi, dans un tel cas, j'achète ce bon vouloir et j'offre gratuitement en retour... ma confiance. Il n'y a pas de mauvais arbres, il n'y a que des arbres croches qu'on peut encore redresser. Nous avons tous, en nous, des choses à corriger et si nos défauts nous semblent moindres, ils peuvent s'avérer très malheureux pour les autres. Le meilleur guide à tout changement qu'on s'impose, c'est d'abord « le sentiment ». Si vous saviez tout ce qu'on peut faire au nom de l'amour ou même de l'amitié. L'éternel repentant, c'est celui qui perd constamment et qui ne veut plus perdre. Il ne veut plus voir ses amis s'en aller un à un et encore moins voir son cœur se refermer malgré lui sur sa plus belle chance de bonheur. Oui, tout peut encore changer pour qui que ce soit, si d'autres y déposent leurs indulgences et leur foi. Il nous faut croire en ces êtres qui veulent vaincre, pour avoir ne serait-ce que leur petite part de joie. Si l'on comprend et que l'on cesse de juger, même si c'est difficile, il est d'ores et déjà assuré qu'une bonne fois, par amour ou je ne sais quoi... l'autre s'en sortira !

Quand l'herbe est verte...

... c'est que la pluie l'entretient de ses perles et que Vivaldi acclame la plus belle de ses saisons. Juin, juillet, août. Trois mois, longs ou courts, selon ce qu'on en fait, mais combien beaux et doux ! Ce bel été qu'on attendait est là à nos pieds avec sa brise légère, ses longs soirs de silence, ses aubes majestueuses, ses bancs de parc complices de nos amours, ses voyages, ses élans et sa verdure qui se veut couleur d'espoir. C'est comme si tout était moins pénible en été. On dirait que les malades retrouvent même le sourire comme si la saison du bonheur avait le pouvoir de panser leurs blessures. On dirait que, sur un lit d'hôpital, la douleur est moins aiguë, que, pour la personne handicapée, l'effort est moins pénible. Comme si la jolie saison avait le don d'alléger les pires fardeaux, les plus exécrables fléaux. On se dit aisément qu'il ne peut y avoir de guerre en été, qu'il ne peut y avoir de malheurs en été, bref, qu'on ne meurt pas en été. Il est évident qu'on se leurre puisque avec toute sa féerie, la terre, même en été, offre bien des âmes au paradis. Il doit être vrai que la misère est moins pénible au soleil et que se lever avec le chant des oiseaux vaut de beaucoup les réveils sous le hurlement des vents de la froidure. En été, on regarde les enfants et on voit dans leurs yeux cette joie de vivre, cette soif de liberté, cette insouciance qui fait que les heures passent sans qu'ils aient envie de dormir. Ils s'amusent, rient, jouent sans cesse jusqu'à ce que dame lune vienne les prendre dans ses bras pour les coucher dans leur petit lit. On n'a même pas le temps de déposer un baiser sur leur front que déjà ils sont dans l'univers du rêve jusqu'à ce qu'un demain les emporte encore sur les pavés de l'euphorie. Et que dire de ces adorables grands-mamans qui n'ont pas osé sortir depuis longtemps de peur de glisser maladroitement. Ne les voit-on pas au bras de leur digne mari déambuler au long des allées d'un parc ensoleillé ? Si tel n'est pas le cas, ne les voit-on pas sur leur galerie en train d'arroser les bouquets de fleurs qu'elles ont semées ? Elles sont radieuses parce que heureuses enfin d'être de retour parmi les gens de l'extérieur. Elles ont tant regardé par leur fenêtre givrée, tant rêvé de cet été, qu'elles ne le laisseront pas passer sans en pétrir la beauté. Quand l'herbe est verte, il y a aussi ceux qui s'aiment et qui se le disent avec une tendresse que seul Musset pourrait comprendre. Un « je t'aime » murmuré alors qu'on est dans une balançoire bercée par le vent, n'est pas le même « je t'aime » qu'on échappe en passant quand la neige fait rafale. Quand les mois les plus chauds sont là, la magie s'exerce et l'on se demande pourquoi tout est plus beau, plus vrai, plus noble. C'est tout simplement qu'une telle saison imprègne le cœur d'une si douce chaleur qu'on ne peut faire autrement que la répandre sur autrui. Ces bienfaits de l'astre qui luit dans le ciel, on ne peut les ressentir sans en offrir les rayons à ceux qu'on aime. C'est pourquoi on a moins mal devant la peine, on souffre moins dans la douleur et on sent que rien ne peut enfreindre notre joie. Dieu a certes été bon de créer sa terre aux couleurs de l'espoir, car en répandant ce vert sur les arbres qu'on regarde en levant haut la tête et en piétinant ce sol qu'on a sous ses pas, il a aussi semé en nous l'espoir de grandir, d'avancer, de croire, d'aimer, de vivre et de prier. Moi, quand l'herbe est verte, la mer de mes sentiments l'est aussi et ça… rien ne l'arrête !

Tant qu'il y a de la vie...

    ... il y a de l'espoir ! C'est ce qu'on a toujours dit et c'est peut-être l'adage auquel je crois le plus. Le plus subtil de cette belle phrase, c'est qu'elle peut aussi bien s'appliquer à l'amour qu'à la santé ou qu'au temps qui défile sous nos yeux. Pour ce qui est de la santé, il est évident que c'est ce qu'on peut se dire de plus optimiste, surtout quand le printemps vient nous murmurer que tout reprend vie, que tout ce qu'on croyait mort n'était qu'endormi. Dès lors, comment ne pas se lever de son lit, ouvrir la fenêtre et se dire : « Non, je ne me laisserai pas partir aussi bêtement. » C'est à ce moment que la lutte s'engage entre notre vouloir et notre miroir. Le plus souvent, c'est la vie qui l'emporte parce qu'on a su y croire et se faire encore confiance. Si l'on applique maintenant cet adage à l'amour, que puis-je vous dire de plus que rien n'est jamais mort tant que les tessons ne sont pas devenus cendres. On pensait, on croyait que tout était fini et, déjà, le printemps qui venait riait en sourdine, sachant fort bien qu'il était pour aviver plus que jamais cette flamme qui, il y a peu de temps, vacillait, dans le fond d'un cœur qu'on croyait déjà froid. Mirage ? Sursis ? Fumisterie ? Il se peut que tout ce qu'on prend pour une réanimation ne soit que le dernier sursaut d'un amour qu'on a cru trop beau. On n'est pas bête au point d'être aveugle une seconde fois, mais tant qu'il y a de la vie, il se doit d'y avoir encore de l'espoir. Et si l'on s'était trompé, si l'on était faits vraiment l'un pour l'autre ? Que chacun, que chacune analyse son cas et vienne me dire que le doute ne l'habite pas et ce, de façon aussi positive que négative. On s'interroge ? Et pourquoi pas ? Mais est-il possible de le faire dans un sens qui ne se voudrait pas nécessairement cul-de-sac. Cette seconde tentative, ce deuxième essai du livre qu'on écrit, peut-être en trouverons-nous la trame cette fois ? Vous savez, quand le coup de foudre cède la place au raisonnement, on ne voit plus les choses de la même façon. Peut-être n'en êtes-vous plus à vous jeter comme des enfants dans les bras l'un de l'autre, mais même si les élans ne sont plus aussi impétueux, qui sait si les sentiments n'ont pas encore plus de force ? C'est parfois à se regarder dans les yeux, à ne rien se dire qu'on finit par se comprendre et saisir bien des choses. Il suffit aussi d'un éloignement, d'un bilan de son histoire… pour en être encore à y croire. Oui, tant qu'il y a de la vie, il y a de l'espoir et le temps qui passe s'en fait le juge. C'est ce temps qu'on s'accorde, ce temps qui nous devance sans cesse qui fait qu'on peut s'accrocher aux plus beaux de ses jours… dans un ultime geste d'amour. Bien sûr que tout finit par mourir et qu'un jour il nous faudra renoncer à la vie comme à l'amour. Bien sûr que rien n'est éternel et que même l'âme quittera le corps quand le cœur cessera de battre. Mais en attendant, pourquoi ne pas respirer les plus belles saisons de sa vie ? Laissez briller très fort cette lumière avant qu'elle ne s'éteigne et faites en sorte que l'espoir qui vous habite illumine ce banquet de la vie auquel on vous convie. Si tout ce que je vous dis ne se veut que le dernier souffle de vos plus grands espoirs, qu'il soit doux ce souffle, qu'il soit beau, et faites en sorte d'y croire comme s'il s'agissait du premier. Si c'est en amour que s'agite votre main qui cherche encore, prenez vite la main de l'autre en qui vous croyez encore et dites-lui que tant qu'il y a de la vie, il y a encore… elle ou lui !

Votre bon Dieu... et le mien !

Ah ! ces fameuses croyances et toutes ces sectes reli-
gieuses ! Il y en a tellement de nos jours que je m'y perds.
Remarquez que je n'ai rien, mais absolument rien contre « la
foi » de quelque façon qu'elle s'exprime et c'est justement de
cela que je viens vous parler. Il y en a pour qui croire se veut
un verbe démonstratif. Je pense ici aux charismatiques pour
qui le *Alleluia* accompagne toutes les phrases. Je respecte leur
façon de voir leur Dieu et de le manifester, mais j'avoue que
je suis du genre trop discret pour en faire partie. Il y a ceux
pour qui les prêcheurs américains sont le « Dieu » qu'ils
cherchaient, et d'autres pour qui ce même « Dieu » se veut une
force supérieure, un être suprême, sans visage, sans définition
précise. Certaines personnes à qui je demande si elles ont la
foi, me répondent : « Je sens qu'il y a quelque chose quelque
part de plus fort que moi, mais je ne peux rien décrire ! »
D'autres me disent : « Dieu, pour moi, c'est quelqu'un de
surnaturel, c'est une autre dimension, c'est ce que je ressens
quand je plonge dans mes méditations. » J'ai vu des catholiques devenir Témoins de Jéhovah et des Témoins redevenir
catholiques ou protestants. Bon. À chacun sa façon de croire
en l'éternité, mais je vous annonce que, pour moi, le bon Dieu,
c'est encore celui de mon enfance. Je vais sans doute passer
pour un être qui n'a pas évolué, mais si votre façon de Le voir
se veut plus *up to date* pourquoi la mienne serait-elle dépassée
parce qu'elle a gardé la pureté de ma jeunesse ? Moi, j'ai
appris dès mon jeune âge à voir le bon Dieu avec ce visage
d'homme qu'on voit encore dans les églises où les statues sont

toujours à l'honneur. C'est le Christ de mon chemin de croix, celui qui, en sueur, montait jusqu'au Golgotha. Je Le vois tel que je L'ai toujours prié et rien, même le temps, ne viendra troubler cette image que j'ai de Lui. Je me suis accroché à cette valeur et quand je Le prie, c'est à ce visage plein de bonté et de compassion que je m'adresse. Dieu fait homme... voilà celui en qui je crois et celui à qui je parle tous les soirs. Ma femme, qui revient d'un voyage à Rome et à Jérusalem, m'a rapporté une tête du Christ avec sa couronne d'épines et j'ai ressenti la même foi m'animer qu'à l'époque où j'avais son image dans ma chambre. Un chapelet, c'est encore important pour moi, autant qu'un bénitier ou un rameau. Les supposés savants me diront qu'à adorer des statues et des images on risque de passer pour païen. Tant pis, moi je le fais encore sachant fort bien que je suis chrétien ! Pour ma mère, c'est Marie-Reine-Des-Cœurs qui gère toute sa vie. Pour une autre dame que je connais, c'est la bonne Sainte Vierge. C'est sans doute qu'on se comprend mieux entre mères ! Moi, Jésus sera toujours Jésus et, chaque année, quand je revois le film *La Passion*, ce visage m'obsède, parce que c'est exactement comme ça que je me représente le Dieu auquel je crois. Je ne suis pas pratiquant pour autant et je regrette encore mes messes en latin d'autrefois. Que voulez-vous, je suis conservateur et je n'y peux rien. Par contre, une statue du Christ, c'est important dans ma maison et ce gros chapelet de bois de rose rapporté d'Israël que j'ai sur le mur de ma chambre, ça veut dire beaucoup. À chacun sa façon de voir son bon Dieu. Finalement, en ayant la foi, n'avons-nous pas tous le même ciel au-dessus de nos toits ?

Ces belles vieilles dames...

Elles en sont toutes, elles aussi, à l'aube d'un an nouveau, ces dames au chignon gris ou blanc. Et c'est avec douceur qu'elles voient venir le flot des jours et des heures. Dernièrement, une lectrice prénommée Monique me téléphonait pour me parler de sa vieille maman de quatre-vingt-un ans qu'elle adorait plus que tout au monde. C'est d'une phrase à l'autre que nous avons pu réaliser que nos deux mères étaient nées en même temps, à deux semaines d'intervalle pour être plus précis, en 1905. Le plus beau cadeau qu'on puisse leur faire c'est de dire à quel point on les aime, ces mères presque d'un autre siècle, et le plus beau cadeau qu'elles puissent nous faire, c'est d'être encore sur terre, à nos côtés, les bras encore grands ouverts pour nous serrer contre leur cœur. Oui, douces octogénaires, nous vous aimons et si Monique offre son message d'amour à sa tendre Lucienne j'offre le mien à ma douce Irène. Deux mères au cœur d'or, à l'âme pure et limpide et au charme indestructible. La chère Lucienne, qui est née en 1905, a donné naissance à quinze enfants ! Imaginez toute la joie qu'elle a pu ressentir dans chacune des douleurs de ses nombreuses maternités. Donner la vie, procurer le bien-être, entourer ses petits de soins et de tendresse. Est-ce que cela ne vaut pas toutes les raisons du monde pour qu'aujourd'hui on l'apprécie ? Tous vos enfants vous aiment, chère maman Lucienne, mais c'est Monique qui s'est chargée de vous le dire en leur nom. Chez moi, c'est toujours moi qui me fais le porte-parole de la famille, mais je sais très bien que tous mes frères ont ce même amour pour ce cœur de mère que nous chérissons. De Monique à sa maman en passant par la mienne, j'aimerais atteindre toutes les autres qui ont aussi des cheveux blancs, des enfants, des petits-enfants et qui sont aimées comme ce n'est pas possible. Je pense aussi à cette merveilleuse Lina qui, par coquetterie, ne m'a pas encore avoué si elle avait quatre-vingts, quatre-vingt-deux ou quatre-vingt-cinq ans… mais qu'importe, j'en ferais tout autant ! Par contre, j'ai été si heureux de lui causer lors de son passage à Saint-Lambert où sa famille la recevait. C'était juste avant les Fêtes, plus précisément en novembre, et elle était là à cause d'une maladie sans complication qu'elle venait faire soigner. Heureuse auprès des siens, on a raison de dire que parfois, dans la vie, ce qui nous arrive « C'est un mal pour un bien ». Lina, de Rouyn, sachez que j'ai pensé à vous pendant mon voyage qui a suivi notre conversation et que j'ai déversé sur votre douleur physique, la chaleur du soleil américain. J'ai aussi pensé à celles qui, alitées, ont reçu des gâteries de leurs enfants et aussi à ces mères de quatre-vingts ans et plus… seules et oubliées. Pour ces dernières, j'ai prié du fond de mon cœur pour que l'amour des leurs adoucisse leur agonie. J'ai prié pour que jamais elles ne meurent sans avoir été pressées sur le cœur d'un enfant. Ces belles vieilles dames, ces jolies demoiselles d'autrefois, c'est dans les yeux qu'elles ont gardé toute la force de leur amour. Un regard, ça ne vieillit jamais et c'est pourquoi les larmes des grands-mamans sont comme l'eau de source la plus claire. À toi, maman, qui me lis, j'offre toute ma tendresse ; à vous, Lucienne, sachez que Monique vous aime et qu'elle sera auprès de vous sans cesse. À vous, Lina, ma plus douce pensée, et à vous toutes, adorables femmes au cœur de diamant, que vous ayez soixante-cinq, soixante-dix, quatre-vingts ou même cent ans, sachez que du fond du cœur… je vous aime passionnément !

Savoir « se ramasser »

Se ramasser, c'est prendre conscience de ce que l'on est, de ce que l'on vaut et recoller les morceaux brisés de sa raison avant de la perdre et ne plus savoir si l'on veut encore vivre ou lentement mourir. Quand l'être humain devient faible à ce point, il est au bord du désastre et croit que la seule solution valable est de se laisser aller sans rien faire pour tenter de se relever. Dans la vie, rien n'est irréparable. Si l'on cherche dans le manuel de ses propres forces, on finit toujours par trouver du moins l'effort... de ne pas être faible. Trop de gens dépendent toujours des autres sans penser une seule minute que les autres ne peuvent rien pour eux, sinon les plaindre. C'est quand on finit par se rendre compte qu'on fait pitié à voir qu'il est grandement temps de prendre la situation en main. La pitié d'autrui n'a jamais rien valu à qui que ce soit et dès qu'on la sent glisser sur soi, il faut réagir et transformer ce dernier des sentiments en une admiration digne de foi. On médite, on roule ses manches et on repart à zéro ? Oui, c'est exactement ce qu'il faut faire, même si ça ne semble pas facile. On ne peut s'ancrer sans cesse dans un sable mouvant et espérer qu'il y aura toujours quelqu'un pour nous tendre la main. Compter sans cesse sur l'altruisme des autres, c'est étaler davantage aux yeux de tous sa pauvre faiblesse. Savoir « se ramasser », c'est prendre une grande respiration et se dire que la vie a encore beaucoup de choses à offrir si l'on se donne la peine de les cueillir. Plaie d'argent n'est pas mortelle ! Plaie d'amour non plus et plaie de déception encore moins. Non, le ciel ne peut pas toujours être rose et quand le gris s'y mêle, c'est alors qu'il faut faire preuve de courage et de détermination et poursuivre sa route… la tête encore haute. Il y a un adage qui dit que ce qui nous arrive est parfois « un mal pour un bien » et j'y crois ferme. C'est bien souvent le pas en avant qu'il fallait faire pour s'accomplir, le coup de pied au derrière pour avancer. Devant toute situation qui bouleverse notre quotidien, il faut d'abord garder son calme et sa tête. Certes, on se sent désarmé, on n'a même pas le goût de lutter, mais c'est là qu'est le danger si on dépose les armes. C'est en se ramassant soi-même qu'on se rend compte de sa propre valeur et c'est en le faisant fièrement qu'on garde sa dignité. On est souvent porté à penser aux autres, à se donner sans compter, à se juger indispensable, à s'imaginer que tout est acquis et que jamais rien ne viendra nous surprendre. C'est à croire que c'est lorsqu'on est le plus fort qu'on s'aperçoit qu'on est le plus faible. Se ramasser, c'est accepter les contraintes de la vie en pensant un peu à soi. Si nous sommes victimes des nuages gris, n'allons pas pour autant détruire le nuage rose de quelqu'un d'autre. Chacun a sa part de tourments sur cette terre et ce n'est pas parce qu'on est perdant qu'il faut s'imaginer que les gagnants n'ont pas aussi leurs moments sombres. Savoir se ramasser, c'est prendre le taureau par les cornes, éliminer de ses pensées ce qui se voulait fin du monde et se relever avec tout l'optimisme qu'on peut encore trouver au fond de soi. Il faut savoir accepter ses défaites et laisser les autres vivre avec leurs victoires. Si, dans un sens inverse, vous êtes un gagnant qui se veut à la merci de tous les dépendants qui vous entourent, faites le vide, nettoyez votre cour et ramassez-vous avant de sombrer à votre tour. Savoir se ramasser, c'est avoir juste assez d'amour-propre et d'intégrité pour fermer une porte et en ouvrir une autre avant d'être assommé. Et ça se fait, je vous le dis, quand on a juste assez de cran pour faire fi des déboires de la vie !

Hier, aujourd'hui... ou demain ?

En vertu de laquelle de ces trois raisons devons-nous vivre ? Voilà certes une question pas toujours facile à analyser, même si la plupart des gens vous répondront qu'il est essentiel de vivre « au présent ». Bien sûr ! serais-je porté à leur répondre. Mais devons-nous pour autant ensevelir nos plus belles nostalgies et éliminer la projection de tous nos rêves ? Comme à toute chose il y a un juste milieu, je me demande si le fameux leitmotiv « d'un jour à la fois » peut suffire à combler sa raison de vivre. Moi, si je me retourne vers le passé, je savoure parfois de bien grandes joies et je revois de bien belles images. On se dit « Ah ! c'était l'bon temps ! » même si ce n'est pas entièrement vrai. Il y a, et je vous l'accorde, des moments qu'on préférerait avoir oubliés à tout jamais, mais les erreurs, les chagrins, les déboires ne sont-ils pas les racines de l'expérience ? C'est bien souvent en se remémorant des jours sombres qu'on est en mesure d'apprécier le soleil d'un aujourd'hui. C'est même là une thérapie fort valable si on sait vraiment comment l'expliquer. On n'enterre pas le passé de peur d'avoir encore mal. Non, on le déterre parfois en vertu de l'appréciation d'un bien-être qui nous arrive enfin comme un cadeau du ciel. Pour ce qui est des bons moments, je les savoure encore, mais sans regret même s'ils sont derrière moi. Je tourne délicatement la page et je me réjouis d'un bonheur actuel. N'empêche que le « t'en souviens-tu ? » fait drôlement chaud au cœur quand on se remémore un doux bonheur. Pour ce qui est de demain, ni vous ni moi n'en savons rien. Là, je me fais un peu moins avocat d'un verdict à venir. Ce qui importe, c'est d'espérer que ce demain aura quelques brins de paille de plus qu'aujourd'hui… sans trop en demander, bien entendu. L'espoir et le rêve sont deux éléments qui nous permettent parfois d'avancer. Là où c'est dangereux, c'est quand on mise vraiment sur un futur gagnant et qu'on s'y retrouve perdant. Ce que je veux dire, c'est que trop de personnes érigent la cheminée avant d'avoir même coulé le solage. Il m'arrive d'entendre des « Moi, dans deux ou trois ans, je vais être à l'aise parce que j'ai tout ce qu'il faut maintenant pour y parvenir. » Je n'ai rien contre les optimistes, bien au contraire, mais les « trop sûrs d'eux » me font terriblement peur, car si leur présage s'avère mirage, c'est la désillusion la plus totale. Et si ce présent que nous traversons pouvait être la juste balance d'un passé et d'un avenir ? Si nous allions puiser dans une part de notre expérience et une part de nos ambitions, ne serait-ce pas là la meilleure façon de bien vivre notre quotidien ? Si, au moment où vous lisez ces lignes, vous vous appliquiez à donner à votre vie juste un petit peu plus que le meilleur de vous-mêmes, ne serait-ce pas déjà un pas en avant ? Moi, chaque matin, je fais un doux mélange de mes nostalgies et de mes espoirs et je vous jure que ma journée me comble d'un bon vouloir. Je n'attends pas bêtement que la vie me donne et je ne lui arrache rien de force. Je cultive plutôt le jardin de mon aujourd'hui avec la semence d'un passé pour une moisson de l'avenir. Pour ce faire, j'utilise de bon gré tous les outils… que le bon Dieu veut bien me prêter !

Les phases de l'amour...

Quand on est jeune, on aime en fou ? Lorsque j'avais quinze ans, je me serais bien défendu d'un tel verdict, mais à bien y penser, c'est vrai qu'à cet âge on éparpille son cœur à gauche et à droite. On va même parfois jusqu'à aimer deux personnes à la fois. On tente de prouver qu'on est adulte et l'on se casse le nez sur une enfance pas encore terminée. C'est gentil l'amour quand on est adolescent. Ce sont les premiers pétales de la fleur de la vie. On effeuille la marguerite, quoi ! Dans la vingtaine, la couleur n'est déjà plus la même. C'est peut-être l'âge où l'on est le plus en possession de ses facultés, l'âge où le verbe aimer se veut très sédentaire. N'est-ce pas dans cette décennie que les gens se marient le plus ? La lune de miel, celle ou celui qu'on choisit pour conjoint, les enfants qui naissent et le cœur est au beau fixe, sans histoire, sans blessure, sans sursaut. C'est l'une des belles phases de la vie. Et voilà qu'on a trente ans. Qu'on soit marié ou pas, c'est sans doute la période la plus difficile pour le maniement des sentiments. On se cherche dans le but de mieux trouver et bien souvent... on se perd soi-même parce qu'on a trop exigé. On veut bâtir sur du solide et, indécis entre l'amour et la raison, on passe bien souvent à côté de la plus belle occasion. Pour les couples déjà engagés, c'est l'âge de la mise au point, le son-dage du cœur, afin d'être prêts à vivre, sans en douter un seul instant, le second mandat que nous accordent les sentiments. Tiens ! déjà la quarantaine. Ce chiffre, qu'on prend toujours très mal, parce que le cœur se bat entre la jeunesse qui se dis-sout lentement et la maturité qui s'installe gentiment. Là, c'est vraiment l'analyse profonde. On s'interroge, on se permet même de douter, ne serait-ce que pour se prouver qu'on peut encore plaire ailleurs. C'est l'âge où les divorces sont nombreux. L'âge que j'appelle « la ménopause de l'amour ». Dure période à traverser, on met de l'eau dans son vin et si l'amour ne fait pas naufrage, c'est qu'on a su adroitement éviter le déluge. Et voilà que le demi-siècle de vie s'accroche à l'être humain encore essoufflé d'avoir tant cherché au loin... ce qu'il avait à portée de la main. L'amour change de visage et l'esprit découvre peu à peu le sens inné des mots « tendresse », « affection », « partage », « compréhension ». Ce n'est pas pour rien qu'on parle alors de l'âge de la sagesse. On abdique en douceur ses trop grandes ardeurs et l'on découvre, dans un simple bouquet de fleurs, le préambule d'un amour qui change de couleur. Soixante ans, et l'on voudrait que l'amour, quel qu'il soit, ne s'achève ni ne meure par la perte de cet être cher auquel on est profondément attaché. Si, à cet âge on découvre l'amour, c'est avec raisonnement, avec structure et un tantinet de la fleur bleue qui nous enivre encore. Soixante-dix ou quatre-vingts ans ? Oui, l'amour est possible et sans doute plus beau que tout ce qu'on a pu vivre. Pourquoi ? Parce qu'à cet âge on aime avec un cœur d'enfant. On redécouvre, on réinvente l'amour tout comme à quinze ans, mais avec une tendresse digne des poètes. Un regard, un sourire et c'est le plus doux des soupirs. Comme il doit être chaud, l'amour de l'hiver de sa vie ! Phases terminées, on part tout doucement, sans regret, sans amertume, vers un bien doux néant. Oui, tout simplement, parce qu'on a passé sa vie à aimer de mille façons et qu'on se rappelle que, à chaque fois, qu'importent les saisons... le cœur avait ses raisons !

Dans le jardin de mes souvenirs,
une fleur ne s'est jamais fanée,
... celle de mon désir
qu'en ce jour
je dépose encore
à vos pieds !

Oh ! comme je me rappelle...

Ce soir, je suis un tantinet nostalgique, voire mélanco-
lique. Les dernières feuilles sont en train de tomber et ce
remue-ménage des arbres me fait revoir le très beau livre
d'images de mon enfance. Je me rappelle l'odeur de ces
feuilles d'érables que nous ramassions pour en faire une
montagne et les allumettes que nous craquions pour les brûler
sur le bord de la rue. Notre voisin en faisait tout autant et nous
n'avions qu'à regarder horizontalement pour nous rendre
compte que tout le monde humait ce nuage gris de fumée qui
s'élevait dans le ciel. Il m'arrivait d'en choisir une ou deux,
très rouges de préférence, et de les placer dans un roman de
Paul Féval pour avoir la joie de les palper délicatement tout au
long de l'hiver. Je me souviens aussi de ma chère mère qui
enlevait et lavait ses persiennes vertes et du camion qui venait
déjà livrer le charbon pour nous tenir au chaud pendant les
mois les plus froids. Nous n'avions qu'une cave de ciment,
mais mon Dieu qu'elle pouvait être utile ! C'était, bien sûr, le
logement de nos deux chats que ma mère nourrissait de « for-
sure » de porc, mais c'était aussi le lieu de nos plus beaux jeux
d'enfants. Combien de séances avons-nous jouées dans cette
chère cave où tous les jeunes du quartier s'amenaient avec des
bouteilles vides, comme prix d'entrée, que nous allions re-
vendre deux sous l'unité dès le lendemain. La saison ne se
prêtait déjà plus aux épingles à linge. Il y avait là un vieil
appareil radio qui ne fonctionnait plus. Il n'en restait que la
carcasse et combien de fois me suis-je glissé derrière pour
jouer au lecteur de nouvelles quand ce n'était pas pour imiter

un Jacques Normand et son *Fantôme au clavier*. L'aîné arrivait et nous chassait parce qu'il avait besoin d'être seul avec sa blonde pour écouter ses «records» à la mode. Lui préférait Frank Sinatra pendant qu'elle rêvait de Tony Bennett. Il y avait aussi une lampe qui se tenait debout de peine et de misère et un vieux sofa déchiré qui a été témoin de tous leurs baisers. Nous nous cachions pour les observer et quand nous étions découverts, nous l'entendions crier : «Maaan… viens chercher les p'tits maudits !» Il se croyait un homme avec ses dix-huit ans, ses cheveux lissés au *wave set* et ses habits *zoot-suits*. Nous, en culottes courtes avec nos *running shoes* aux lacets toujours défaits, nous attendions que la voisine, une Italienne, sorte de chez elle pour aller lui piquer quelques pots de ketchup maison qu'elle laissait sur sa galerie. Elle a dû en réciter des Ave Maria pour que nous déménagions… et elle a fini par être exaucée. Vous auriez dû voir l'air bête de nos nouveaux voisins quand ils ont vu ma mère arriver avec ses cinq garçons ! Mon frère aîné avec «son beau convertible» qu'il faisait rouler avec tant de vigueur qu'il aurait pu réveiller les morts. L'autre qui jouait du piano dans notre nouvelle cave, le troisième qui jouait de la clarinette en faussant constamment, et moi avec mon accordéon qui faisait plus de bruit que de musique. Il y avait aussi le p'tit dernier qui s'amusait à casser des bouteilles sur le mur du garage. Quel monstre que celui-là ! Le temps a si vite passé que je me demande si ça vaut la peine d'en compter les hivers et les étés. Oh ! que je me rappelle ce temps où l'insouciance l'emportait sur l'intelligence. Ne dit-on pas que, pour les enfants, il n'y a ni hier ni demain, rien que le présent ? Et ce sont maintenant nos enfants et plus tard nos petits-enfants qui s'écrieront un jour avec nostalgie… oh ! comme je me rappelle, moi aussi !

Un mot, un geste...

Est-ce si difficile de dire « je t'aime » ? Est-ce si pénible de s'asseoir l'un en face de l'autre et de s'échanger des aveux quand le cœur est en pleines pulsations ? Si j'en juge par tout ce que je lis dans les courriers du cœur et même par les lettres que je reçois, il est effarant de constater à quel point parfois l'amour peut avoir l'air d'être... à sens unique ! Et pourtant, ces couples s'aiment à pleine mesure et le lien se veut des plus solides. Ce qui est à déplorer, c'est cette façon de l'un ou de l'autre de ne jamais s'exprimer et de se contenter d'aimer en silence. Dans chaque vie de couple, il est nécessaire que le mot ou le geste vienne entretenir la flamme. Une histoire d'amour, c'est une mise sur l'avenir, et si l'on veut que le roman se poursuive, il faut sans cesse l'agrémenter de nouveaux chapitres. Alors comment y parvenir quand on n'a même pas réussi à entamer le préambule ? Vous savez, dire « je t'aime » à quelqu'un et ne pas avoir de réplique comme « et moi aussi » ou « moi donc ! » ça laisse un cœur dans l'inquiétude pour ne pas dire dans l'incertitude. Il y a de ces personnes, surtout chez les hommes, pour qui prononcer de telles phrases est un embarras. On n'y changera rien, la plupart ont été élevés de cette façon et rares sont ceux qui vont avouer être fleur bleue au point de s'épanouir dans une eau de rose. On laisse ça aux femmes selon « les normes » et on aime en silence sans penser que le premier poète qu'elles croiseront sur leur route avec juste les mots qu'il faut pourra s'emparer de leur cœur. Par contre, si le mot se veut absent, il reste le geste et je pense sincèrement que là, il y a plus d'une façon de répondre à cette fameuse question qui se voudrait réponse. On ne peut continuer à aimer avec un doute au fond de l'âme. Le saviez-vous, vous qui me lisez ? Il y a donc l'autre manière, comme je le disais, et c'est bien souvent avec la plume que le cœur peut s'ouvrir largement. Est-ce si difficile d'écrire un mot, d'avouer sur papier ce qu'on n'ose prononcer par timidité ? On peut même dès lors y aller plus fort, laisser l'éloquence s'emparer de ses sentiments et les transmettre plus vivement. Juste avant de signer, on peut ajouter : « Si tu savais comme je t'aime ! » Si l'art d'écrire ne vous est pas facile, il existe des cartes munies de belles pensées auxquelles vous pouvez ajouter quelques mots personnels et encore les signer d'un « je t'aime » pathétique. Il n'y a pas d'amour qui puisse durer sans s'entendre dire, de quelque façon que ce soit, le fameux « je t'aime » que l'on perçoit. Et si dans le silence, sans plume à la main, sans poésie dans les veines parce qu'on n'en a pas le talent, si dans ce silence de notre amour, nous avions au moins la bonne idée d'acheter des roses, un bijou, un livre, un disque, un je ne sais quoi qu'elle aime ou qu'il aime, n'est-ce pas là une autre façon de dire « je t'aime » ? Et si l'union dure depuis plus de vingt ans, doit-on la considérer comme acquise… parce que les rides, parce que l'arthrite ?… Non ! Je dis non, parce que le cœur ne vieillit pas et qu'on peut à soixante ans l'écouter battre comme à trente ans. La façon de se dire « je t'aime » au troisième âge de la vie, c'est par de petites attentions. Un petit dîner pour deux de sa part à elle, une agréable invitation à sortir de sa part à lui. Un foulard qu'elle lui tricote avec amour, un bon souper au restaurant qu'il lui offre avec un océan de tendresse. C'est ainsi qu'on peut cultiver le plus beau des verbes. Amours, tendres amours que vous voulez solides, ne jouez pas avec les coloris du tableau. Soyez peintres et signez d'un « je t'aime » cette toile de votre vie. Allez-y, n'hésitez plus. Si vous saviez… comme le temps passe !

Savoir prendre la vie…

Dernièrement, en revenant d'un petit voyage en train, je fus très surpris de l'attitude plus que positive d'une vieille dame… de quatre-vingt-huit ans. J'étais là, à la gare, attendant comme tout le monde que le train arrive. Il est évident que, pour tuer l'attente, on est porté à regarder les gens qui nous entourent et à passer sous silence ses réflexions. Arrive une dame très âgée tenant le bras de sa fille et, de l'autre main, sa canne qui lui sert d'appui. Je la regarde et la trouve belle, en dépit de ses rides, de sa maigreur et de son dos plus que courbé. On pouvait deviner que le poids des ans avait fait son œuvre. Elle ouvre son sac à main et sort… un paquet de cigarettes camouflé dans un étui portant le prénom Margaret. Elle est là devant moi et j'ai peine à croire qu'à un âge aussi avancé elle puisse ainsi fumer délibérément cigarette sur cigarette. Je me dis en moi-même : « Eh bien ! en voilà une qui ne craint pas les ravages du tabac ! » Le train arrive et la vieille dame se dirige vers un wagon en compagnie de sa fille. Le préposé, la voyant venir, lui dit gentiment : « Non, madame, c'est l'autre wagon pour les non-fumeurs. » Et la vieille dame plus qu'indignée de lui répondre : *But, I'm a smoker, sir !* Tout surpris, le pauvre homme l'aide à monter et l'installe avec sa fille sur les banquettes 23 et 25. Curieux au possible, je les suis et prends place juste en face sur la banquette 26 afin de l'observer davantage. Aussitôt assise, elle reprend son sac à main en tremblant quelque peu et en retire une autre cigarette qu'elle allume de son briquet… avec expérience. Elle a de beaux traits et je l'imagine plus jeune, séduisante et sans doute courtisée par tous les hommes de sa génération. Sa fille, qui est dans la soixantaine sinon plus, me regarde en souriant et me dit : «Ça vous surprend, hein ? » avec son bel accent anglais de la ville de Halifax d'où elle vient. J'avoue que ça me dépasse et elle ajoute : « Ma mère fume ainsi deux paquets par jour depuis l'âge de vingt ans ! » Je suis consterné et je demande à la vieille dame si elle n'a jamais craint pour sa santé. Elle ricane et me déclare : « Vous savez, à mon âge, ce n'est pas ça qui va me tuer ou, si c'est ça, ça ne change rien puisqu'il nous faut tous mourir de quelque chose ! » Margaret sort par la suite un gros sandwich au porc frais et se commande une liqueur douce. Ouf ! j'ai eu peur, j'ai pensé un moment qu'elle allait se commander une bière. La vieille dame répond à mes questions et rajoute : « Moi, j'ai toujours pris la vie du bon côté et je n'ai jamais laissé la crainte de quoi que ce soit m'envahir. C'est peut-être pour ça que je suis encore bien portante ! » Elle m'avoue son âge et… que pouvais-je donc ajouter ? Pourtant, elle tousse, la madame, et le lui faisant remarquer, elle explique : « J'ai toujours eu des problèmes avec mes bronches, mais qui n'en a pas, l'air est si pollué ! » Là, je suis sidéré, car tout en m'affirmant cette chose, elle vient de s'allumer une autre cigarette. Elle porte de très jolies boucles d'oreilles et un très beau chapeau. Coquetterie ?… ou est-ce qu'elle prend encore la vie du bon côté avec une étonnante désinvolture ? Fait encore plus cocasse, Margaret sort de sa bourse un livre sur l'horoscope et demande à sa fille ce que l'avenir prédit aux Béliers. Elle veut savoir ce que l'avenir lui réserve… à quatre-vingt-huit ans, tout comme si elle en avait dix-huit. Je reste perplexe et même si je persiste à dire que le tabac est nocif autant que le porc frais, je suis resté dans le doute à savoir si, à ne jamais être pessimiste, on ne vit pas plus longtemps. Elle a quitté le train en me disant que l'an prochain elle comptait se rendre en Italie afin d'y visiter le Vatican. Est-ce là une leçon de vie ou un je-m'en-foutisme à l'extrême ? Toujours est-il que Margaret semblait plus en forme que moi malgré sa quinte de toux, et que pendant ce temps je m'alarmais d'un mal de tête qui m'accablait. Que devons-nous en déduire ? Le cœur bat-il au rythme de l'indifférence ? Margaret m'en a presque convaincu !

Les mauvaises langues...

Et dire qu'autrefois la médisance et la calomnie étaient presque considérées des péchés mortels ! J'en connais « une bonne gang » qui brûleraient en enfer ! Plus on avance dans la vie, plus on devient vulnérable et plus on se rend compte à quel point on fait parler de soi... même quand on n'est pas là ! Vous qui me lisez et qui travaillez au sein d'une grosse compagnie, oserez-vous dire que je n'ai pas raison ? Vous avez sans doute été victime, comme bien d'autres, de ces « langues sales » qui crachent leur venin dans un « party » sans se douter que le lendemain, c'est parfois le p'tit nouveau arrivé dans la compagnie qui, bien inconsciemment, va les trahir. Vous vous dites : « Ça s'peut pas ! » et pourtant, vous venez d'être, la veille, la vedette d'une soirée à titre de tout ce qui pouvait vous caler ! Le pire, c'est que ce ne sont pas toujours des employés envieux qui disent sur vous tout le mal de la terre, mais « d'honorables confrères » de travail avec lesquels vous avez peut-être pris plusieurs petits soupers d'affaires et d'amitié pendant l'année. Chose certaine, si l'on pouvait être à l'abri de tous les vautours de ce genre, ce serait merveilleux. Hélas, ils sont toujours là au mauvais moment alors que vous avez pris un p'tit coup de trop ou que vous vous êtes permis un p'tit écart de conduite. Ils font mine de vous comprendre, de ne pas vous juger, de se mêler de leurs affaires et... au moment le plus inattendu, c'est le coup de masse ! Non seulement ils se vantent de savoir quelque chose à peu près sur tout le monde, mais ils vont jusqu'à intensifier leurs commérages pour que, pendant une petite heure, toutes les oreilles n'aient d'ouïe que pour eux. Quelle race immonde que cette rapace ! Et dire que c'est entre bons Québécois que ça se produit le plus souvent. Vous ne verriez jamais un Juif faire ça, voyons donc. Eux, ils ont appris ce qu'était le respect des autres. Dernièrement, lors d'un souper, quelqu'un lançait à mon sujet : « Denis, c'est la discrétion incarnée ! » Ce à quoi j'ai failli répondre : « Dommage que je ne puisse en dire autant de toi ! »… mais je me suis retenu, par délicatesse. Tout récemment, je disais à un copain de bureau : « Tu sais, nous sommes payés pour travailler avec tout le monde, pas pour socialiser ! » Je pense que la meilleure façon de fuir les mauvaises langues, c'est tout simplement de ne pas être là, quand on sait qu'elles vont… saliver ! Moi, j'ai le respect des autres, c'est vrai, et je le dis sans prétention. La vie privée des gens, ça les regarde et ça ne change rien à la mienne. Si je vois de mes yeux des revers de conduite, je les ferme tout simplement et je me mêle de mes affaires. Si l'on vient me raconter ce que d'autres ont fait, je les fais taire, je ne veux rien savoir. Tout d'abord parce que ça ne me regarde pas, ensuite parce que je sais très bien que si j'écoute le récit de ces tristes sires, je serai le suivant sur leur liste empoisonnée. Bien sûr que nous savons tous quelque chose sur quelqu'un, mais que ce soit vrai ou faux, est-ce que ça nous regarde vraiment ? Faut-il absolument chercher les poux des autres pour qu'ils prennent place sur notre peigne fin ? La seule chose que je peux me permettre de vous dire, c'est de ne pas vous en faire si c'est de vous qu'on parle. Les gens intelligents sauront vous juger sur vos qualités et non sur les ragots de ces colporteurs frustrés. Autrefois, au temps des Romains, on leur coupait la langue. Plus tard, on la leur brûlait. Non, moi, je vais être moins aigre et vous dire : « Dommage qu'elles ne soient pas toutes… dans le vinaigre ! »

Ce bois qu'on croyait mort...

Non, ce n'est pas toujours la fin, irrémédiablement la fin. Il arrive parfois que lorsque le cœur semble avoir cessé de battre pour l'autre, c'est que nous le tenons nous-même entre nos mains comme pour l'étrangler. Ah! comme il doux de remuer la bûche qu'on croyait éteinte et de voir surgir une dernière petite étincelle qui fait que la flamme jaillit dès qu'on la secoue. En amour, le même processus existe et j'ai vu de mes yeux des amours qu'on croyait mortes... reprendre vie par suite d'un mot, d'un geste, d'une explication, d'un repentir. Quand le bois n'est pas mort... c'est que le cœur refuse de se fermer sur les racines. Quand on en vient à se dire: «Ah qu'elles étaient belles, ces journées!»... c'est que les heures présentes sont insupportables. Il y a même de ces rendez-vous que l'on qualifiait «de dernier» qui ont fait tout renaître d'un coup comme si le seul échange d'un regard avait eu l'effet de l'huile sur le feu. Et pourtant, la veille encore, on se disait que rien au monde ne pouvait raviver la flamme que l'on croyait éteinte. On avait dit à quelqu'un de proche: «Je vais à ce dernier tête-à-tête pour que tout s'arrête là!» Et l'on y va... sachant que c'est justement ce qu'on ne veut pas. On ne ferme pas aussi brusquement les persiennes de son amour sur une fenêtre de sentiments encore entrouverte. C'est en face l'un de l'autre qu'on se rend compte que ni l'un ni l'autre n'a envie de mettre un terme à une histoire d'amour dont les plus beaux chapitres sont sans doute à venir. «C'est curieux, me disait une amie, mais c'est à ce moment précis que j'ai commencé à l'aimer comme jamais je ne l'avais aimé!» Sur ce, je pus lui répondre : « C'est sans doute dû au fait d'être passée si près de le perdre. » Et je crois que c'est là la meilleure raison que je pouvais invoquer. D'ailleurs, dès qu'on se rend compte que tout n'est pas fini, on est déjà soulagé de ne pas avoir à souffrir : une peine d'amour, c'est très douloureux. De plus, on est dès lors heureux de se rendre compte qu'on a encore devant soi de belles saisons à s'aimer, à se le dire, à se le prouver. On se doit, par contre, d'éviter toutes les erreurs qui ont failli faire de ce bel amour un bois mort à courte échéance. On se doit de reconnaître ses torts, de faire admettre à l'autre les siens et repartir de bon pied sur un second sentier parsemé cette fois de fleurs et non de cailloux gris. Ce bois qu'on croyait mort… il ne faut surtout pas le prendre comme un sursis qu'on s'accorde, comme une seconde chance qu'on se donne. Non ! Il faut tout simplement effacer de sa mémoire tous les désagréments antérieurs pour ne voir à l'horizon que le beau de sa très belle liaison. C'est là qu'on se surprend à aimer davantage, à vouloir être avec l'autre de plus en plus et à se rendre compte que lui ou elle, selon le cas, aime aussi beaucoup plus qu'avant. On ne s'était pas compris ? peut-être ! On s'était mal aimés ? sans doute ! Un fait demeure certain, c'est que la bûche avait besoin d'être tournée de l'autre côté pour que tout s'enflamme plus que jamais. On en vient même à se surprendre d'avoir voulu aimer quelqu'un d'autre, d'avoir tenté de laisser un autre cœur s'emparer du nôtre. Ce n'était certes pas du dépit, ni parce qu'on n'y croyait pas. C'est tout simplement qu'on ne savait pas encore à quel point on pouvait aimer encore l'autre. Ce bois qu'on croyait mort… ne l'est pas toujours et si le fagot n'est pas de cendres, c'est qu'il vous reste encore beaucoup… à vivre ensemble !

Trop parler nuit...

On prêche la franchise, l'honnêteté, le dialogue et, bien souvent, il est vrai que «trop parler peut nuire», comme le veut l'adage. Un autre dicton affirme que «ce qu'on ne sait pas ne fait pas mal» et je serais tenté d'opter pour ce dernier, tout en nuançant mes propos. Plusieurs croient, et j'ai même fait partie de ces *believers*, qu'à tout dire, qu'à ne rien cacher on pouvait monter jusqu'à la dernière marche dans le cœur de l'autre. Malheureusement, ce n'est pas toujours le cas et l'on peut parfois se retrouver dix fois plus perdant à être trop franc. Je ne veux quand même pas dire qu'il faut tout cacher et avoir peur d'avouer le moindre écart de conduite, mais trop c'est trop, et à penser que l'autre va toujours passer l'éponge, on finit par se retrouver face à un gant de crin. Pourquoi ? Tout simplement parce que le ou la partenaire de votre vie n'a peut-être pas les sentiments «aussi solides» que vous le croyez. C'est-à-dire qu'il est possible qu'on ne soit pas aimé à la mesure qu'on aime. Sans être à sens unique, c'est à trop s'ouvrir qu'on finit par se rendre compte que l'autre ne fait que «nous aimer... bien», justement avec ce vil adverbe qui enlève toute sa puissance au verbe. Trop parler c'est, d'un autre côté, mettre l'amour à l'épreuve, prendre le pouls des battements du cœur et se rendre compte si notre franchise se mérite une indulgence... ou un bonnet d'âne ! C'est aussi l'occasion rêvée, pour l'autre, de vous laisser savoir son désintéressement qui existait bien avant que vous n'ouvriez la bouche. N'est-ce pas là l'occasion unique d'avoir en main tous les atouts pour dire à l'autre qu'à cause de ceci, de cela, il serait préférable de mettre un point à la ligne ? De ces aveux desquels on espère compréhension, on ne récolte bien souvent que la «nomenclature»… de tous ses torts ! Ah ! que le moment est bien choisi pour celui ou celle dont l'art est de jongler avec le cœur ! C'est à ce moment très opportun qu'on se rend compte qu'on a rêvé pour rien. Je vous avoue que ça fait mal quand un nuage rose éclate en plein soleil. Je vous assure que ça rend triste quand on s'aperçoit que, finalement, ce n'était que l'occasion… qui faisait le larron. J'ai connu, dans ma vie, un type qui avait la douce manie de ne rien cacher à sa femme. Il disait : «Moi, ma poulette, je lui dis tout et elle me comprend parce qu'elle m'aime !» Un jour, un aveu de trop et «poulette» n'a plus voulu comprendre. Elle en avait assez de pondre sans cesse des absolutions. C'est petit à petit qu'elle se décrochait de lui, mais le pauvre malheureux ne s'en rendait pas compte. Je l'ai comprise, mais je persiste à dire qu'elle aurait dû, peu à peu, l'en avertir. Sa dernière petite confession, le pauvre gars l'aurait sans doute gardée pour lui ! J'admets qu'il est difficile cependant de jouer le jeu de la bouche cousue quand on aime à corps perdu. Le plus grand problème des perdants, c'est peut-être de trop dire à l'autre à quel point il l'aime. Dans un tel cas, là aussi, «trop parler nuit». La nuance ? Tiens, je vous entends me demander : «Oui, mais pourquoi avoir des écarts quand on aime à ce point ?» et je vous répondrai : «Bien souvent, parce qu'on s'aperçoit qu'on est le seul des deux à le dire, que le partage n'y est pas ou que tout simplement… le rêve est captif dans une tête de bois !» Et seul dans son isoloir, quand vient le soir, on s'en veut d'avoir été un livre ouvert et on se promet désormais de ne plus courir ainsi après sa peine. On s'engage à cultiver sa solitude et il en est parfois mieux ainsi, parce qu'à être seul… à personne on ne nuit !

L'art d'importuner...

Je ne sais pas si vous êtes comme moi mais, malgré toute ma bonne volonté et ma patience, j'en ai assez d'être constamment dérangé par ceux qui ont l'art d'importuner les gens... à de bien mauvais moments. Vous vous demandez ce dont je parle ? Je vous l'explique ! Comme vous tous, je n'ai que le samedi et le dimanche pour me reposer et, encore là, il m'arrive très souvent d'avoir à travailler à la maison. Le samedi matin à neuf heures, je ne sais pas si vous êtes de mon avis, mais c'est assez dégueulasse d'avoir à sauter en bas du lit, d'aller répondre à la porte pour se trouver face à deux hommes avec mallette à la main qui viennent nous dire que « ça va mal dans le monde ! » En ce qui me concerne, ça ne peut pas aller plus mal que lorsque je les vois devant moi en train d'essayer de me vendre leur « bonne nouvelle ». Peut-on être assez effrontés pour déranger le monde de la sorte ? Il en est même venus à huit heures du matin un certain dimanche et je pense avoir vu « bleu » pour une fois. Maintenant, mon œil magique m'aide à ne plus ouvrir, mais juste le fait d'entendre la cloche me met en rogne... surtout quand je n'attends personne. Et ce n'est pas tout. Il y a aussi tous les autres importuns qui viennent et qui prennent d'assaut les rues résidentielles. Dernièrement, un jeune garçon sonnait pour me vendre des sacs verts à ordures et, plus tard, deux autres s'amenaient avec leurs fameuses barres de chocolat, toujours pour « une bonne cause ». Un soir que ma femme tricotait au salon et que j'étais en haut en train d'écrire, la cloche sonne et c'est un ex-détenu d'allure assez louche qui tente par tous les moyens de lui vendre un porte-clés ou une plume fontaine ou je ne sais quoi pour des sommes aussi «modiques» que 8,95 $ ou 9,95 $. Voyant que ma femme n'était guère intéressée, il semblait même vouloir perdre patience, lui qui venait en pleine soirée nous déranger. Lorsqu'il m'a entendu descendre l'escalier, il est vite parti sans plus insister. Je n'ai pas encore mis à ma porte la fameuse carte «Pas de colporteurs» parce que je la trouve inesthétique, mais je pense que je n'aurai pas d'autre choix. Mon voisin a son affiche «Prenez garde au chien» et Dieu sait qu'il est gros leur chien... ça ne fait pas peur à qui que ce soit, pas même aux vendeurs de brochures qui sonnent quand même et qui tremblent comme des feuilles quand le chien s'amène à la porte pour leur grogner une espèce «d'allez-vous-en!» Si on ajoute à ces désagréments les circulaires que je dois ramasser constamment dans mon portique, je vous jure que j'en ai des courbatures. Comme ma boîte aux lettres est une fente, on y glisse à peu près tout et j'ai, jour après jour, un amas de réclames publicitaires que je prends d'une main pour les mettre à la poubelle de l'autre. J'en suis rendu, quand j'entends sonner, à faire la sourde oreille. Il m'arrive d'ouvrir ma fenêtre du haut, de regarder qui est là et de la refermer comme si je n'avais même pas vu un chat. Bien sûr qu'on m'a aperçu, mais à mon regard et à mon indifférence je pense qu'on a compris que je ne suis pas intéressé. Ces gens qui nous harcèlent, qui violent sans cesse notre quiétude, ont-ils seulement des permis pour le faire? Si oui, j'aimerais bien rencontrer l'abruti qui le leur octroie, ne serait-ce que pour l'emmener vivre une semaine chez moi. Je pense que nous avons tous droit à cette petite vie privée qu'on peut trouver que chez soi. De grâce, messieurs et mesdames de «la sonnette», changez de quartier... ou faites au moins la grève pour l'été!

S'aider soi-même, d'abord...

À la suite de ce titre, j'ajouterai que si l'on ne peut le faire, alors, on se doit d'avoir recours aux autres. Loin de moi l'idée de vouloir fermer les yeux sur les gens qui ont besoin de moi ou qui, face à des situations dramatiques, me lancent un déchirant au secours. Je pense qu'il y a de ces êtres qui appellent à la confidence et j'en fais partie. Est-ce à mon honneur ou à mon détriment ? Je n'en sais rien, sauf que, bien souvent, il me faut rappeler à l'ordre ceux qui abusent du peu de sang qu'on a parfois à donner. Nous avons tous au cours de notre vie des moments difficiles à traverser. Nous avons tous, tôt ou tard, des dépressions qui s'amènent sournoisement et qui se veulent épouvantables pour ceux qui manquent facilement de courage. Moi, je dis et je répète que, dans toute situation où l'on se voit descendre une pente, il faut s'aider d'abord... ensuite les autres viendront vous aider à extirper de votre trou la dernière pierre. Être *down*, être face à la « déprime » comme on dit, personne n'y échappe et s'il fallait au moindre signe d'alarme se mettre à courir chez les psychiatres, je pense que ça ferait belle lurette que la carte médicale ne serait plus en usage. Il y a certes des cas graves qu'il faut diriger vers ces spécialistes, mais souvent ce ne sont que des dérangements personnels, des perturbations momentanées et, comme je me plais à le dire et à le croire, « le temps est un grand maître » si on lui fait confiance cependant. La fatigue, le surmenage, le stress, tout ça se veut cause des angoisses qui naîtront par la suite. Face à la maladie, face à une séparation, face à un épuisement moral, on dégringole et c'est tout à fait naturel. Dans tout chavirement de la vie, il y a le cap de la fameuse transition et ce n'est pas en restant replié sur soi-même qu'on pourra s'y faire, accepter ou combattre selon le cas. Ce n'est pas non plus en déposant son fardeau sur le dos de son ou de sa meilleure amie qu'il ou qu'elle va pouvoir en faire son fagot. Non ! ce qu'il faut, c'est se prendre en main, se donner un bon coup de pied au…, comme disait mon père, et aller prendre l'air frais pour se rafraîchir le cerveau. Je peux vous sembler radical, mais moi qui ne suis pas immunisé contre ces états d'âme, c'est toujours de cette façon que je m'en suis sorti au cours de ma vie. À titre d'exemple, je pourrais même vous citer un cas dans ma famille, un alcoolique qui ne dépendait que de moi pour sa survie. Je me rappelle lui avoir expédié des bouteilles par taxi en pleine nuit sans savoir qu'au lieu de l'aider je l'encourageais à ne jamais se prendre en main. Un jour, fatigué de jouer « le dépanneur », usé d'être son support non moral, mais physique, je lui ai dit que c'était fini, que je n'avais plus rien à la maison. Il m'a supplié, me disant qu'il avait besoin de cette boisson comme un diabétique a besoin de son insuline et je n'ai pas bronché. J'ai dit non catégoriquement et j'ai raccroché. Il était quatre heures du matin et le lendemain, la première chose que j'ai apprise, c'est que ce parent était allé de lui-même dans une clinique pour une cure de désintoxication. De là, par mon refus et face au néant, il avait fini par s'aider lui-même et à s'en sortir. Depuis ce jour, dans tout malheur qui se veut personnel, je demande aux amis de s'aider eux-mêmes d'abord, comme je le fais moi-même quand j'ai un pépin, ensuite j'interviens quand je me rends compte qu'ils ont vraiment besoin d'aide. Croyez-moi, ce n'est pas être dur avec les gens que d'agir ainsi, c'est bien souvent leur rendre service et j'ai pu en avoir la preuve encore dernièrement face à quelqu'un qui s'en est sorti tout seul… et très rapidement !

Au gré des lendemains...

Tiens, c'est déjà moins pénible, me disait une compagne après une semaine de rupture avec celui qui s'avérait, il n'y a pas si longtemps, sa plus belle raison de vivre. Mon Dieu qu'elle était en amour! C'était beau et triste à la fois, car j'avais la vague impression que le navire s'en allait inévitablement à la dérive. Ils s'aimaient... plus tout à fait comme l'an dernier et leurs rencontres quasi clandestines devenaient de plus en plus néfastes. C'est en claquant la porte que se terminaient depuis un certain temps ces soirées autrefois harmonieuses. Je savais que plus rien n'allait entre eux, que le philtre d'amour en était à sa dernière goutte, mais pour l'encourager je lui faisais relire certains de mes billets... pour que, finalement, la prise de conscience s'installe. Elle n'était plus la même et je la voyais se détruire peu à peu au contact de celui qui, sans le vouloir, causait sa perte. Ils se sont vus une dernière fois un certain vendredi et sont partis chacun de son côté sans pourtant se dire adieu. Je ne sais trop par quel déclic, mais ni l'un ni l'autre... n'a rappelé l'autre. C'est comme s'ils attendaient tous deux que l'un des deux fasse le fameux premier pas. Aussi curieux que ça puisse paraître, les jours ont passé dans le silence le plus total et la rupture s'est concrétisée. Bien sûr, comme elle me l'a avoué, les deux premiers jours elle a espéré qu'il appelle et sans doute en a-t-il fait autant. L'orgueil mène bien souvent le bal et c'est sans doute la première fois qu'un péché capital pouvait enrayer un mal. En se couchant tout d'abord sur sa peine, elle s'est relevée le lendemain avec un peu moins d'amour au cœur et un peu plus de bon sens au cerveau. C'est comme un sevrage, me disait-elle. Je suis en train de couper les ponts et je me sens bien au gré des lendemains. Ce qu'elle veut dire, c'est qu'à force de penser à tout ce qu'a pu être leur relation, elle est en train d'en disséquer le trait d'union. Au départ, on est porté à voir ce que l'on perd pour peu à peu réaliser tout ce qu'on gagne en perdant ainsi au gré de la vie. Si elle n'a plus ses bras autour de son cou, elle n'a plus à supporter son sarcasme, son défaitisme, sa jalousie, sa dépendance, etc. La liste pourrait être tellement longue que c'est là qu'on réalise que tout ce qu'on perd, finalement, c'est le stress qu'une telle relation savait provoquer. Aujourd'hui, elle retrouve un climat qui la rend à elle-même. Vidée peu à peu de cet amour excessif, sa conscience lui dit qu'elle n'a pas fait faux pas et que, tout compte fait, c'est un mal pour un bien. Comme dans toute relation, il y a l'envers de la médaille et sans doute que lui aussi a retrouvé, au gré des lendemains, une quiétude et un apaisement moral. Il n'a plus à nourrir sa méfiance, il n'a plus à dépendre, il doit, maintenant qu'il est seul, se défendre. Comme disent les Anglais, ils sont tous deux *on their own* maintenant et c'est là bien douce liberté quand on songe à quel point ils ont pu se déchirer mutuellement. Ce brasier qui s'éteint ne se rallumera pas et il va de soi que chacun conservera de l'autre un souvenir qui, lui, ne mourra pas. Il est évident que les beaux moments auront toujours une place dans leur cœur, mais à faire le bilan du pour et du contre, je serais fort surpris que le lien se renoue. À se quitter momentanément, ils ont compris tous deux qu'ils n'avaient plus rien à se dire et encore moins à se promettre. Et c'est ainsi que se terminent en douceur… certaines histoires de cœur !

Ne pas se décourager...

Il est de ces journées où rien ne va ! Je ne sais si c'est parce qu'on se lève du mauvais pied ou qu'on n'a pas assez dormi, mais on est porté à se dire : « M... journée, si seulement elle peut finir ! » On regarde par la fenêtre et il neige en plus ! Dans de tels moments, on a même de la difficulté à faire face aux gens qui travaillent avec nous et, de crainte de leur communiquer le malaise, on s'enferme dans son bureau. On pense le cas réglé ? Loin de là ! Seul avec sa mauvaise humeur venue on ne sait d'où, on rumine, on fulmine et ça n'arrange rien. Alors, on se dit : « Un instant, qu'est-ce qui ne va pas ? » et c'est peut-être en méditant quelque peu sur son état d'être qu'on peut parvenir à l'améliorer. On essaye de se calmer intérieurement et les téléphones affluent. On fait mine d'être gentil et l'effort est tellement évident qu'on gêne les personnes au bout du fil. Bon ! qu'est-ce qu'on fait dans un tel cas ? Comme tout être humain qui a ses hauts et ses bas, c'est exactement de cette façon que je me suis levé ce matin. Le pire, c'est qu'il faisait « un fret noir » et qu'en arrivant au bureau j'avais déjà des problèmes avec ma machine à écrire. Je garde mon calme et je me dis qu'un bon café va tout arranger mais, comble de malheur, on avait oublié d'en acheter. C'était la goutte qu'il fallait pour que tout déborde. J'ai pris une grande respiration et affiché un sourire comme si de rien n'était et je me suis enfermé dans mon bureau. Allons donc ! Je n'allais pas faire de mes collègues les pauvres victimes de mes déceptions. Ce n'était tout de même pas leur faute si la chemise que je comptais porter n'était pas repassée. Dans la pénombre de mon bureau plus austère que jamais en ce jour, j'ai tamisé la lumière, j'ai mis une cassette des chansons d'Aznavour et j'ai demandé à la réceptionniste de prendre mes messages. Je devais trouver la solution à ce dérangement qui me perturbait depuis le matin. C'est bien simple, je suis tout simplement fatigué. Pourquoi ? Parce que hier soir je suis sorti, que je me suis couché tard et que j'ai à peine fermé l'œil de la nuit. Mea culpa ! me suis-je dit. Et vlan ! mon examen de conscience était fait. La guérison rapide face à un tel état ? J'ai regardé mon immense calendrier et je me suis mis à contempler les gravures des mois d'avril, mai, juin, juillet et août. D'une nature morte à un arbre en fleur, je retrouvais peu à peu la paix du cœur. Derrière moi, Aznavour y allait de ses plus doux poèmes et, de fil en aiguille, espoir dans l'âme, je sentais un bien-être m'envahir. Une heure plus tard, ce qui était si noir s'éclaircissait et c'est comme si l'arc-en-ciel tant souhaité s'avançait sur commande. Ma machine à écrire fonctionne toujours aussi mal, mais voilà que ça n'a plus d'importance. Plus de café ? Qu'importe, j'ai opté pour une tisane. Peu à peu mon sang se mettait à circuler verticalement. Comme phase terminale à cette thérapie, je me suis plongé pour quelques minutes dans la lecture d'une belle histoire d'amour. Non, je n'ai pas eu besoin de calmant ni de stimulant. Je me suis convaincu moi-même que rien ne valait la peine de donner place au découragement. Dehors, il neige encore, mais qu'y puis-je, c'est l'hiver ! Je m'arrête une fois de plus sur la belle gravure du mois de mai où un lilas me sourit. Je me suis levé du mauvais côté ? Tant pis ! Voilà, tout est rétabli maintenant et je suis certain que d'ici demain tout ira… merveilleusement bien !

À *force de pitonner...*

Pardonnez-moi ce verbe , mais n'est-ce pas là ce que l'on fait sans cesse, assis devant son petit écran ? Une vingtaine de stations et l'on se promène de l'une à l'autre sans bouger de son siège et sans rien trouver d'intéressant la plupart du temps... surtout le samedi soir. C'est à force de pitonner que je me suis dit, un certain soir : c'est assez ! Je venais de me rendre compte à quel point je pouvais être ridicule de chercher en vain une aiguille dans une botte de foin ! J'allais d'une station à la suivante et qu'est-ce que j'y trouvais ? Des reprises, des absurdités, de vieux films sans importance, des séries remplies de violence et même une émission où l'on discutait du suicide de ses enfants tout en s'empiffrant et en buvant du vin comme si l'on parlait de la mort du chat du voisin ! Pendant ce temps, il faisait beau dehors et j'avais beau regarder, personne ne déambulait dans ma rue. Les gens étaient sans doute tous ancrés dans un large fauteuil, la ceinture détachée après un gros souper, à chercher « le moyen de digérer ». Prise de conscience soudaine : j'ai fermé l'appareil qui était en train de faire de moi un esclave au ventre arrondi par l'inactivité... et je suis sorti. Ce n'était pas un soir de juillet, mais avec un bon manteau d'automne et une paire de gants, j'ai fait au moins trois fois le tour de ma rue à respirer d'aise et à perdre les quelques calories qui devenaient gênantes au milieu de mon ventre. J'ai croisé un jogger et je l'admirais. Je ne l'enviais pas car il y a un âge pour toute chose, mais je me disais : « Tiens ! en voilà un qui a compris que la santé ce n'est pas dans son salon qu'on l'obtient ! » Je me promenais et je sentais que cette marche improvisée activait ma circulation sanguine. Je sentais que tout en faisant ces pas qui n'étaient pas calculés... je digérais ! Je me suis même arrêté devant la vitrine d'un vieux cordonnier et, pour la première fois, je me suis rendu compte de son contenu, moi qui habite depuis sept ans la même rue. C'est incroyable, mais c'est comme cela quand on vit mal, qu'on ne fait rien pour y remédier, qu'on se dit « demain, peut-être ». À mon retour, j'ai remarqué que j'avais des couleurs aux joues, que je n'étais plus aussi blanc qu'un suaire. Automatiquement, je me suis assis encore une fois dans mon fauteuil pour me retrouver devant le même genre d'émission. Non, c'était trop bête, d'autant plus qu'ensuite j'aurais eu, à force de pitonner, tous les bulletins de nouvelles du monde entier. Je suis monté dans mon boudoir, j'ai pris un bon livre et j'ai écouté un disque en douceur de Frédéric Chopin. Une heure de lecture, de la musique, et déjà, je me sentais le moral à la bonne place. Il a suffi d'un bon bain chaud pour que la détente soit totale. Croyez-le ou non, mais j'ai répété cette bonne habitude et mon fameux mal de dos dont je me plaignais a disparu comme par enchantement. Moi qui blâmais le sel ou le cholestérol, je me suis aperçu que mon pire ennemi était ce malheureux fauteuil duquel j'avais enfin réussi à m'extraire. Bien sûr que je regarde encore la télévision mais, désormais, je choisis mes émissions et dès qu'elles se terminent, je ferme l'appareil et j'enfile mon manteau. Je n'ai pas tout à fait changé mon train de vie, je ne l'ai que modifié et je vous jure qu'il était temps pour moi d'y voir. Si je n'avais pas eu, un certain soir, ce sursaut d'intelligence qui n'était pas de trop, je suis sûr que jusqu'à la fin des temps, tel un robot, j'aurais continué à pitonner... comme un pauvre idiot !

Tiens ! une ride de plus...

Et je ne l'avais même pas remarquée ! C'est en me rasant un matin que j'ai aperçu ce faux pli juste au coin de l'œil gauche et je me suis dit « Pourquoi d'un seul côté ? Est-ce parce que c'est sur ce profil que je me couche ? » La réponse la plus valable était certes que le temps était en train de lentement compléter son œuvre. La regardant de plus près, je me suis convaincu que ce n'était pas si laid et que ça ajoutait même un certain charme juste à côté de mes premiers cheveux gris. Après tout, ne vais-je pas accuser très bientôt le demi-siècle de vie qui m'honore ? Ne dois-je pas me rendre à l'évidence que, dix ans plus tard, on n'a plus le visage de ses trente-neuf ans et que même alors je n'avais plus le visage de cire de mes vingt-neuf ans ? La panique ? Non, pas chez moi. Je dois admettre qu'à quarante ans j'ai eu une espèce de frayeur « de ne plus faire partie des jeunes ». Je me souviens de ce chiffre que je n'osais révéler à personne restant bien accroché tel un coquet personnage à mes trente-sept ans depuis trois ans passés. Et aujourd'hui, rendu beaucoup plus loin, mais plus adulte, plus maître de mes émotions et plus conscient du parcours de la vie, je me surprends à sourire de cette phobie d'antan alors que je m'apprête à saluer la décennie qui vient. C'est avec sérénité — pour ne pas encore dire sagesse — que je vois le temps passer et, croyez-moi, je n'en ai plus peur, parce que je ne me sentirais plus la force de tout recommencer pour la simple satisfaction d'avoir un visage d'enfant dans une glace. Non, je préfère en avoir gardé plutôt le cœur que l'image et comme l'homme a le gentil défaut d'être un éternel adolescent, la valse des cheveux gris aura le même impact que le *rock and roll* de mes défunts cheveux blonds. C'est curieux mais prendre de l'âge, pour moi, c'est vieillir en toute quiétude. Ayant toujours ma tête, Dieu merci, et avec plus de plomb pour la tenir en place, qu'ai-je à craindre ? La santé n'est pas qu'un cadeau de jeunesse et, si on la conserve, l'âge n'a vraiment plus d'importance. Il est évident que je n'ai plus la même fougue, la même force de récupération et la même résistance qu'il y a vingt ans. Il est tout à fait vrai que si dans une soirée je prends le verre de vin de trop, ça me prendra deux jours et non une seule nuit à m'en remettre. Il est sûr que je ne traverserais plus la rivière des Prairies à la nage et que je n'ai plus l'énergie pour jouer au badminton pendant deux heures. Par contre, c'est par l'acceptation des ans que j'ai appris à mesurer mes capacités et mes efforts. Mon mode de vie a changé, mes goûts ont différé et j'ai aussi été d'instinct plus à l'écoute de mon corps. La modération a meilleur goût et cette phrase s'applique à tout ce que l'on peut faire quand le terrain n'est plus aussi vert. Les rides qui s'ajoutent peu à peu et qui se veulent les reflets de l'expérience et d'un vécu solide, je les accepte. Oui, je les prends maintenant avec un grain de sel parce qu'elles ont leur raison d'être et que chacune a son histoire. Vieillir allègrement, c'est avancer dans un bonheur mieux construit, plus étudié et nettement plus apprécié. À vingt ans, et je m'en souviens, on aime en fou. Trois décennies plus tard, on aime en sage. Alors, vous tous qui êtes de cette génération qui est mienne, sachez prendre tout ce qui vient en vous disant que c'est à notre tour maintenant. Vous qui nous précédez, sachez que nous vous suivons et vous tous qui êtes nés bien après nous, sachez que vous nous rejoindrez un jour. N'est-ce pas là la seule justice sur terre ? Vieillir, finalement, c'est quoi…, quand le bon Dieu nous donne encore la grâce de vivre !

La fin des vacances...

Début septembre. Tout le monde ou presque est revenu de ce qu'on appelle le temps des vacances. Il y a bien sûr les retardataires, ceux qui partent quand tous reviennent, ceux qui veulent se reposer quand il n'y a plus de bruit... et c'est bien leur droit. En général cependant, les gens sont rentrés, un peu tristes de voir s'envoler l'été, mais heureux d'avoir pu dénicher une petite part de bonheur. On est allé au bord de la mer ou encore au chalet, mais la détente fut la même. Il y a même de ces vacanciers qui passent ces petites semaines bien méritées tout simplement à la maison, sur le patio, en jardinant. Quoi qu'il en soit, même si on a déjà la nostalgie de l'évasion, il faut faire face à l'autre situation, celle de reprendre le boulot et d'entreprendre, la tête pleine d'idées, les saisons qui vont se succéder. La question qu'on se pose à gauche et à droite est : « Où donc es-tu allé cette année ? » Pour quelques fanatiques, ce temps aura été employé à jouer au golf pas loin de chez eux pendant que pour d'autres, plus frénétiques, ce fut le grand voyage, soit l'Espagne ou la Californie. Moi, je n'ai pas grand-chose à raconter puisque ces petites journées bien à moi, je les ai passées chez moi. J'en ai profité pour lire la biographie de Clara Schumann, mettre un peu d'ordre dans mes affaires, m'étendre sur une chaise longue tout en écoutant de la musique de Mozart ou de Malher. J'ai aussi pris de « bonnes marches santé », je suis allé à bicyclette une fois ou deux et j'ai revu quelques amis que le temps pousse parfois dans l'oubli. Tout dépend des vacances dont on a besoin. En ce qui me concerne, mon leitmotiv était

« repos complet ». Loin de ma machine à écrire, loin des soucis du quotidien, loin du bruit et du stress, j'ai décompressé en toute délicatesse et je ne l'ai pas regretté. Il a fait chaud cependant, si chaud que ce n'en était plus intéressant. À certains moments, en plein cœur de la canicule qui nous empêche de dormir, je me suis surpris à rêver d'un hiver rafraîchissant. Si l'été a ses bons côtés, l'humidité fait certaines journées difficiles. Et voilà que septembre revient avec l'espoir que l'automne qui s'amène bientôt se prolongera juste assez pour ne pas nous faire regretter trop tôt les chaleurs torrides de juillet. Tout le monde est en ville et ça paraît ! Les rues sont encombrées, la circulation est dense et les clubs vidéo recommencent à faire de l'argent. En même temps, les petits ont troqué leur maillot de bain pour la tenue scolaire et reprennent avec une certaine paresse le chemin de l'école. Bien sûr que ça ne leur tente pas quand il fait encore beau, mais la liberté a une fin... même pour eux ! Au travail, la roue s'est remise à tourner avec un personnel au complet pour la pousser. On n'a plus à se plaindre de l'absence de personne. C'est ainsi que le paquebot se remet en marche. Moi, au cours de l'été, je suis passé par la gamme de plusieurs sacrements. J'ai assisté à un baptême, à un mariage et à deux onctions des malades. Ce qui veut dire que j'ai eu de la joie et du chagrin à la fois. Il y en a qui naissent et d'autres qui disparaissent. Moi, entre deux âges, je suis encore en sursis avant la fin et bien loin du commencement. La vie à deux se poursuit, certes, mais autrement, avec de grands pas accomplis et un certain soupir... de soulagement. Si nous avons, tout comme la cigale, chanté quelques moments, le temps nous ordonne d'être fourmi maintenant. La fin des vacances, c'est le commencement de ses plus belles réalisations. Et ça, il est possible de le faire avec joie, avec passion, quand on a le cœur... sans cesse vagabond !

Comme une feuille au vent...

Ah! comme le temps passe vite! J'ai parfois l'impression que ma vie s'envole sans se déposer nulle part... comme une feuille au vent, tout simplement! Déjà octobre. Dieu que les saisons se succèdent rapidement. Je pensais avoir à peine tourné une page que je célébrerai bientôt un autre anniversaire de naissance. Pourquoi si vite quand on voudrait que ce soit si lent? Sans doute parce qu'avec le temps les minutes sont plus précieuses et qu'on voudrait tout faire ce qu'on a omis de faire quand il en était encore temps. Lorsque j'étais plus jeune, j'avais, comme plusieurs d'entre vous, un tas de projets en tête. Malheureusement, et je le constate maintenant, je me disais: «Bah! pourquoi maintenant, il n'y a rien qui presse!» jusqu'au jour où l'on se réveille avec effarement en se disant: «Pourquoi ai-je été si paresseux... hier?» Sans doute parce que j'avais mieux à faire que de fourmiller au temps de ma douce insouciance. J'aurais pu être sérieux, discipliné, à cette époque où j'avais déjà la tête pleine d'idées. Mais comment se mettre à l'ouvrage quand on n'a pas encore de lunettes sur le nez et qu'un ami appelle pour s'écrier: «Hé! on sort ce soir?» Comment résister à la tentation du diable quand notre ange gardien ne se mêle pas encore de nos affaires. Bien sûr que je gagnais ma vie, car avec des enfants et des dettes à payer, il me fallait la gagner. Ce n'était sans doute pas encore le temps de songer... à la réussir. Le pain quotidien, l'essence dans la voiture, le loyer payé... et j'étais aux nues. Dès lors, la vie m'appartenait et je ne me souciais guère du temps perdu, parce qu'aucune ride ne marquait encore mon visage.

Quand je pensais à me faire vraiment valoir, il y avait toujours une petite voix qui s'amenait pour me chuchoter : « Allons, tu as toute la vie devant toi ! » C'était sans doute vrai, mais savais-je seulement à quel point elle pouvait filer, cette vie où l'on s'accorde beaucoup trop de sursis ? Il y a un temps pour tout et j'en conviens, mais quand on se lève un bon matin et qu'on se rend compte avec effroi qu'on a quelques cheveux gris au bout des doigts, on ne peut faire autrement que s'écrier « pas déjà ! » Il n'est pas nécessaire pour autant d'en avoir du remords ni de cultiver un sentiment de culpabilité, car au moment où je réalise ce qui m'arrive, il y a quelque part des jeunes qui se disent tout comme moi jadis : « J'ai toute la vie devant moi ! » Qui donc pourrait les blâmer de paresser quelque peu avec les jours qui passent ? Sûrement pas moi ni peut-être vous qui avez naguère si bien joué avec le temps. Ah ! cette sacrée sagesse, si seulement elle pouvait survenir alors que la tête ne pirouette que sur l'ivresse. Non, je ne regrette rien et je recommencerais sûrement ma vie de la même façon, car le déraisonnement se doit d'avoir un âge. Par contre, quand on atteint vraiment celui de la raison, c'est-à-dire plus de quarante hivers, il est plus que temps de se mettre au diapason de ses plus vives ambitions. On peut encore rêver, mais les sursis sont plus serrés pour nous permettre d'aller jusqu'au bout de nos émotions et de nos sentiments. Pensez-y, ne serait-ce qu'un instant, avant d'être emporté tout bonnement… comme une feuille au vent !

Être heureux… ça coûte combien ?

Être heureux… ça coûte combien ? Pas cher, croyez-moi, quand on peut fabriquer soi-même son propre bonheur. Il fut un temps dans ma vie où je croyais que ça s'achetait comme tant d'autres choses. Est-ce possible ? Ce que je veux dire, c'est que je pensais qu'il me fallait toujours mettre le prix pour ressentir le bienfait d'être heureux, d'avoir quelque chose de bon à écrire dans mon journal intime. Je me rappelle ces soirées où j'invitais un ou des amis à souper ou à prendre un verre, sachant d'avance que j'en défraierais le coût. Parce que, semble-t-il, je faisais plus d'argent qu'eux, c'est sans cesse à moi que revenait l'addition… et Dieu sait que pendant ce temps la plupart de ceux qui vivent comme on dit « sur le bras » entassent allègrement leur petit avoir. J'ai fini par comprendre que des amis de la sorte, on pouvait en « acheter » à tous les coins de rue. Heureusement que je l'ai compris avant de m'être ruiné, car au gré d'un dîner à un souper, on ne s'en aperçoit guère. Je sens que nombre d'entre vous vont se reconnaître et se dire : « Ah ! si seulement j'avais su ! » Non, quand le mal est fait, n'en faites pas un drame. Le pire qu'on puisse se dire c'est : « Et ça n'en valait même pas la peine… et encore moins le prix ! » Remarquez que ce n'est pas avec dépit qu'on pense de telle façon, seulement avec un certain regret. Non pas pour l'argent qu'on y a laissé, mais pour la fausseté pour laquelle on a dépensé. Trêve de plaintes, on s'aperçoit un jour que, pour être heureux, il suffit de presque rien. Le plus grand bonheur, c'est bien souvent juste autour de soi qu'on le trouve et il ne coûte parfois qu'un sourire, un mot gentil. Finalement, quand on cherche ailleurs, c'est de l'illusion qu'on achète jusqu'à ce qu'on rencontre de véritables amis, des gens avec un cœur assez grand pour comprendre que l'amitié, ça se partage. Pourquoi ce sens unique dont nous sommes parfois victimes ? Tout simplement parce qu'il se trouvera toujours sur notre route des opportunistes qui prendront tout de nous jusqu'à ce que nous leur disions que la prochaine fois… nous aimerions bien à notre tour être invité ! Le bonheur, c'est beaucoup plus simple que cela. C'est une promenade à deux, un petit restaurant où l'on dîne ensemble, une petite soirée que l'on partage et c'est à ce moment qu'il est plaisant de dire parfois : « Non, laisse, c'est moi qui t'invite ! » sachant par contre que ce sera partie remise et que l'ami saura un jour vous faire plaisir à son tour. Il y a aussi ces petits dîners à la maison qui ne coûtent rien ou presque, ces films qu'on regarde à deux, cette musique qu'on écoute en dégustant un verre, ces livres qu'on s'échange, ces longs entretiens dans un petit bistrot sans que l'un… fauche l'autre. Être heureux, ça ne coûte rien quand on prend soin d'en faire l'équation. Ce n'est pas une question d'argent, c'est une question de sentiments. Et les sentiments… voilà justement qu'ils sont gratuits tout au long du chemin de la vie. Le premier sentiment envers autrui, c'est le respect. Quand on possède cet atout au fond de son âme, on n'a pas à craindre d'avoir à verser autre chose que du bonheur sur ceux qui nous sont chers. C'est parfois en changeant de vie qu'on en améliore la qualité et c'est en choisissant ses amis qu'on en diminue la quantité. Être heureux ? ça ne devrait jamais coûter rien… à moins d'avoir la malchance de croiser sur son chemin… Non, j'arrête là, parce que j'ai appris depuis quelque temps qu'être heureux m'avait déjà coûté beaucoup trop d'argent !

Ainsi va la vie...

On a quinze ans, on aime pour la première fois, on se fait des promesses et l'on se retrouve face à son premier chagrin d'amour que l'on confie... à un courrier du cœur ! Ne sommes-nous pas tous passés par cette belle étape du drame de l'insouciance ? Dix ans plus tard on en rit parce que, devenus adultes, on se dit que dans les bras l'un de l'autre on vit « enfin » ce qui se veut pour la vie. Eh oui ! à vingt-cinq ans, on croit tout connaître sans savoir que l'on a encore tout à apprendre. Bien sûr que c'est déjà plus sérieux, plus réfléchi. À tel point qu'on ne peut s'avouer que l'on est encore enfants dans ce mystérieux sentier de l'amour. On s'imagine avoir trouvé la clé de toutes les solutions et on cherche encore en vain les serrures. Malheureusement, ce n'est pas encore l'âge de raison et quand sonne le glas des illusions, on en sourit... de peur d'en pleurer. Les décennies se suivent et voilà qu'à trente-cinq ans on est sûrs et certains de ne plus avoir rien à apprendre de la vie et de ses pièges. Quelle dure étape que celle de la trentaine. J'ai toujours affirmé, et je l'affirme encore, que c'est la période la plus difficile à traverser. Pourquoi ? Parce que sous tous les angles, c'est l'âge où l'on a tout à semer pour espérer une douce récolte. C'est, je dirais, le tournant majeur entre le rêve et la réalité. C'est le moment où l'on ose, où l'on fonce, où l'on gagne et où l'on perd. Sur le plan professionnel, c'est le temps propice au changement. On se remet en question, on s'analyse, on repart de zéro et, la plupart du temps, on en arrive à se connaître... un peu mieux. Sur le plan amoureux, c'est l'âge où les valeurs changent, où le fusil rejoint l'autre épaule, où l'on devient à moitié sages ou à moitié fous. On ne voit plus les sentiments du même œil et les réveils à la même heure. On est encore assez jeunes pour jeter un regard vers ceux qui nous suivent ou jeter son dévolu sur quelqu'un qui nous précède. C'est finalement l'âge où l'on peut tout se permettre, parce que justement on est... entre deux âges. Puis arrive la quarantaine, décennie qui fait peur, mais qui rassure en même temps. On est nettement plus avertis, on a déjà derrière soi plusieurs pages d'histoire, des succès, des erreurs et surtout des échecs qu'on ne répétera pas. C'est la pause entre l'orage et l'arc-en-ciel et sans doute le tournant le plus important d'une vie. La récolte n'est pas toujours celle que l'on espérait, mais on se dit qu'il y a certes quelque part un cœur apte à partager ses joies et ses peines. Et voilà que le demi-siècle s'avance. Dernière décennie dans laquelle l'être humain a encore tout à donner. C'est le plus violent souffle du guerrier... pourtant déjà fatigué. On croit encore en tout et bêtement on se méfie. Ah ! l'expérience, dive expérience... et l'on se croit à l'abri des inconvenances. Dernier sursaut de l'adolescence qui refait surface et l'on se complaît peu à peu dans une douce aisance. On exige moins, on s'éloigne de la quantité pour ne viser que la qualité. Ensuite ? Déjà, je suis rendu plus loin que ma propre vie. Par contre, on me l'a dit, c'est la sagesse qui prend place. On décroche de tout ce qui n'était qu'illusion, on s'accroche à ses bons souvenirs et l'on navigue sur un chemin de contentement mêlé de quelques regrets. Bah ! et puis après ? se dit-on, était-ce si important tout ce dont je rêvais ? Et surprise, on atteint soixante-quinze ou quatre-vingts ans... et l'on rêve encore, tel un enfant, à un amour qu'on pourrait inventer si on en avait le temps. On se regarde dans la glace, on revit les chapitres de sa vie et l'on éclate de rire, d'un franc rire, juste assez... pour ne pas en mourir !

Ces femmes qui ont tout donné...

Par ce titre, gentille Claudette, reconnaissez-vous le bel hommage que vous rendiez à votre maman dans une missive que vous m'adressiez ce 20 mai dernier ? Je l'espère, car il rejoint si bien la pensée de tous ceux et celles qui, comme vous, ont au cœur un bouquet de reconnaissance à l'endroit de celles qui ont su tant donner sans rien demander. Elle a eu dix-sept enfants dont treize sont encore vivants, votre chère maman ! N'est-ce pas remarquable ? Puis-je trouver les mots pour décrire tout ce qui a pu meubler chaque heure, chaque minute et chaque seconde de sa vie ? Et voilà qu'à quatre-vingt-trois ans, au seuil de ses derniers hivers, elle a même composé une prière, demandant à Dieu la force de poursuivre de ses mains usées son dévouement qu'elle croit inachevé. Oui, je les admire « ces femmes qui ont tout donné », je les admire non seulement d'avoir tant donné, mais surtout de ne pas le regretter. J'ai croisé au cours de ma carrière plus d'une grand-mère et, croyez-moi, jamais je n'ai entendu la moindre plainte qui soit. Au crépuscule d'une vie, la plupart, choyées ou non, me disaient : « Oh ! vous savez, moi, je recommencerais bien tout ça ! » Elles ne comptaient que les joies de leur existence, non les peines, car ces dernières, elles les remettaient à chaque fois entre les mains du bon Dieu. Pour ma mère, c'était gagner des indulgences plénières et pour d'autres, les coups durs, c'étaient ceux qui ouvraient la porte du paradis à la fin de nos jours. Braves mères de ce temps qui n'est plus, si vous saviez comme vos enfants vous admirent, comme ils vous aiment. Moi, je sais fort bien qu'avec tout ce que la vie nous apporte de bon aujourd'hui, on est parfois porté à se dire : « Bah ! Je ne recommencerais pas tout ça. Pas avec tout le trouble que ça implique ! » C'est vrai que l'on n'œuvre plus en fonction des indulgences de jadis et qu'on ne fourmille plus en vertu d'un paradis. Le paradis… c'est sur terre qu'on le veut et c'est pourquoi nous sommes parfois loin d'être généreux dans notre façon de donner. Je ne dis pas que nous sommes plus avares de notre temps et de nos sentiments pour autant, mais juste à lire la prière composée par cette brave grand-maman, dites-moi honnêtement si, au déclin d'une vie, nous aurons le courage d'adresser une telle missive au Créateur. Moi, en tant que père et vous en tant que mère, aurons-nous seulement le goût de tout recommencer ? Tiens ! si on se permettait d'en douter, vous et moi, ne serait-ce que pour admettre que nous ne serons jamais comme ces gens d'autrefois. Voici cette prière d'une grand-maman qui n'a pas jugé utile de se nommer… mais que je voue quand même à la postérité !

PRIÈRE DE GRAND-MAMAN

Mon Dieu, me voici au soir de ma vie.
Comme ça passe vite !
Pourtant, je vous dis merci !
Je n'ai pas fait de grandes choses… mais j'ai essayé de bien faire les petites choses.
J'ai aimé les enfants que vous m'avez donnés.
Je me suis couchée tard pour les endormir, sur un tricot commencé bien souvent la veille.
J'aurais voulu faire des merveilles.
Je me suis faite le médecin pour les soigner et je me suis dévouée pour qu'ils apprennent à donner.
Je me suis agenouillée pour qu'ils apprennent à prier et j'ai accepté la souffrance pour leur enseigner la patience.
Je les ai aimés pour qu'ils vivent en « Amour ».

Mon Dieu, quand je partirai pour le grand voyage d'où il
n'est pas de retour, faites-moi penser !
Faut que je leur laisse... mon adresse !

Puisse le Seigneur vous entendre, chère grand-maman, ainsi que toutes celles qui, comme vous, font partie de ces femmes qui ont tout donné. Là, sincèrement, je vous avoue avoir été... profondément touché !

Tout doucement,
j'ai repris mon cœur
d'enfant
pour le dissimuler dans
vos cheveux blancs
... adorables grands-mamans !

La beauté s'en va...

... et la bête te reste ! Encore un vieil adage emprunté à ma mère, mais combien d'entre vous ont pu l'avoir entendu en cours de route ? Dans mon courrier, dernièrement, une jeune fille qui se décrivait comme grassette et pas tellement jolie me disait son désarroi à ne pas être courtisée. Elle me confiait avec la mort dans l'âme toutes les qualités qui l'habitaient et à quel point elle avait tout pour rendre un garçon heureux. Elle ajoutait qu'on ne l'invitait jamais et que les gars ne recherchaient que les belles filles ; bref, elle était très malheureuse de son sort. Oui, jeunes hommes, c'est vrai que la beauté s'en va et que bien souvent vous restez pris avec la bête qui le devient davantage n'ayant plus « sa beauté » pour se défendre. Vous-mêmes qui, parce que beaux, ne cherchez que les belles filles, vous verrez que tout s'estompe avec le temps et que les ans ne vous épargneront pas plus que les autres. On peut certes se conserver, faire attention à sa personne, mais le temps ne s'arrête pas pour autant. Finalement, la beauté d'un être humain, c'est au fond du cœur qu'elle réside. C'est à connaître une personne à fond qu'on apprend à l'aimer et non pas seulement sur un coup de foudre physique qui vous en donne envie pour... un soir ou deux. Toute personne a quelque chose de bon à apporter à l'autre, il suffit de savoir l'extraire. Maintenant, pour la demoiselle et pour bien d'autres dans son cas, faisons le point sur ce qu'on appelle « son désarroi ! ». En dépit de l'adage, il y a quand même des gens très beaux qui sont très bons et je ne voudrais pas que vous pensiez qu'une belle femme ne cache qu'une bête, loin de là. La beauté physique n'est pas qu'un privilège accordé pour camoufler un violent tempérament, sûrement pas. Il y a également des êtres qui sont loin d'être beaux et qui ont un caractère de chien ! Le vice versa est partout et en tout. Dans la vie, il y a d'abord place pour l'amélioration et ce, sous tous les angles. La demoiselle qui se trouve un peu grassette n'a pas à se sentir damnée pour autant et le charme a sa place dans tout individu. Ce que je lui ai conseillé, c'est de tout faire pour améliorer cette apparence dont elle est peu fière. De nos jours, il y a tout ce qu'une femme peut désirer à portée de la main pour le faire : nouvelle coiffure, soins esthétiques, peut-être même une petite diète et déjà, l'effort ajoute quelques charmes de plus. En outre, je le demande à toutes celles qui sont dans son cas, n'êtes-vous pas, mesdemoiselles, vous aussi à la recherche du plus beau gars de la terre ? Que faites-vous donc des garçons qui, moins avantagés sur le plan physique, se cherchent une compagne avec les qualités de cœur requises ? Il y a des êtres nés pour se rencontrer, mais ce n'est pas en cherchant l'impossible qu'on finit par trouver le possible aisé. Il y a mille et une façons de se rencontrer et certaines agences très sérieuses peuvent discerner pour vous le ou la partenaire qui saurait vous convenir. Qui vous dit, mademoiselle, que quelque part un garçon ne vit pas la même angoisse que la vôtre ? Il ne faut pas jeter tout le blâme sur le fait que vous ne vous trouvez pas jolie, ce serait trop facile. La beauté, c'est si relatif. Comme vous êtes consciente de vos qualités, vous vous devez de l'être de vos possibilités et faire en sorte de chercher dans la bonne voie celui qui vous y attend sûrement. Ce message s'adresse aussi à tous ceux et celles qui sont dans le même cas. Il est temps de vous prendre en main, de sonder votre cœur et d'avoir confiance en vous. Dites, le voulez-vous ?

Le succès n'a pas d'âge...

Ce billet, je le rédige en réponse à une lettre reçue d'un homme de cinquante-trois ans que j'appellerai tout simplement Gaétan, car il n'a pas signé sa missive et je ne veux pas révéler l'endroit où il habite. Ce monsieur, sans doute désabusé à la suite d'une déception professionnelle, m'écrit pour me demander comment il se fait qu'on ne peut avoir de l'avancement au travail quand on a un demi-siècle de vie et plus. Cher Gaétan, je vais tenter de me mettre dans votre peau et dans celle de tous ceux qui pensent comme vous. Il n'y pas d'âge pour le succès et l'avancement n'est pas une question de chiffres, mais d'énergie, de savoir-faire et de détermination. Vous savez, il y a de très jeunes présidents de compagnie de cinquante ans et de très vieux directeurs... de trente-cinq ans. Vous me dites avoir l'air de quarante ans, ne pas avoir de bedaine, avoir gardé jeune, etc., mais ce ne sont pas là des critères face à l'avancement que plusieurs cherchent désespérément. Quand vous parlez des jeunes qui travaillent moins que les plus âgés, vous êtes quelque peu dur, car si les gens de cinquante ans avaient eu autrefois la tâche aussi facile avec les syndicats, la protection, ce je-m'en-foutisme face à la perte d'un emploi, plusieurs en auraient fort bien profité. Nous avions du cœur au ventre ? En avions-nous seulement le choix ? Autres temps, autres mœurs, dans tout, Gaétan, et si nous sommes de la génération « des champs de blé », c'est parce que nous n'étions pas destinés à faire partie de celle de « la télé ! » Les ères se suivent et ne se ressemblent pas. J'ai travaillé bien fort pour en arriver où je suis, mais je vous jure que mon père a travaillé plus fort que moi pour atteindre la moitié de mon succès. Mon fils est en train de faire ses preuves et ce n'est guère plus facile pour lui avec tous ces jeunes très instruits. Plusieurs doivent même s'exiler pour obtenir ce fameux « avancement » dont vous parlez et ce n'est pas parce qu'ils ont le cœur plus fort et les bras plus musclés qu'ils l'obtiennent avant leurs aînés. Non, Gaétan, nous avons tous dans la vie l'avancement que nous allons chercher nous-mêmes au gré de notre talent et de nos efforts. Qu'importe l'âge, qu'importe que l'on soit chauve ou bedonnant. Les compagnies sont là pour faire de l'argent et si vous êtes le bon pion sur leur damier, c'est sur vous qu'ils vont miser. Il y a une chose cependant, Gaétan, c'est qu'il faut connaître ses limites. Je ne sais trop si vous avez déjà lu le livre *Le Principe de Peter*, mais il est écrit que trop de gens dépassent le seuil de leurs capacités et se retrouvent à un poste élevé sans en être à la hauteur. Pourquoi chercher à être un directeur quand notre élément nous place élégamment dans celui de l'adjoint. Il vaut mieux être presque parfait à sa place que de trébucher sur une marche de plus. Non, je ne crois pas que les gens de cinquante ans n'ont pas droit à l'avancement. Si l'on ne mise pas sur eux, il y a sûrement de bonnes raisons que la délicatesse em-pêche parfois de révéler. Par contre, si vous êtes face à une injustice, si l'on choisit quelqu'un de plus jeune et que vous êtes sûr que vous aviez tout pour obtenir ce poste, alors là, il faut vous battre et faire valoir vos droits. Dans plusieurs cas, et le dicton le prône : « C'est la roue qui crie qui obtient l'huile ! » Ce n'est pas en rentrant à la maison et en s'écrasant sur son triste sort qu'on avance. Comme ce sujet touche bien des gens, voulez-vous, s'il vous plaît, prendre un petit moment pour bien le méditer… en même temps que Gaétan ?

Le triste laisser-aller...

Bon, il est grandement temps que j'en parle depuis que j'en ai envie. J'ai attendu que le temps des Fêtes soit passé et j'ai constaté une fois de plus, et avec stupeur, que plus le temps va, moins on s'en fait avec ce qu'on a l'air ! C'est inadmissible, mais c'est comme ça. On a mangé comme des porcs, on a l'air dix ans plus vieux que son âge, on est brûlé jusqu'à la corde... et on ne fait rien pour se remettre d'aplomb. On se dit : « Bah ! à quoi bon, mon mari aussi engraisse », ou vice versa, ou encore : « Pourquoi m'en faire avec mon apparence quand lui perd ses cheveux et qu'il en est rendu à prendre quarante de tour de taille ! » Là, c'est grave pour l'un comme pour l'autre, car ce n'est pas parce que l'un s'en fout qu'il faut que l'autre emboîte le pas. C'est la pire chose à faire et le plus grand risque à prendre pour se retrouver en dépression quand la glace nous renverra l'image qu'on ne veut pas voir. Nous sommes tous vulnérables aux changements de la vie et comme on ne peut pas avoir toujours ses vingt ans protecteurs, il faut se prendre en main comme de véritables docteurs. Le pire outrage, c'est l'embonpoint et nous en sommes tous victimes, ou presque, surtout si la trentaine nous a dit un vibrant adieu. Moi, mesdames, j'ai engraissé comme tout le monde pendant les Fêtes parce que j'ai mangé de la tourtière, des tartes, du ragoût de boulettes et que j'ai bu du vin et des digestifs sans compter les verres. J'ai fêté, comme on dit, et tous ceux qui m'entouraient aussi. Je savais que j'étais fautif puisque de jour en jour je suppliais ma ceinture de bien vouloir soutenir mon pantalon. Je me suis vu sur des photos avec le visage rond comme un melon et je n'avais qu'une hâte fébrile : voir le tout prendre fin pour me reprendre en main. Le sapin n'était pas encore dégarni que je feuilletais toutes les revues à la recherche d'une aide précieuse... ma femme aussi. Nous sommes tombés pile sur une diète à la soupe dans un magazine et ce fut le premier accord de notre concerto. Pas facile quand on a l'estomac aussi grand qu'un sac de couchage, mais à force de patience et de privations, nous l'avons ramené à un état normal. Cette fameuse soupe, aussi bonne soit-elle, finit par tomber sur le cœur et sur les nerfs, mais patience, ça en vaut la peine. Voilà que j'en suis exactement où j'en étais avant de manger comme un goinfre et de boire comme une fontaine. Svelte, élégant, bien dans ma peau, j'ai donc entrepris le reste de ma cure « de jeunesse » comme je l'appelle. Une coupe de cheveux plus allégée, des jus de fruits pour améliorer le teint et après un mois de petits efforts, je ne suis plus du club de ceux qui se laissent facilement aller... ma femme non plus. Quand on veut, on peut, il suffit d'en avoir le goût et d'avoir gardé assez d'orgueil pour y parvenir. Une petite dose d'amour-propre et on n'a pas le droit de se permettre du lard à la ceinture. Le double menton n'a pas à être là et les rides, ça peut toujours se camoufler quand on a un peu de bon sens et qu'on s'aime encore assez pour ne pas regarder ses photos de jeunesse avec une terrible nostalgie. C'est sûr que j'étais beaucoup plus beau à vingt ans, mais paraît que j'ai beaucoup plus de charme maintenant (hum) ! Donc, le laisser-aller, laissez-le donc à d'autres et tentez l'un pour l'autre de vous remettre en forme et de retrouver au moins 60 % de l'allure qui a fait que vous vous êtes aimés tous les deux. Si l'on s'aime, on ne peut faire autrement que d'aimer les autres. Sachez surtout qu'il n'est jamais trop tard pour s'entreprendre et que tout est possible !

De treize à dix-huit ans...

Ils ne sont pas faciles les enfants de cet âge, n'est-ce pas ? Que de parents m'écrivent sans cesse pour me demander ce qu'ils devraient faire avec leur fils ou leur fille qui leur tient tête ! Tout comme chez le tout jeune enfant, je vous dirai que c'est l'âge du négativisme et que le « non » est plus souvent de mise que le « oui » dans leurs petites conversations. J'ai eu des enfants qui ont traversé cet âge et si j'en souris aujourd'hui, il n'en a pas toujours été ainsi. Loin de me donner de gros troubles (et j'en remercie le Ciel) je me souviens des cheveux longs de mon garçon et de sa musique « Hendrix » qui me tapait sur les nerfs. Je me rappelle son laisser-aller, une certaine petite fugue qui a duré « trois petites semaines » et de son retour tête baissée. J'en ris aujourd'hui, mais je vous avoue avoir mal dormi certains soirs. Ce qu'il ne faut surtout pas faire, chers parents, c'est de se montrer obstiné continuellement. À l'âge où les premiers poils de la barbe poussent chez le garçon et où la jeune fille fait appel à son premier soutien-gorge, il est tout à fait normal pour eux de se prendre pour des adultes et de ne plus rien avoir à apprendre de nous ! On a beau s'être mariés jeunes, si vous saviez comme on est vieux pour eux... à quarante ans ! Il est certes important de tenter de dialoguer, mais parfois la chose s'avère impossible et ce sont eux qui nous ont à l'usure. Si leurs petites contestations ne dépassent pas le sens de la décence, laissez-les faire et vous verrez qu'avec le temps tout se replacera. C'est parfois à les ignorer qu'ils finissent par s'interroger, car ils adorent la bagarre et font tout pour la provoquer. J'ai toujours dit que les enfants devenaient ce que nous en faisions et je le maintiens. Par contre, rares sont les parents qui échappent à leurs petites révolutions. N'avons-nous pas eu les nôtres, nous aussi ? Si je fais mon examen de conscience, je me souviens fort bien d'avoir énervé ma mère alors que je m'étais mis dans la tête de me marier à dix-sept ans. Elle avait beau tout essayer pour me faire comprendre que j'étais trop jeune, je faisais la sourde oreille. Je me voyais déjà en beau petit marié du mois de mai. La chose s'est produite, mais trois ans plus tard et, encore là, elle me trouvait trop jeune… et elle n'avait pas tout à fait tort. Une dame me demandait dernièrement : « Et quand l'âge de la crise est passé, est-ce qu'ils viennent nous dire que nous avions raison, qu'ils s'étaient trompés ? Est-ce qu'ils viennent gentiment s'excuser ? » Non madame, pas de cette façon, mais si vous saviez comme ils sont aimants envers vous dès que s'amène la vingtaine. C'est un peu leur façon de vous dire : « Je t'aime et je sais que j'ai eu tort à un certain moment. » De toute façon, quand l'orage cesse, on n'a nullement le goût de chatouiller le tonnerre. On pousse un soupir de soulagement et l'on regarde les autres passer par où l'on est passé soi-même. On leur dit de ne pas s'en faire, et avec raison, puisque pour nous cet âge ingrat est chose du passé. Le pire, c'est qu'il est très facile de l'oublier, car dès que s'installe la maturité, on les voit avec des yeux qui n'ont plus la moindre inquiétude. Moi, j'ai été épargné de ces troubles (sauf quelques petits entêtements) et je sais que certains parents font face actuellement à de plus gros problèmes. Soyez patients, armez-vous de courage et comptez avec le temps… car ça passera en coup de vent. De treize à dix-huit ans, il n'est pas facile pour eux de vivre sans être ni adultes ni enfants. Ainsi va la vie !

Savoir garder... pour soi !

C'est un art quand il s'agit de l'être qu'on aime et, même si ce n'est pas toujours facile, laissez-moi vous dire que c'est possible. On a trop tendance à avouer en poussant les hauts cris : « Mon mari me trompe ! » ou encore : « Je pense que ma femme s'est déniché un amant ! » C'est comme si on voulait que l'humanité entière nous plaigne quand pourtant on n'a rien fait pour garder pour soi ce cœur qu'on a conquis. Pour plusieurs, surtout pour ceux qui se sont engagés pour la vie, c'est comme si tout était acquis dès que le « oui » est prononcé devant Dieu et les hommes. Les couples qui cohabitent font preuve de plus de prudence, mais on finit par se dire : « Bah ! il ne trouvera personne d'autre de mieux que moi ! » Et pourtant, les ruptures et les divorces sont de plus en plus fréquents malgré la certitude que l'on avait que rien ne viendrait dissoudre ce qui avait été si bien arrimé. Une vie à deux bien planifiée, ça se mène à deux, n'est-ce pas ? On ne peut pas du jour au lendemain déroger de ses bonnes habitudes et s'attendre à ce que l'autre s'habitue. Ce n'est pas parce qu'on est beau et qu'on est fin « avant » que le charme va opérer jusqu'à la fin des temps. Bien sûr que c'est toujours le même beau gars ou la même belle fille qu'on retrouve dans son lit chaque soir, mais la même pilule à long terme, aussi bénéfique soit-elle, n'a pas sans cesse le même effet. Je m'excuse du cliché, mais il y a de ces êtres qui sont si sûrs d'eux qu'ils sont les premiers à tomber sur le derrière quand l'autre, en sourdine, va jardiner ailleurs. Ce n'est certes pas sans raison qu'on commence à faire ainsi des clins d'œil à l'aventure. Ce n'est pas parce que monsieur est un as en prouesses et que madame est plus belle qu'une déesse que l'amour ne cède jamais sa place. Il y a parfois les sentiments qui se lassent d'être enclins à la disgrâce. Une vie à deux, ce n'est pas qu'une succession de relations sexuelles. Où sont donc passées les valeurs et les promesses d'antan ? Où en est donc cet échange qui faisait que nous étions de ces couples qui jamais ne se détruisaient ? Parfois, ça commence aussi bêtement que d'oublier de dire à l'autre qu'il est gentil ou qu'elle est fine comme une mouche. Quand les compliments tombent sous le joug de l'avarice, déjà... l'amour est triste. Savoir garder pour soi, c'est entretenir en toute sérénité tout ce qui nous a fait tomber dans les bras l'un de l'autre. Chaque matin se doit d'avoir son espoir et chaque soir son doux partage. Il y a toujours dans un couple l'un des deux qui provoque l'accident qui fait que l'amour se retrouve sous un tas de ferrailles. L'autre, celui ou celle qui aime davantage, poursuit son ascension, mais sans aide pour les bagages, le cœur peu à peu se décourage et la monnaie de la pièce est vite rendue. Ce n'est pas quand il est trop tard qu'il faut apprendre à garder pour soi cet être qui comble notre vie. C'est pendant qu'on vit pleinement, amoureusement, rêveusement qu'il faut inventer, chacun de son côté, tous les manèges pour ne rien perdre. S'aimer, ce n'est pas une rose qu'on cueille au printemps. Savoir garder pour soi, c'est construire sans cesse son quotidien au gré de sa vive imagination. C'est faire plaisir, donner sans ne rien exiger pour recevoir plus que son dû en retour. Savoir garder pour soi, c'est s'améliorer, modeler sans cesse son image et accentuer chez l'autre ce grand bienfait de plaire. C'est toujours quand on a tout perdu qu'on reste confus, abasourdi, détruit, pour s'écrier déçu... Si seulement j'avais su !

C'est quoi un « macho » finalement ?

Bonne question, n'est-ce pas ? D'autant plus qu'on ne sait même pas d'où vient exactement le terme. On est d'abord porté à croire que c'est l'homme à gros bras avec tatouages qui boit sa bière à même la bouteille et qui commande du doigt. Eh bien non ! Selon certaines femmes, ce n'est pas ça un « macho » ! Pour d'autres, c'est l'espèce de misogyne ou sexiste qui se sert des femmes pour son petit confort, et pour certaines, ce serait même l'homme au cœur tendre, cette espèce de romantique qui se sert de ses belles rimes pour arriver à ses fins. C'est à se demander si le macho est un homme qui peut fort bien se passer d'une femme… exception faite du besoin qu'il a d'elle pour le lit ! Allez-y, posez la question à votre plus proche amie et comparez sa réponse avec celle d'une autre, et vous verrez que le macho est peut-être encore à inventer. Le pire, c'est que même si on les condamne, il appert que toute femme aimerait rencontrer un macho au moins une fois dans sa vie. C'est peut-être parce qu'elle se meurt de savoir de quoi se chauffe cette « petite bête » ? Ce que j'ai entendu de plus drôle, récemment, c'est que tout homme de quarante ans et plus était un macho, parce qu'il faisait partie de la génération des hommes perturbés. J'ai voulu savoir pourquoi, on m'a répondu : « Tout simplement parce qu'ils n'ont jamais appris ce que c'était que de tenir un torchon entre leurs mains ! » Et vlan ! J'ai souri pour ne pas en rire… moi qui fais partie de ces « condamnés » des féministes. Il est sans doute vrai que tous les *baby boomers* n'ont pas appris à laver la vaisselle, mais c'est à leur propre maman, des femmes par surcroît, qu'ils doivent le fait de n'avoir pas su se servir d'une moppe ou d'un balai. Autres temps, autres mœurs, comme on dit, mais les filles du temps de la guerre n'étaient pas non plus celles que l'on trouve aujourd'hui. Au départ, elles se mariaient de peur de rester « vieilles filles » et n'avaient pas à travailler pour aider au paiement du loyer. À ce moment, la plupart des hommes savaient qu'en fondant une famille ils se devraient d'en avoir l'entière responsabilité. Vous pensez que ce n'était pas « stressant » d'avoir à dire « oui » face à un tel verdict ? Croyez-moi, ce n'est pas quand on est deux à rapporter qu'on risque d'avoir un huissier à sa porte. On a souvent, trop souvent, jeté la pierre à des hommes qui ont eu, malgré tout ce qu'on peut en dire, du cœur au ventre. Ce n'est pas que les femmes n'avaient pas leur juste part du travail, car élever trois, quatre et cinq enfants, ce n'était guère de tout repos. Par contre, il y avait peut-être beaucoup plus d'harmonie dans les couples à ce moment... même si monsieur, le soir venu, ne s'occupait pas de la lessive. Si c'est ça être un macho, pardonnez-moi ou lapidez-moi, mais j'en fais partie. Ce qui ne veut pas dire qu'avec le temps, l'évolution et l'acceptation du juste partage, je n'ai pas appris à repasser une chemise. Il y a certes encore un peu de « sexisme » chez les hommes de ma génération. Oui, ce sexisme qu'on appelait autrefois galanterie, et qui consistait à tirer la chaise de sa compagne, à ouvrir la portière de l'auto, à se pencher pour ramasser le mouchoir échappé et à tout faire pour qu'elle soit, en dépit des corvées, féminine et toujours belle. On semblait peut-être les maîtres de la maison, mais elles en étaient reines puisqu'elles étaient beaucoup plus subtiles que maintenant. Tiens ! Remontez plus loin dans l'Histoire et allez demander à madame Récamier ce que c'est qu'un macho. Elle et toutes ses compagnes de salon vous diraient sans hésiter qu'elles les avaient tous à leurs pieds ! Et à mon tour, vlan ! Avez-vous une autre définition maintenant ?

Mieux vivre... en santé !

J'aime tourner rapidement les pages malencontreuses de l'existence, mais personne n'a oublié à quel point il fut terrible le dernier hiver, au point de vue santé. Je n'ai jamais croisé autant de personnes avec des grippes, des bronchites aiguës, des virus musculaires, d'autres qui se jetaient sur les poumons, des amygdalites, des fièvres qui n'en finissaient plus, etc. C'est comme si tous les microbes de la terre s'étaient donné rendez-vous pour nous prendre au piège sous nos manteaux d'hiver. À un certain moment, moi, j'en ai eu assez de ces « virus du diable » qui m'attaquaient en dépit de mes vitamines... et de mes imprudences ! Oui, il est vrai que, comme chaque année, j'ai pris comme ça, par-ci par-là, une cuillerée à soupe de mon sirop de fer, mais à quoi sert une telle mesure si on fait des écarts de conduite, si on joue avec sa santé comme avec la roulette d'un pistolet ? On mange trop, on bouffe n'importe quoi, on boit trop, n'importe quand, parce qu'il fait froid, et on se retrouve sans force, trop faible pour être capable de combattre un pou. Un jour, j'en ai eu assez des antibiotiques, de la clinique médicale du coin pleine à craquer avec mon numéro en main, j'en ai eu assez de me rendre chez le docteur, chez le chiro, chez le physiothérapeute... parce que j'avais mal dans le cou, dans les épaules, dans les bras, dans le dos... et que tout ça finalement, c'était ce qu'on appelle « une grippe musculaire » dans notre langage à nous. Avec le temps, tout s'est estompé et c'est arrivé quand j'ai décidé de me charger moi-même de ma santé. Je ne suis pas tombé dans l'excès contraire au point de devenir « granola », surtout pas.

J'ai simplement décidé que la santé était un bien trop précieux pour la mettre ainsi en péril. Il y a bien assez de ce que l'on ne peut éviter sans chercher à tout attraper, non ? J'ai donc eu un entretien avec ma conscience. Je me suis dit « C'est le printemps qui vient ? C'est maintenant ou jamais ! » Premièrement, j'ai sorti du grenier cet « exercycle » dont je ne me servais plus et, chaque matin, je roule au moins trente minutes… dans ma maison. De plus, comme j'ai confiance dans les médecines douces, j'ai trouvé un supplément de vitamines qui contient tout ce que je pouvais trouver dans ce que je n'aime pas manger. Déjà, je sentais un regain d'énergie. À ce rythme de mise en forme, j'ai ajouté une petite cure d'amaigrissement. Pas trop, juste ce qu'il faut pour m'enlever ce que j'avais de trop. Et ça marche ! Tiens, en parlant de « marche », j'ai décidé d'en prendre une chaque jour que le bon Dieu me donne et voilà que ma circulation du sang se remet en marche… Je bois très peu d'eau habituellement et j'ai opté pour l'effort de boire de l'eau de source, ce qui semble vouloir m'éclaircir le teint. J'ai aussi réglé mon horaire afin de profiter de bonnes nuits de sommeil, pas de ces nuits où l'on dort deux ou trois heures et dont on se relève en se disant qu'une douche froide va nous remettre en forme. Un beau petit sept heures et, déjà, je n'ai plus de cernes sous les yeux. Pour les nerfs ? le stress ? l'anxiété ? Une bonne tisane, un bon livre, soit une biographie ou un roman, rien de violent, et le tour est joué. Une musique de fond appropriée et les rêves ne sont plus des cauchemars. Oui, j'ai décidé de prendre ma santé en main parce que c'est là le plus beau cadeau de la vie, le moteur de toute réussite, le tremplin vers le bien-être. Maintenant, si je la perds, c'est que Dieu l'aura voulu mais de moi-même… jamais plus !

Être à la mode… ou soi-même !

J'entends souvent des jeunes dire, en parlant d'autres jeunes : « Bah ! ils ne suivent même pas la mode ! » Et puis après ? Cette remarque est encore plus gratuite lorsqu'il s'agit d'adultes parce que, finalement, c'est quoi « suivre la mode » ? Est-ce que ça existe vraiment de nos jours ? Sans doute pas, puisqu'on voit des dames avec des robes à la cheville, d'autres au genou et certaines avec la mini-robe quand ce n'est pas la micro. L'âge n'a même plus d'importance… ce qui fait que le ridicule ne tue pas dans certains cas ! Pour les coiffures, c'est la même chose. L'an dernier, toutes les femmes avaient les cheveux courts et raides sur la tête dans le genre porc-épic. Pour les hommes, le style des années cinquante semble être de retour. Épaules larges et carrées, manches relevées jusqu'au coude, pantalons bouffants, cheveux courts quand ce n'est pas longs et bouclés. Somme toute, c'est un savant mélange du dix-septième et du vingtième siècle. Être dandy pour un homme, c'est suivre sottement tout ce qui est à la mode… et là, je ne marche pas. Moi, je suis d'accord pour dire que chacun se doit de trouver son propre style et demeurer fidèle à cette image quand elle lui convient. Ce n'est pas à quarante et cinquante ans qu'un homme peut se permettre de porter ce qu'un jeune homme de vingt ans porte aisément. Il n'y a rien de plus ridicule que de voir un homme d'âge mûr tenter de jouer au « p'tit jeune ». La même chose s'applique pour la femme d'un certain âge qui, pour être « dans l'vent », s'habille comme sa gamine de seize ou dix-sept ans. À chacun son temps, à chacun son tour. L'élégance et l'allure d'une personne se reflètent dans le bon goût et une excellente connaissance de soi. Et ce n'est pas parce que le rouge est à la mode qu'une rousse se doit de le porter. Le mariage des couleurs, ça existe encore et vous ne viendrez jamais me dire que le brun se marie avec le bleu. Pour moi, la plus insolite des parades de mode, c'est quand je me rends à la Place des Arts ou dans un endroit du genre. Je peux rester assis pendant une heure à me demander chaque fois si ce n'est pas l'Halloween. Qui veut-on impressionner quand on s'habille pour la galerie ? Être soi-même, c'est être assez équilibré pour savoir ce qui nous convient en vertu de notre âge et de notre quotidien. Il est évident que pour une soirée mondaine l'apparat a beaucoup plus sa place que le jeans et que l'on ne va pas à réception en plein air avec une robe à paillettes. Donc, si vous avez appris à reconnaître votre image, de grâce ne la changez pas sous l'influence d'une mode qui ne vous avantage pas. Moi, j'aime le noir et le gris et même si l'on me dit que le bleu me va bien, j'opte encore pour le noir, car je m'y sens bien et c'est ce qu'il y a de plus important. Être bien dans sa peau sans avoir l'air idiot, voilà l'essentiel. Au diable la mode si pour la suivre il faut déroger à sa personnalité. Être conservateur, avoir un goût classique ne veut pas dire pour autant qu'on n'est pas de son temps. Au contraire, les vêtements passe-partout auront toujours leur place et c'est de là que naît l'embryon de l'élégance. Je veux bien que les jeunes se permettent quelques fantaisies. Pas au point d'avoir les cheveux verts cependant, mais n'a-t-on pas commis les mêmes folies à leur âge ? Pour ce qui est de l'être adulte, une apparence soignée, une allure distinguée vaut cent fois mieux que les accoutrements improvisés. Soyez bien dans votre peau, trouvez ce qui vous convient et ne changez pas parce que la mode vous le dicte. C'est en étant soi-même, en prenant conscience de sa taille, de sa grandeur, des couleurs qui nous vont bien qu'on finit par avoir sa mode à soi. On attire sans doute moins les regards, mais n'est-ce pas mieux que d'être de ceux dont on parle tout bas à l'écart ?

Quand l'arc-en-ciel s'accroche aux arbres...

L'été s'envole et je sens que l'automne me fait un clin d'œil malin. À l'épilogue d'un bel été, il m'est déjà arrivé, et j'en suis triste, de piétiner sans le vouloir la première feuille tombée de mon peuplier. Bien voyons donc ! pourquoi n'y ai-je pas pensé ? N'ai-je point vu ces écoliers qui regagnaient, pas tout à fait joyeux, les cours d'écoles de leur quartier ? N'ai-je pas vu quelques mamans dans les centres commerciaux avec des crayons, des cahiers, des bas et même des bérets plein les bras ? Et pourtant, je les ai vécues ces rentrées des classes alors que mes enfants étaient de la partie. Je les ai effectués ces achats et je me souviens d'être allé reconduire les plus petits jusqu'à l'institutrice… quand ils n'étaient pas trop friands d'y retourner. Tout comme une feuille au vent, on oublie ce qui passe trop vite. J'entends pourtant des gens dire à leurs voisins que leur chalet est fermé, que leur voiture aura besoin très bientôt d'une mise au point et je sors soudain de mon rêve pour me dire que l'automne est à deux pas avec ses beautés et ses mauvais présages. Ma fille qui a passé tout un été avec nous n'est-elle pas déjà repartie pour la Saskatchewan où elle enseigne ? N'est-ce pas là le prélude à l'automne ? Voici venir le mois où j'aime prendre ma voiture pour parcourir les routes du Nord en quête d'arbres rouges, orangés et jaunes avec encore quelques reflets de vert. Que de jolies feuilles je ramassais, enfant, des feuilles d'érable à moitié rouges que je plaçais dans les pages d'un livre afin qu'elles sèchent et me suivent tout l'hiver. Quelle féerie de la nature quand l'arc-en-ciel s'accroche aux arbres ! Quel régal pour les yeux et quel arôme ! Comme ça sent bon un automne quand on le hume de façon poétique ! Le seul drame, c'est quand le rêve s'estompe et que l'on songe qu'il est le prologue d'un dur hiver que j'ai encore peine à accepter. Passons… puisque nous n'en sommes encore qu'au premier reflet de septembre. Comme une feuille au vent, je vois cependant les pages de vie qui s'envolent et à tourner ainsi les mois du calendrier, je veux tout faire pour que chacun laisse en mon cœur la trace d'un profond bonheur. J'ai certes éprouvé un doux contentement alors que je me prélassais sur ma galerie par les beaux soirs du mois d'août, mais je veux que chacun des douze mois de l'année puisse m'apporter, tout comme à vous, cette magnificence de prendre, de mordre dans la vie. Moi, je n'ai plus de crayons à acheter, plus de cahiers à couvrir, mais j'ai besoin d'un veston, d'un imperméable et même d'un foulard. J'ai aussi besoin de me sentir bien, de changer ma mise en scène, de me créer un univers à la hauteur de la saison qui vient. J'ai envie de décorer, de repeindre ma chambre. Tiens ! et pourquoi pas changer le décor de mon bureau ? C'est à faire ainsi peau neuve un peu partout qu'on ferme doucement une porte pour en ouvrir une autre sans aucune amertume. Comme une feuille au vent, je ne veux rien perdre de ma course et surtout ne jamais choir pour ne plus être emporté par l'espoir. Allez, petits enfants, partez avec vos sacs et votre pomme et soyez fiers de devenir demain, les femmes et les hommes dont nous aurons besoin. Allez, douces grand-mamans, le vent déjà plus frais vous invite à sortir votre châle et à vous laisser aller comme une feuille au vent sur des jours que nous vivons tous en même temps, différemment… avec les mêmes sentiments !

Quand les minutes deviennent précieuses...

On a l'âge de son cœur, bien sûr, et n'est-ce pas là une consolation pour ceux qui avancent à grands pas dans le sentier de la vie ? Les aiguilles de l'horloge ne s'arrêtent pas, hélas, et rien ni personne ne peut enfreindre la justice des ans. Quand on a vingt ans, on a plein d'idées, plein de rêves dans la tête, mais on envisage ces bons moments les yeux fermés en se disant : « Oui, peut-être bien que dans dix ans... » Un peu plus tard, on réduit de moitié ce temps qu'on s'est alloué et l'on s'écrie : « Bah ! je suis encore jeune, peut-être que dans quatre ou cinq ans... » Un journal intime fait place à l'autre qu'on range par-dessus les autres et l'on continue son petit bonhomme de chemin en croyant fermement en sa bonne étoile. À quarante ans, on a soudainement peur qu'il soit trop tard pour les rêves et les ambitions. On s'inquiète d'un premier cheveu qui grisonne et une amie ou une très bonne personne vient nous redonner l'espoir perdu en nous disant : « Tu sais, la vie commence à quarante ans ! » Quoi ? On vient tout juste de naître ? Alors, pourquoi s'en faire puisque l'avenir est encore rempli de belles promesses. Mais après, oui, après que cette décennie s'achève et qu'on n'a pas encore accompli le tiers de ses promesses ? Là, c'est avec un léger vent de panique qu'on regarde son calendrier et qu'on se rend compte que le temps a passé. Ce ne sont plus les jours que l'on compte, ni les heures que l'on calcule, ce sont les minutes... qui deviennent précieuses. Non pas qu'il soit trop tard pour qui que ce soit, mais tout simplement parce qu'on n'a plus de temps à perdre face à ce que l'on croit. La vie ne fait pas de pas en arrière, elle avance impitoyablement et l'on dirait même qu'elle nous reproche parfois d'avoir négligé le temps alloué. Remarquez qu'il n'est jamais trop tard pour atteindre le sommet de ses aspirations. Victor Hugo n'a-t-il pas écrit *Les Misérables* à l'âge de soixante ans ? Il croyait sans doute n'avoir plus d'encre dans sa plume et ce fut son plus sublime roman. Et que dire de ces savants qui ont fait leurs plus grandes découvertes alors qu'ils étaient octogénaires ? Non, il est toujours temps quand on se ressaisit et qu'on s'avoue que les minutes sont précieuses. Le savoir-faire de la sagesse, c'est de les employer avec justesse. C'est quand on peut mettre au rancart certaines inutilités de sa vie qu'on peut allègrement réaliser ce en quoi... on croit encore. Ce n'est pas parce que le temps nous presse un peu plus qu'avant qu'il faut se faire mourir pour autant. Non, ce serait insensé et les plus douces ambitions seraient vite déchiquetées... par un manque de qualité. La maturité, c'est le moment où l'on peut enfin faire la différence entre ce qui importe et ce qui n'apporte rien. On change ses habitudes de vie, on modifie sa façon d'être, on fuit certaines choses et l'on peut encore cultiver un jardin au gré des soixante secondes d'une minute bien employée. On se départit de tout ce qu'on appelait « ses douces folies » et déjà, le temps... gagne du temps. On en arrive même à se surprendre d'avoir accompli en moins d'un an ce qui nous semblait devoir prendre une vie. Quand les minutes deviennent précieuses dans l'existence d'un être humain, c'est qu'on a pu extraire le blé de l'ivraie pour s'apercevoir qu'on avait encore bien du temps devant soi pour d'autres souhaits. Le sursis est moins grand ? Qu'importe ! Il est possible d'aller enfin au bout de soi, quel que soit l'âge, quand la santé et le courage... frappent encore à notre porte !

Savoir prendre conscience...

Nous avons tous nos qualités et nos défauts, mais sommes-nous seulement conscients de ces derniers ? Vous savez, il est toujours plus facile d'énumérer ses qualités et sans doute plus gênant d'admettre ses erreurs. Et ce n'est pas parce que l'on a trois ou quatre fois l'âge de raison... qu'on n'a pas besoin de se faire parfois ramener à la raison. Ce rappel à l'ordre est plus que bénéfique, surtout quand il vient de la part d'un ami en qui l'on a confiance. Que faut-il faire au moment où le procès survient ? S'en défendre par orgueil ou accepter ce lot de vérité avec complaisance ? Moi, j'opte pour la seconde solution, car c'est en fermant les yeux sur de tels aveux ou en se bouchant les oreilles sur les bons conseils qu'on risque de se retrouver seul. On ne se rend pas toujours compte de ses lacunes. On s'imagine à l'abri des remontrances, des semonces, et l'on poursuit sa façon d'être jusqu'au jour où des avis plus que sensés viennent nous dire que nous l'avons échappé belle. Le problème, c'est que l'individu a trop tendance à vivre en vertu de son ego pour ensuite se justifier en vertu de son égoïsme. Les dures leçons de la vie, il faut savoir les prendre, même quand on s'imagine au-dessus de toute faiblesse. Si vous saviez comme la prise de conscience peut être instantanée à ce moment-là ! On revient chez soi, on s'ausculte et l'on se dit : « Moi, je suis comme ça ? » pour ensuite faire son propre acte de contrition. C'est bien souvent de façon inconsciente que les gens en viennent à se gaver d'eux et oublier que d'autres existent. Ce n'est pas par méchanceté, loin de là, c'est simplement pour toujours tenir le haut du pavé... de peur de descendre trop bas. L'important, dans un tel cas, c'est de prendre la peine d'écouter ce que d'autres ont à vous reprocher et d'en faire humblement votre mea culpa. Ah ! comme ils sont nombreux ces êtres excessifs qui se veulent toujours gagnants ! Comme ils sont à plaindre ces gens trop éloquents qui ne se rendent pas compte qu'une dose mesurée de paroles pourrait les garder dans nos sentiments ! Quand la prise de conscience se fait, il faut être capable de se dire : « Bon, il faut que je change ! »… mais attention, pas au point de devenir méconnaissable le lendemain. La personne qui vous veut du bien pourrait dès lors se sentir coupable d'avoir allumé la mèche qui pourtant se voulait salutaire. La juste mesure ? l'équilibre parfait ?…. pas facile n'est-ce pas ? Ne dit-on pas : Chassez le naturel, il revient au galop ? Donc, si vous êtes incapable d'atteindre ce juste milieu, devenez excessif dans l'autre sens. Ce sera déjà mieux que de poursuivre dans l'incohérence. Il faudra cependant être assez habile pour expliquer à l'autre que « le rien » vaudra « le tout » qu'on n'était plus capable d'entendre. Commencez par ce petit pas, d'un versant à l'autre, et vous verrez qu'au fur et à mesure des mois le juste milieu s'obtiendra. Ne faites pas de la peine parce que vous avez l'impression qu'on vous en a fait en vous livrant ainsi à vous-même. Essayez d'abord de rendre les autres heureux pour une fois. Qui sait si vous ne le serez pas davantage dans cette nouvelle voie. Prendre conscience ne veut pas dire changer du tout au tout, mais il y a des gens pour qui c'est le don entier de soi… ou le retrait. Je les comprends, croyez-moi, mais ce n'est pas là rendre le cœur pour une faveur. Redescendez et remontez graduellement l'escalier de votre équilibre. Qui sait si vous n'apprendrez pas en chemin comment vous arrêter à point. Prendre conscience de soi, c'est avoir le respect des autres et le leur prouver… avec toute la force de sa bonne volonté !

Allons... les jeunes !

Je ne voudrais pas les mettre tous dans le même sac, car je sais que plusieurs adolescents ont une bonne culture et manient un très bon français. Ce sont malheureusement ceux dont on entend le moins parler ou qu'on voit moins souvent... parce que plus discrets et ne faisant pas partie de la masse dite « super populaire ». Là où je veux en venir, c'est qu'il est déplorable d'entendre le langage de nos jeunes d'aujourd'hui aussi bien à la télévision qu'à la radio ou dans les écoles. C'est comme si la grammaire n'existait plus, comme si les professeurs étaient tous morts ou que les dictionnaires n'avaient pas encore été inventés. Dernièrement, j'écoutais une émission de télévision où les jeunes étaient invités à se prononcer sur les condoms. À la question si les garçons étaient insultés si une fille leur demandait d'en porter un, l'un d'eux, et pas un gamin, environ dix-huit ans, a répondu : « Oui, moé ça m'insulterait parce que chu propre et que même si tu y dis, qui çé qui t'dis qua va t'craire ? » Je n'en reviens pas et je pense que si je lui avais demandé de m'épeler tout ça, il y aurait eu plus de fautes que j'ai pu en faire en respectant son vocabulaire. Une autre fille, assez mignonne mais qui le serait davantage à ne jamais parler, a répondu : « Moé, ça fait depuis l'âge de treize ans que j'fais l'amour et j'trouve que c'tune bonne affaire. » Tiens ! en pleine télévision, on se vante de faire l'amour depuis l'âge de treize ans et quelques petits gars de treize ou quatorze ans se vantaient de prouesses sexuelles et j'aurais parié mon bras gauche qu'ils savaient à peine ce qu'était une masturbation ! Quel est donc l'intérêt à vouloir se prouver ainsi sexuellement en pleine télévision devant toute la parenté ? On veut choquer ou quoi ? Il n'y en a qu'une, et je lui lève mon chapeau, qui a eu l'honnêteté d'avouer publiquement qu'elle était vierge, qu'elle n'avait que quinze ans et qu'elle ne comptait pas se donner au premier venu parce que c'est « à la mode » avec condoms ou pas. Enfin une qui était à mes yeux une perle parmi des cailloux. Pour en revenir à mon sujet premier, ce que je déplore surtout, c'est la façon de ces jeunes de s'exprimer dans un langage qui gênerait terriblement ce pauvre Molière s'il était encore vivant. Des « si je pourrais » au lieu de « si je pouvais », ou « mon père pis ma mère » au lieu de mes parents et des « icitte » « J'capote » « J'veux rien savoir, moé », etc. Ce ne sont pourtant pas des illettrés ces jeunes, puisqu'ils sont fin secondaire ou au cégep, mais où s'en vont-ils avec ce langage peu soigné. Je reçois à mon bureau des tas de lettres de jeunes qui me demandent des posters d'artistes, des entrevues avec un tel et si vous saviez le nombre de fautes que je compte, c'est incroyable. Des « Chaire monsieur » ce n'est pas rare et des « Mercie davance » non plus. Un autre me dit : « Je voudrais que tu ailles interrojer Tony Danza parce que y a l'aire fin et qu'il est mon préférée. » Une fille dernièrement m'écrivait en me disant : « J'aimerais beaucoup faire comme vous du journaliste et rencontrai des vedettes de théâtre en Califournie ! » Je ne veux discréditer les bonnes intentions de tous ces jeunes qui m'écrivent avec passion, mais de grâce, chers amis, faites un effort en français et délaissez un peu Madonna… le temps de conjuguer vos verbes et de savoir que mon nom s'écrit Monette et non « Monnette ». Il est pourtant là devant vos yeux chaque semaine. Allons, les jeunes, un petit effort ! Car ce n'est certes pas avec la génération que vous êtes et qu'on appelle la relève que vous obtiendrez haut la main l'application de la loi 101 !

Après l'orage...

Il y a toujours un arc-en-ciel après l'orage à ce qu'on dit, mais Dieu qu'il tarde à venir parfois ! Nous avons tous au cours de notre existence des hauts et des bas. Il est évident que nous voudrions que les bas soient inexistants, mais qu'y pouvons-nous ! Le pire, c'est que lorsque ça commence à aller mal... on dirait qu'il n'y a plus de fin. Je ne crois pas aux astrologues comme on croit en l'au-delà, mais on m'avait dit récemment : « Vous allez voir, septembre et octobre, ce n'est pas bon pour les Sagittaires ! » Je n'y ai pas porté attention et, avec le recul, je m'aperçois qu'elle avait plus que raison cette maîtresse des astres. Je pourrais même ajouter que connaissant d'autres Sagittaires, ces deux mois n'ont pas été bénéfiques pour eux non plus. Bon, il faut en prendre et en laisser et si ce n'est pas strictement le fruit du hasard, je vous avoue que j'avais hâte que ces mois se terminent, car ils m'ont réservé de bien vilains moments qu'heureusement... le temps a apaisés. Il y a des jours où je me disais : « Malchance par-dessus malchance, voyons donc, qu'ai-je donc fait pour... » Vous connaissez la chanson, n'est-ce pas ? On se dit tous ça quand ça ne va pas. Pourtant, ce n'était qu'à mon tour de me faire jouer un tour par la vie. L'orage cette fois, c'est sur moi qu'il s'abattait et à certains moments j'aurais pu croire que c'était un ouragan. Qu'est-ce qu'on fait donc dans ces moments-là ? Il ne faudrait pas vous imaginer que j'ai la solution à tout et que je règle la moindre chose d'un optimisme serein. Non ! J'ai comme tout le monde mon anxiété, mes angoisses et mon terrible stress que je tente de contourner comme je l'ai souvent clamé. C'est bien beau de le dire, mais le faire, ce n'est pas toujours facile. Pour ces orages, je n'ai pas plus de parapluie que le plus démuni des hommes et je m'en remets bien souvent au destin pour qu'il me tire d'affaire. Les impasses, nous avons tous à les surmonter, qui que nous soyons, et croyez-moi, je suis aussi vulnérable que tout le monde et pas plus fort que la moyenne dans ces vilaines passes de la vie. Le ciel obscurci finit heureusement par s'éclaircir et l'on voit peu à peu l'orage s'en aller et faire place à un soleil qui semble vouloir nous tirer d'embarras. Il est vrai que «le temps est un grand maître», mais je suis certain que, parfois, nous aimerions le devancer et courir après si c'était possible. L'orage, il est maintenant derrière moi, mais j'en ai peut-être encore le cœur mouillé. Qu'importe, les plus beaux moments de la vie ne sont-ils pas ceux qui s'en viennent? Face à l'inconnu, on se dit avec un soupir de soulagement: «Ouf! ç'aurait pu être pire et rien désormais ne pourra être pire!» Aujourd'hui, c'est le calme après la tempête et c'est, pour tous ceux qui ont passé de mauvais moments, le temps de décompresser. Ce que je suggère, c'est un repos physique et cérébral. Un bon livre, de la grande musique ou encore des chansons d'amour. Vous verrez que votre sang circule normalement maintenant que l'orage s'est dispersé et que le ciel s'enfarine déjà. Oui, je suis bien, très bien même d'avoir pu surmonter la tempête sans perdre la tête. Après avoir été faible, il m'a fallu être fort, mais ça en valait la peine puisque désormais tout ira bien. Oui, tout ira bien… en autant que je le voudrai bien!

Par une soirée d'automne...

De ma fenêtre, je vois les dernières feuilles mortes souf-
flées par un vent frais et balayées par des bourrasques de
pluie. Quelques-unes, éparses, viennent pleurer sur mes vitres.
Il fait noir de plus en plus tôt, et tant que le tapis blanc ne
viendra pas illuminer la nuit, c'est un cafard très gris qui ber-
cera ma léthargie. Que faire quand on a l'âme à ne vouloir rien
faire ? Mettre un peu d'ordre dans ce bureau qui a de plus en
plus l'air d'un marché aux puces ? Et pourquoi pas ! C'est
ainsi que j'ai rangé plumes, stylos et papiers déposés ici et là,
rangé dans ma bibliothèque quelques volumes laissés sur un
fauteuil et passé le plumeau sur mes lampes et mes bibelots.
Au tour des tiroirs maintenant. C'est avec ces gestes ordi-
naires qu'on vient à remplir un panier à rebuts de mille et une
choses qui ne servaient plus. Mais c'est aussi au cours de ce
boulot qu'on réalise le fouillis indescriptible dans lequel on
vit. Ah ! si seulement ma pauvre mère voyait tout ça ! Non, je
n'avais pas le vague à l'âme et pas la moindre nostalgie ce
soir-là... et pourtant, quelques trouvailles m'ont fait quitter la
réalité et je me suis laissée nvahir une fois de plus de la douce
phase du rêve. Des photos de jeunesse alors qu'à Saint-Calixte
je faisais la chasse aux grenouilles. D'autres de mon mariage
sur lesquelles je pouvais compter les invités qui n'étaient plus
de ce monde. Le certificat de naissance de mon défunt père.
Une photo de mon fils sur son tricycle alors qu'il n'avait que
trois ans et une autre de ma fille sur les genoux du père Noël.
Mon Dieu... que c'est déjà loin tout ça. Tiens ! un porte-
bonheur ! Oui, un bel éléphant noir, cadeau d'une adjointe qui

m'est chère et des photos de Miami lors du lancement de mon premier livre *Au fil des sentiments*. Dans un autre tiroir, mes devoirs scolaires datant de ma neuvième année et une lettre de mon vieux professeur privé. Des poèmes composés de la main de mon neveu dont quelques rimes écrites sur des petits napperons d'un club de nuit. Un jeu de cartes tarot qui n'a jamais servi et des souvenirs d'Expo 67 ! On en trouve des choses, non ? quand on ne cherche rien ? De vieux magazines américains avec les biographies de Maria Montez et de Carmen Miranda. Ici, ce sont les plus vieux qui comprendront ce que veulent dire ces choses-là. Et voilà que je découvre une photo datant du parc Belmont qu'on coloriait à la pharmacie Montréal pour quelques sous. J'étais pas mal beau à seize ans ! Sur une autre étagère, des choses plus récentes. Un flacon d'eau de Cologne à peine entamé dont je n'aimais pas la fragrance, un petit buste de Louis II de Bavière, souvenir d'un voyage de ma fille, des cartes postales d'Élaine Bédard et des photos à perte de vue de mes voyages à Hollywood. Plus près, tout près de moi, juste à côté de ma radio, des cassettes d'Aznavour et de Barbara, précieux cadeaux d'un collègue, et des cartes de souhaits de fête allant de mes trente ans jusqu'à… Bah ! à quoi bon compter les ans ! Un album au complet des succès de Lawrence Welk de la part de mes enfants. On devait me sentir bien vieux quoique jeune. Des romans de Guy des Cars, d'autres d'Émile Zola et une vieille Bible tout en cuir avec ses pages parsemées d'or achetée jadis pour la somme de quarante dollars ! Un tableau représentant un Sagittaire et intitulé « Une image vaut mille mots » signé Carbonneau, et sur mon mur un très beau paysage que je dois au talent de mon ami Gaston Dugas. Et pendant que je faisais l'inventaire de mes plus beaux souvenirs, Jean Ferrat chantait derrière moi *C'est beau la vie*. Oui, j'y crois, même par un soir d'automne et de pluie, quand le cœur a tant de raisons de ne jamais perdre… ses plus belles émotions !

Masculin, féminin... pluriel ?

Je n'ai rien contre le féminisme et les revendications des droits des femmes. Au contraire, j'ai toujours été pour «à travail égal, salaire égal». Là où je n'arrive plus à accrocher, c'est cette fameuse «guerre des sexes» face aux titres qu'on s'octroie en milieu professionnel... et je m'explique. Dernièrement, à la télévision française, lors d'un quiz, la concurrente arrive et l'animateur la présente comme «pharmacienne». La dame le reprend et lui dit : «Non, monsieur, je suis pharmacien !» Et lui de lui dire : «Mais une pharmacienne, c'est quoi alors ?» Et elle, tout comme au temps du maréchal Pétain, de lui répondre : «C'est la femme du pharmacien !» J'en suis resté estomaqué ! Pourtant, la femme d'un avocat n'est pas une avocate à ce que je sache ? J'ai consulté monsieur Larousse et il me dit, noir sur blanc, que pharmacien(ne) est une personne qui exerce cette profession, rien de plus. Donc, madame voulait être traitée «au masculin» et pendant ce temps, ici, les femmes de lettres sont devenues des écrivaines et des auteures. Par contre, une femme qui pratique la médecine aime bien être appelée docteur et non doctoresse, et quand on s'adresse à son avocate au féminin, il faut cependant dire maître au masculin. Imaginez s'il fallait les appeler maîtresse ! Là, je pense qu'il faudrait finir par «se brancher» comme on dit et en arriver à une seule formule, sinon, ce sera bientôt la guerre des dictionnaires. D'un côté, les femmes veulent être traitées avec des titres au féminin comme directrice et non directeur, tout comme elles sont présidentes à la tête d'une entreprise et non présidents et d'un autre côté, elles ne veulent pas être qualifiées de pharmacienne ou se faire appeler femme-pompier, femme-médecin, etc. Pourtant, et là encore, je me dois de le dire, je suis assuré que toute femme conduisant un autobus se veut un chauffeur et non une « chauffeuse ». Aux États-Unis, c'est pire encore et là c'est nettement disgracieux quand vous voyez une fille arriver dans un cercle de filles et s'écrier « Hi, guys ! » Je regrette, mais au temps de Doris Day, « a guy » c'était un gars et non une fille. Pourquoi pas « Hi, girls ! » si on veut une identité qui nous soit propre ? Finalement, mesdames, vous ne prenez dans chaque cas… que ce qui vous arrange. À certains moments, vous refusez radicalement d'être titrées « au masculin » et si on a le malheur dans d'autres cas de vous interpeller par un titre « au féminin », c'est la riposte. Dans les métiers, je trouve la tare moins flagrante. Une « coiffeuse » ne se plaint pas de son titre et la « serveuse » ne tient pas à être serveur dans un restaurant. Elle est déjà heureuse qu'on ait enfin pensé à l'appeler autrement que waitress. Dans un avion, les hôtesses de l'air sont devenues « agents de bord » et là, je suis entièrement d'accord. « Hôtesse » dans certains cas, c'est très péjoratif et il valait mieux tout mettre au masculin. Tiens ! c'est peut-être là le plus bel exemple du « pluriel » que je puisse vous citer. Ils sont légions à faire ce métier, hommes et femmes et le pluriel est devenu un mode d'emploi facile à absorber. Si on passe du côté des hommes qui ont maintenant des emplois jadis réservés aux femmes… Prenez le cas des secrétaires, l'homme n'a pas cherché à revendiquer un autre titre et l'on entend souvent « mon secrétaire » sans que ça ne les gêne. De toute façon, tous ces titres sont si confus qu'on en est à se demander si le Robert et le Larousse vont finir par digérer tout ça. Je pense que lorsqu'il seront d'accord dans tous les cas… ce sera au prix de plusieurs crampes d'estomac !

Les poupées oubliées…

Tiens ! mais que contient donc cette grosse boîte de carton que je viens de dénicher sur une tablette de mon sous-sol ? Je l'ouvre… et je me sens envahi d'une bien douce nostalgie. Entassées les unes sur les autres, j'aperçois avec émoi toutes les poupées de ma fille, alors qu'elle était une enfant, et qu'elle a conservées précieusement. C'est drôle, mais c'est dans de pareils moments que le livre d'images de mes plus belles années s'entrouvre encore une fois. Une poupée aux cheveux blonds bouclés qui, telle une princesse, ouvre les yeux sur sa robe de soie jaunie. Je ne me rappelle pas quel nom ma fille lui avait donné, mais je me souviens de sa joie le jour où elle l'a tenue entre ses bras. Je crois, si ma mémoire m'est fidèle, que c'était là sa première poupée. Une autre aux cheveux roux avec une robe à pois, un bébé en caoutchouc avec un petit trou à la bouche pour recevoir une bouteille. Que de souvenirs pour elle et quelle joie pour moi qui les lui offrais de mes modestes deniers. Plus au fond, une grande poupée de chiffon avec des yeux bien ronds et un tablier à carreaux. C'est la « grande Jeanne » qu'elle la nommait celle-là ! Entassées les unes sur les autres ai-je dit, mais bien rangées pour ne pas qu'elles souffrent d'être ainsi à l'étroit. Je ferme les yeux et je revois ma petite fille alors qu'elle n'avait que trois ou quatre ans et qu'elle se berçait dans un petit fauteuil en suçant son pouce. Quelle enfant sage elle était, surtout quand elle ne voulait pas que ses poupées se réveillent après les avoir si bien endormies. Je me rappelle lui avoir raconté une histoire inventée de poupée écrasée en traversant la rue. Je croyais bien faire en lui enseignant ainsi la prudence, mais mon Dieu qu'elle a pleuré ce jour-là. J'en étais mal jusqu'au plus profond de mon âme. À chaque anniversaire, c'est une poupée que ma fille réclamait. Blonde ou brune, noire ou chinoise, qu'importe ! Chacune avait une place dans son cœur... et on les faisait si belles en ce temps-là ! De beaux cils artificiels, des mains roses et dodues, une petite bouche charnue... et des robes dignes des contes des mille et une nuits. Bien sûr qu'elle ne les a pas toutes conservées. Elle n'a gardé dans cette boîte déchirée que les plus chères à son cœur d'enfant. Pourquoi ? Tout simplement parce qu'un jour, elle aimerait les offrir à ses enfants. Devenue jeune femme, à deux pas d'un mariage, il est certain que ma fille désire à son tour une petite fille aussi sage qu'elle l'était et qui vivra pour ses poupées. Elle lui racontera l'histoire de chacune, sans omettre leur prénom dont elle a sans doute souvenance. Elle leur dira que tous ces enfants de mousse ou de bois lui venaient de son papa. Sa mère y était bien sûr pour quelque chose, mais c'est moi qui les payais et j'étais sans cesse porté à lui choisir les plus chères... pour ne pas dire les plus grosses ! Oui, j'ai revécu en quelques instants tous ces précieux moments alors que nous la sortions avec un régiment de poupées dans les bras. Je l'ai aussi revue le soir au lit, avec juste assez de place pour elle parmi toutes ces demoiselles. Du même coup, j'ai revu mon fils alors qu'il était petit garçon et qu'il fallait sans cesse lui traîner une auto ou un camion. Tiens ! Je n'ai pourtant rien retrouvé de tout ce que je lui ai donné ! Faut dire que les garçons maltraitaient les jouets de belle façon. Mon fils n'a plus rien de ses jouets d'enfant. C'est normal, il les brisait au fur et à mesure qu'on les lui donnait. Et pendant ce temps, les poupées oubliées ont dormi sagement. Oui, pendant vingt ans et six déménagements... jusqu'à ce qu'un jour prochain, elles soient reprises par d'autres petites mains qui me feront compter sans sursis... le surplus de mes cheveux gris !

Face à son miroir...

Cette fois, je ne parle pas du miroir de la conscience, mais bien de celui de tous les jours, de cette glace dans laquelle on se regarde avant de partir le matin ou avant de se mettre au lit le soir. Il est aberrant de constater à quel point les gens peuvent se laisser aller physiquement sans que cela les dérange. Quand c'est « le couple » qui décide ainsi de ne plus s'occuper de son apparence parce que chacun n'a plus rien à conquérir, c'est déjà triste, mais c'est un problème de couple et c'est une décision que je respecte même si j'ai toujours déploré le fait de ne plus avoir d'amour-propre. Là où ça devient dangereux, c'est quand l'un des deux se laisse aller au grand désarroi de l'autre... qui sait fort bien qu'à brève échéance il ou elle ira voir ailleurs ! On peut certes s'aimer pour ses qualités de cœur, mais chaque humain a un côté esthète et si l'on a épousé une très belle femme ou un très bel homme, on ne peut et on ne veut pas voir cette image se dissoudre au bout de quelques années de mariage. J'ai vu dernièrement un cas semblable alors qu'une jeune femme, fort belle et attirante à vingt-cinq ans, était rondelette, sans aucune coquetterie et sans orgueil dix ans plus tard. Elle-même m'avouait : « Je suis à l'âge où je devrais être à mon meilleur et je suis à mon pire ! » « Pauvre toi, lui ai-je dit, fais quelque chose, prends-toi en main, ne te laisse pas aller de la sorte ! » Le pire, c'est qu'elle m'avouait tristement que son mari le lui reprochait constamment et qu'il l'avait même menacée d'aller voir ailleurs si elle ne retrouvait pas son agréable apparence d'antan. Il faisait attention à lui et ne pardonnait pas à sa femme de ne pas en faire autant… et je ne pouvais le blâmer, malgré toutes les qualités d'âme et de cœur de cette dernière. J'ai vu la même chose se produire à l'inverse. Un gars que je n'avais pas revu depuis son mariage alors qu'il avait vingt-six ans était méconnaissable. Don Juan de l'époque, adulé de toutes les filles, il avait épousé la plus jolie blonde de la planète. On aurait dit un couple sorti tout droit des *soaps* d'après-midi aux États-Unis. Je le retrouve avec quarante livres de plus, bedonnant, trois mentons, presque chauve et ayant perdu toute fierté… à trente-six ans. Sans trop s'en faire, il me dit : « Bah ! j'suis casé et Francine ne s'en plaint pas ! » Sa femme, plus belle que jamais, me regarde et me lance : « C'est pas vrai, mais tant pis pour lui ! » J'ai vite compris par son regard qui en disait long qu'elle avait trouvé un autre prince charmant pour combler sa douce illusion de « princesse à tout jamais ». Trois grossesses, toujours aussi belle et davantage puisque la maturité ajoute au charme, elle m'avouait prendre soin de sa taille, de sa peau, de son image, quoi ! Et ce n'est pas parce qu'on a quarante-cinq ou cinquante ans qu'on doit abdiquer devant son miroir. Bien sûr qu'une femme n'a plus la fraîcheur qu'elle avait et que l'homme ne retrouvera jamais son vingt-huit de taille, mais ce n'est pas une raison pour donner l'image du troisième âge avant son temps. J'ai d'ailleurs vu des dames de soixante-dix ans avec une telle coquetterie qu'on aurait pu leur donner à peine cinquante-huit ans. Tout n'est que dans le bon vouloir et si la nature nous est favorable un jour, il n'y a pas de raison pour qu'on lui fasse l'outrage de ne pas respecter ses faveurs. Face à son miroir, quand on se retrouve seul et que l'autre est parti, ce n'est pas toujours parce que le cœur ne répondait plus. Parfois, on veut aussi conserver le plus possible « l'image visuelle » qui a fait qu'on a pu se plaire autant. Dommage, quand on est rendu à se dire : « Autant en emporte le vent ! »

Ces hivers lointains…

Non, je n'ai pas été de l'époque de Wilfrid Laurier, pas plus que de celle du curé Labelle. Mais ce soir, en regardant par ma fenêtre, je vois ces grues munies de grosses pelles qui nettoient les rues du quartier en moins de temps qu'il n'en faut pour nettoyer mon balcon. Ensuite, la souffleuse arrive et hop, la tempête de la veille n'est plus qu'un mirage dont on ne parlera plus demain. Je n'ai rien contre le progrès et tant mieux si tout se fait si vite aujourd'hui, mais ça me fait sourire quand je me revois derrière une vitre semblable avec trente ans de moins sur les épaules et une tempête comme on vient d'en vivre une. Je ne dirai pas que « c'était l'bon temps », sûrement pas pour les rigueurs de l'hiver, mais comme nous ne connaissions pas mieux, j'avoue que ça me flatte un peu d'en parler à mes enfants qui n'en croient pas leurs oreilles. Le sable des camions qu'on jetait dans la rue, ce sont des hommes comme mon beau-père qui travaillaient à vingt-cinq sous zéro qui faisaient ce dur boulot. On poussait la neige, on s'en faisait des montagnes, des glissades comme on disait, et de gros champignons dans lesquels on sautait d'un deuxième étage sans se fouler une cheville. Au printemps, le dégel était loin de se faire du jour au lendemain et, enfant, je restais des heures à contempler notre voisin, monsieur Émond, avec son pic qui finissait par enlever de grandes galettes, des sueurs au front en plein mois de mars. Je me souviens aussi du « père Couture », comme on l'appelait, qui, lui, avait trouvé le moyen de noyer le froid dans sa Black Horse tablette qu'il buvait dans sa cave. C'était dur l'hiver, autrefois, mais nous avions des plaisirs qui se perdent à moins que ce ne soit moi qui en sois rendu à ne plus sortir pour en apprécier les couleurs. Lorsque j'habitais Bordeaux, pas loin de la prison, c'était toujours avec peine au cœur qu'on voyait notre rond à patiner avec de la neige qui passait par-dessus la bande. Tout ce qu'on espérait, c'était de voir le gardien muni de sa pelle venir tout nettoyer pour que le soir on puisse aller patiner. Quand les lumières s'allumaient, nous étions fous de joie. Cette patinoire en plein air qui faisait qu'on rentrait les joues rouges, c'est inoubliable, même si l'aîné de la famille se tapait une crise d'asthme chaque fois qu'il rentrait du froid au chaud. Plus jeune encore, ma mère s'alarmait quand, après une tempête, le boulanger ne pouvait pas passer avec son panier et ses mokas préférés. De plus, ça nous faisait bien rire de voir la crème se glacer au point de soulever le couvercle de carton de nos pintes de lait en verre. Il y avait aussi ces bonshommes de neige que nous faisions et que nous habillions avec les vêtements de mon père qui faisait une sainte colère, surtout quand nous lui empruntions son plus beau chapeau mou. Dernièrement, j'ai vu un ami arriver au bureau avec ce que j'appelais dans ma jeunesse «des hamburgers» pour me cacher les oreilles. Je ne peux croire que ça existe encore, tout comme le passe-montagne que ma blonde portait pour aller patiner. Ces hivers lointains étaient durs et ne ressemblaient pas toujours à une belle carte de souhaits du temps des Fêtes, mais ça laissait en nous une féerie, une magie qu'on ne retrouve plus dans ce siècle où tout se fait vite. On fuit l'hiver. Et pourquoi donc quand les encombrements ne sont plus qu'à 5 % de ce qu'ils étaient autrefois ? Moi, j'ai un petit côté «maso» qui fait que je m'ennuie de ces petites misères d'autrefois, même quand on se collait la langue sur le bras de la galerie et qu'elle restait prise à nous en faire pleurer. Ah ! ces hivers que Vigneault a chantés et que Verlaine a poétisés, j'en ai, croyez-le ou non, une certaine nostalgie. Fou à lier, moi ? Peut-être ! Et pourquoi pas dehors… en plein hiver !

Peur de la mort... ou de Dieu ?

Bien sûr que c'est beau la vie, comme le chante si bien Jean Ferrat... et pourtant j'entends souvent dire que «l'enfer, c'est sur terre!» Pour d'autres, c'est tout simplement le purgatoire et ils espèrent le repos éternel où, face à Dieu, ils pourront chanter ses louanges. Si vous avez remarqué, la plupart des gens à qui l'on demande de quelle façon ils aimeraient mourir répondent : «Vite, très vite et dans mon sommeil de préférence!» Il se peut que certaines personnes aient une peur bleue de souffrir avant de partir, mais je me demande si c'est vraiment là la raison qui fait qu'ils veulent tous mourir sans s'en apercevoir. Pourtant! Ne nous a-t-on pas dit que ce qu'il y avait de plus beau, c'était la vie éternelle? Ne nous a-t-on pas répété que Dieu rappelait à Lui un à un les êtres qu'Il aimait? On va même jusqu'à se souhaiter ce «fameux paradis» à la fin de nos jours et malgré cette promesse d'une belle éternité, la plupart d'entre nous s'accrochent à la vie, même à un âge très avancé... comme si ce qui nous attendait était terrible. On a peur de quoi finalement, de la mort ou du face à face avec le Créateur? Moi, je n'ai jamais entendu parler d'une personne défunte qui soit revenue se plaindre de ce qui se passe de l'autre côté. C'est déjà bon signe, non? Dans plusieurs cas, lorsque l'agonie s'achève et que l'âme quitte enfin le corps, on entend dire : «Il est enfin heureux!», pendant que celui qu'on qualifie d'être presque «chanceux» s'est accroché désespérément à ses souffrances pour ne pas quitter cette terre. C'est assez confus, n'est-ce pas? Cependant, ça s'explique. Ce dont les gens ont peur malgré toute la foi qui les habite, c'est de cet inconnu duquel ils ne savent rien. J'ai vu dans ma vie de vieilles dames égrener leur chapelet chaque matin avec des « Je vous salue Marie » et des « Notre Père » et pleurer de rage quand sonnait l'heure dernière. Ce n'est pas la croyance qui manquait, mais on dirait qu'à la dernière minute l'humain ressent un certain trac face à la vue de ce Dieu qu'il a prié toute sa vie. C'est comme si l'on avait peur d'affronter son jugement le moment venu, même si l'on sait qu'Il est miséricordieux et qu'Il nous tend les bras avec bonté. C'est étonnant, parce que ce sont les plus croyants qui ont la plus grande crainte de partir pendant que des athées se disent : « J'm'en vais tout simplement six pieds sous terre ! » On dirait que plus on a la foi, plus on tient à reculer l'échéance. Pourquoi n'a-t-on pas hâte de voir enfin la lumière céleste quand on a passé sa vie à prier pour le propre repos de son âme ? Bien sûr que j'aime aussi la vie, avec ses joies, avec ses peines, avec ses beaux jours... et avec ses misères. Par contre, je me suis depuis longtemps conditionné à ce départ inévitable d'une façon fort positive. Où étais-je donc en 1925 alors que le monde dansait le Charleston ? Sans doute au même endroit où je serai quand on continuera à danser sans moi. Il est évident que la plus grande peine, c'est de laisser derrière soi des êtres qu'on aime, des choses auxquelles on s'est attaché, des projets inachevés, des rêves... non réalisés, mais tous ceux qui sont partis avant nous ont-ils à s'inquiéter de ce qu'ils ont laissé derrière eux quand nous sommes là pour prendre la relève et les garder dans nos cœurs ? Non, il ne faut pas avoir peur de la mort et encore moins de Dieu, puisque nous serons, si nous avons la foi, en mesure d'obtenir tout ce que la terre n'a pu nous donner. Comme c'est inévitable, comme nous sommes tous sur le sentier de l'éternité, pourquoi ne pas envisager le mystère de l'au-delà avec la sagesse de l'âme et non avec les phobies de l'esprit ? Non, je ne suis pas suicidaire, mais quand viendra mon heure dernière, je veux être capable de fermer les yeux sur ce que je laisse et les entrouvrir sur l'espoir d'un bonheur à l'infini. Oui, c'est exactement comme ça... que je souhaite finir ma vie !

Quand on n'en sait rien encore...

Si seulement on savait ce qui nous attend dans un prochain tournant... surtout quand le cœur aime à sens unique ! On est deux à s'être juré un « toujours » et pendant que l'un rêve encore des plus belles heures de la vie, l'autre a discrètement tourné la page sans la moindre sommation. Quand on n'en sait rien encore... c'est au moment où tout aurait pu être fait pour sauver sa barque. Bien sûr qu'on aurait pu avoir les yeux plus grands ouverts, sentir la fin prochaine, mais se pose-t-on de telles questions quand on aime ? C'est dans le concret qu'on s'écrie « Ah ! si seulement j'avais su ! » Savoir quoi ? Que les plus belles passions ont une fin ? Vraiment, vous ne le saviez pas ? Il est évident que si rien n'arrivait sournoisement, on pourrait s'accrocher aux derniers rivages. Il est sûr et certain que cette dernière nuit ensemble que nous ne soupçonnions pas être la dernière aurait pu être sans fin et non routinière comme si c'était toujours l'avant-dernière. On aurait certes tout mis en œuvre pour que l'autre ne veuille plus quitter ces draps, si froissés soient-ils. Et même si c'eut été en vain, c'est sur l'effort ultime de la conquête que la dernière relation eût pris fin. Remarquez qu'à ce moment, ni l'un ni l'autre n'est au courant que ce sera le dernier tête-à-tête, mais il n'y a pas que cela, le cœur se doit d'y être. Quand on n'en sait rien encore, c'est que la vie ne nous offre aucun sursis. Elle seule sait que « demain » ne sera plus pareil, mais elle s'avise bien de ne jamais nous en informer. Tout s'arrête, tel un cœur de battre, tel un soleil de briller et dès lors... plus rien. Remarquez que souvent, ça vaut mieux ainsi, car s'accrocher peut faire de nous une bien triste épave. Ma mère disait sans cesse : « Ce que l'on ne sait pas ne fait pas mal » et elle n'avait pas tort. S'il nous fallait tout connaître de ce dont on ne sait rien encore, ce serait terrifiant pour le couple et douloureux pour le cœur. Ah ! ce pauvre cœur sur lequel on mise trop. Ce cœur qui nous joue de vilains tours parce qu'on l'a mal oxygéné, mal nourri de ses sentiments. C'est tout d'abord à lui qu'on en veut, car il est facile de lui jeter tous les blâmes. Pourtant, il était là bien au creux de notre poitrine alors que tout se tramait en sourdine. L'avons-nous seulement interrogé ? On le croyait plus fort que tout, ce pauvre cœur, on lui attribuait sans doute une force... au-dessus de ses forces. Le seul regret, et je l'admets, c'est que lorsqu'on n'en sait rien encore, on pourrait, si on le savait, tirer le rideau avec élégance et refaire le lit en toute âme et conscience. La dernière fois qu'on se dit « je t'aime » aurait certes plus d'ampleur et le dernier baiser en serait un de postérité. Averti de ce qui nous attend, le deuil serait moins pénible à porter sûrement, mais la mort de la liaison serait encore la même, avec ou sans le moindre carême. Quand on n'en sait rien encore, c'est que le destin a choisi de ne rien nous dévoiler dans toute son indulgence. Ça fait peut-être mal quand on y pense, mais c'est parfois de tous nos maux... la plus belle délivrance !

La terre est-elle... en colère ?

C'est sûrement une question à se poser avec tout ce qui se passe depuis quelques années sur le globe. Les séismes de toutes sortes se suivent et c'est à se demander si la boule ne va pas gronder au point d'éclater un jour. Non, je n'ai pas l'intention de faire peur à qui que ce soit, mais il faut quand même prendre conscience que quelque chose ne va pas. Plus le temps avance, plus les expertises se poursuivent et plus on la malmène, cette bonne vieille terre ; j'ai l'impression qu'on la dérange. Et s'il fallait que la mer se fasse un jour complice. Avons-nous pensé à ce que serait notre lendemain une fois sa colère apaisée ? On se fout d'elle éperdument et elle le sent sûrement. On la baigne de pluies acides, on la drogue d'expériences nucléaires, on l'empoisonne de carburant et après on cherche ce qui fait que peu à peu elle commence à se défendre. Bien sûr qu'il y a toujours eu des automobiles dans la rue, mais pas au point d'en avoir trois par famille et souvent mal entretenues. Ah ! que revienne cette ère de nos chevaux d'antan. À ce moment, la terre avait au moins la chance de se nourrir d'un bon fumier. À notre époque qui se veut anti-tabac, on la fait fumer comme si elle avait des poumons de bois. On parle d'environnement et même l'herbe pousse jaune en été. Imaginez le genre de fleur qu'une terre maltraitée peut nous donner ! L'hiver n'est plus à l'image des cartes de souhaits. Sa neige est grise comme l'écume, pour ne pas dire noire comme le charbon. Comme si le sol en avait assez de recevoir cette déconfiture. Il en arrive à envier le sort de son voisin, le sol de la forêt, qui lui se plaint que les arbres tombent raides morts à force d'avoir à boire... un poison qui vient tout droit des nuages. Oui, elle est en colère la boule-mère et ce n'est pas pour rien qu'elle tremble si souvent à travers les continents. Elle gronde de haine, elle prévient lentement qu'un jour elle en aura assez de ces mauvais traitements. J'ai parfois l'impression que même les défunts deviennent, six pieds sous terre, ses partisans. Vous avez vu ces villes anéanties ces dernières années ? Vous vous êtes rendu compte de ces maisons détruites parce que le sol a chancelé ? Oui, la terre est ivre d'être trop lourde. Trop lourde de l'irrespect qu'elle a à porter. On creuse de plus en plus, on érige des bâtiments qui sont de plus en plus pesants, on fait des tunnels souterrains, on emprunte même le sol des rivières pour bâtir, sans penser que peu à peu on va finir par lui atteindre le cœur. Oui, elle souffre d'embonpoint parce qu'au lieu de l'amadouer à l'aide d'une saine nature on l'agresse des plus viles découvertes. Les ouragans, les tornades, les explosions, les bombes, les écrasements d'avion, les déraillements de train, etc. N'est-ce pas assez pour qu'elle finisse par en « avoir assez » d'un monde qui, au nom des temps modernes, en vient à oublier sa semence ? Les espaces verts ne sont plus que monuments et gratte-ciel et l'on se demande après... pourquoi les tomates sont toujours vertes. Et voilà qu'on arrose même son herbe de produits chimiques. Bien sûr que ça pousse plus vert et plus vite. A-t-on peur de la voir devenir chauve de façon subite ? Oui, elle est en colère cette bonne vieille terre, parce que le monde est en folie. Au rythme où se succèdent ses tremblements, nous n'aurons pas besoin de craindre une guerre nucléaire. Et pendant ce temps, les scientifiques progressent sans se soucier des pneus entassés et des matières puantes. Et si un jour elle se mariait vraiment avec la mer ? Que ferions-nous si nous avions à survivre dans un océan de larmes ? Je n'ose y penser, mais je songe à nos enfants et je me demande vraiment où s'en est allée... cette bonne vieille terre de nos grands-pères !

Comme elle serait sublime
la terre, si la récolte
de l'avenir avait la pureté
... de la semence du jour

Les saisons de la vie...

Oh! comme elle s'en va la vie! Et de quel pas rapide en plus! C'est quand on en est rendu à se dire : « Je me souviens, étant enfant... », ce qui veut dire il y a très longtemps, qu'on s'aperçoit que les années se sont succédé à un rythme effréné. On se rappelle son adolescence, ses premières soirées, les danses à la mode, son premier baiser... et hop! voilà qu'on est à se demander si la retraite, c'est si terrible que ça. Lors de mon dernier anniversaire, une amie me demandait : « Qu'est-ce que ça te fait d'avoir un an de plus ? » Je lui ai répondu : « Premièrement, ai-je le choix de l'éviter ? » Comme la réponse est « non », il ne nous reste plus qu'à prendre cette année de plus de façon positive et tenter d'en tirer le meilleur parti possible. Quelqu'un d'autre me disait avec subtilité : « Ce n'est pas un an de plus que tu as, ce n'est qu'un jour de plus! » C'est vrai, et ça console de l'inévitable. Tout comme je disais le jour où j'ai eu quarante ans : « J'aime mieux être le plus jeune de la quarantaine que le plus vieux de la trentaine! » Maigre consolation, car les chiffres ronds ne plaisent à personne. On a beau dire, on a beau faire, prétendre... Même ma vieille maman n'a pas aimé le jour de ses quatre-vingts ans, parce qu'elle changeait de décennie et que soixante-dix-neuf, disait-elle, « sonnait » beaucoup plus jeune! C'est un fait, c'est d'ailleurs la seule justice, nous avançons tous, personne ne recule. La plus jolie fille d'aujourd'hui sera un jour une très belle vieille dame et fera ainsi place... aux plus jeunes. C'est vrai qu'elle tourne vite la roue de la vie, parfois un peu trop vite pour tout ce qu'on voudrait faire, mais c'est à la regarder pivoter sans bouger qu'on finit par ne rien faire. La vie, c'est quatre merveilleuses saisons, comme celles de Vivaldi, et c'est avec joie qu'il faut en vivre toute la beauté. De vingt à trente-cinq ans, c'est le printemps, avec ses frénésies, son insouciance, ses plaisirs, ses erreurs. De trente-cinq à cinquante ans, c'est l'été, avec toute la force de sa chaleur, avec sa pleine conscience, avec un fait accompli, un dur labeur, des intempéries, des gains, des pertes et j'en oublie. C'est peut-être la plus difficile à traverser, selon moi, mais combien bénéfique lorsque dûment accomplie. L'automne ? C'est de cinquante à soixante-cinq ans. C'est à ce moment qu'une à une tombent les feuilles de notre chêne que nous croyions invincible. C'est en quelque sorte la récolte de la semence, le début du repos du guerrier. On poursuit sa route du succès, mais les valeurs de la vie ne sont plus les mêmes. On était matérialiste et voilà qu'on devient idéaliste, prônant à tous qu'une fleur a plus d'importance qu'une automobile. C'est la saison où l'on regarde les autres s'épanouir, celle où l'on croit en la relève sans plus la redouter. C'est la saison où l'on dépose peu à peu les armes après avoir livré tant de combats. Et puis… vient l'hiver ! Cette dernière saison se situe de soixante-cinq ans jusqu'à la fin de nos jours. C'est, malgré tout ce qu'on peut en dire, la plus belle, la plus douce, parce que la plus vraie. C'est celle où l'on n'a plus rien à prouver, où l'on peut regarder du haut de sa sagesse tout ce qu'on a accompli. C'est la saison où les caresses d'un enfant nous font revivre notre printemps. C'est le temps de vivre, de bien vivre et de pouvoir enfin s'arrêter devant toutes les beautés de la nature. On voit enfin ce qu'on n'a jamais su voir et le cœur, plus tendre, plus pur que jamais, s'ouvre sur un amour universel. Ainsi vont les saisons de la vie, et quelle que soit celle que vous traversez, sachez en faire un concerto, parce qu'au gré de la vie la mélodie vaut parfois tous les mots !

Au cœur des sentiments

Les visages de l'amour...

Dans sa très belle chanson qui porte ce titre, Charles Aznavour dépeint un seul être possédant tour à tour tous les visages de l'amour. C'est remarquablement bien fait, c'est sublime même, mais c'est là une chanson et, en poésie, on peut tout se permettre ou presque. Les visages de l'amour dont je veux vous parler en ce début de l'année, appartiennent à plusieurs personnes et pour mille et une raisons. D'abord, demandons-nous ce qu'est un visage de l'amour. Moi, je dis que c'est celui sur lequel on peut deviner une merveilleuse raison de vivre. Ce peut être aussi un regard dans lequel on peut capter un verbe qu'on n'ose prononcer, c'est parfois un geste qui offre un sourire qui illumine de joie l'entourage concerné. Un visage d'enfant est, à mon avis, le plus beau des visages de l'amour. Avez-vous remarqué à quel point la pureté est souvent indescriptible ? Un enfant qui sommeille, un enfant qui joue, un enfant qui rit, même un enfant qui pleure... et l'amour passe par toutes les phases que l'on ressent au plus profond de son cœur. Ces petits êtres à qui l'on a donné la vie et à qui l'on veut donner davantage sont les plus dignes gages d'un bonheur que tous nous cherchons. C'est très souvent à travers eux qu'on oublie les quelques cernes qu'on a sous les yeux. D'autres visages de l'amour ? Que dire de ceux de ces personnes du troisième âge, de ces doyens de la vie, de ces grands-parents qu'on chérit tendrement ? Avez-vous vu plus doux amour que celui qui se dégage du regard d'un vieillard ? Avez-vous senti plus grande sérénité que celle qui émane de ces gens du déclin d'une vie bien remplie ? Tout chez eux se veut générosité, tout se veut tendresse et tout se veut pour autrui. C'est le moment de la vie, paraît-il, où l'on s'oublie. Il n'y a pas longtemps, je regardais un couple de cet âge dans un restaurant et je n'ai jamais ressenti autant d'amour autour de moi. C'est comme si leur bonheur était contagieux. À les voir se sourire, être raisonnables avec le vin, à se soigner par une nourriture saine, je me suis surpris à aimer davantage la vie ce jour-là et peut-être à la prendre un peu plus au sérieux. Les visages de l'amour, ce sont aussi ceux de Marianne et Jacques qui viennent de se marier, de Caroline qui vient d'avoir un bébé, de Luce et Marc-André qui partiront en voyage, de Jean qui vient de décrocher un emploi, de Louise qui sort de l'hôpital pour la plus grande joie de ses enfants... et je pourrais continuer de la sorte bien longtemps. Oui, tous ces visages sont ceux de l'amour, parce qu'à être heureux on ne peut qu'aimer ceux qui nous entourent, surtout ceux et celles pour qui l'on vit. Le temps des Fêtes a été certes épuisant mais combien heureux, à présent qu'on n'a qu'à se rappeler les bons moments passés à se dire « je t'aime » ou « viens que je t'embrasse ». Et maintenant que l'aube est levée sur ces jours qui se succéderont, d'autres visages prendront les rangs de l'amour et, tout comme des bourgeons, les joies naîtront bien avant que la moisson soit verte. Vous qui me lisez, vous qui doutez de vous, regardez-vous un instant dans une glace et dites-moi si vous n'êtes pas l'un de ces visages de l'amour dont je parle. Si tel n'est pas le cas, portez la main à votre cœur et, de l'autre, dessinez un sourire à ces lèvres trop tristes. Joignez le bataillon des gens heureux et ne laissez pas le bonheur vous filer entre les doigts. Moi, j'en suis à en saisir tous les contours, et c'est pourquoi je vous dis merci... monsieur Aznavour !

Quand le cœur cherche...

... c'est qu'il a besoin d'aimer ! C'est bien simple et c'est tout à fait naturel, car ce pauvre cœur qui nous habite n'est pas fait que pour battre afin d'assurer notre survie. Non, cet organe si précieux et à qui on attribue tous les sentiments de l'être humain a envie d'aimer, d'être aimé et de ne pas être que l'instrument de nos petites journées. Aussi, quand le cœur cherche, c'est qu'il a perdu, qu'il n'a plus sa raison d'être... et qu'il ne veut pas de pulsations sabbatiques ! Il se cherche donc un autre cœur qui pourrait épouser le sien avant que le printemps ne s'amène. Tout comme l'oiseau qui fait son nid, le cœur a besoin d'un compagnon pour ralentir son rythme cardiaque. Ce cœur, c'est l'homme, c'est la femme, c'est l'être humain avec des yeux, avec une voix, avec des mains, bref, avec tout ce qu'il faut pour ne pas vivre seul. On ne peut mettre en quarantaine ou en retraite fermée un cœur qui n'a pas une minute à perdre pour aimer. On le lance donc une fois de plus dans la grande avenue de la vie en souhaitant que quelqu'un s'en empare, qu'un autre cœur lui dise en passant : « Tiens ! ça pourrait peut-être marcher, nous deux ? » Parce qu'un cœur qui a cessé d'aimer ne doit pas s'apitoyer sur sa peine et ne doit surtout pas raviver la flamme à tout jamais éteinte. De toute façon, on n'aime jamais deux fois de la même manière... la même personne. Si la seconde fois est vouée à être terne, aussi bien l'éviter, fermer les yeux et plonger dans un autre océan où l'eau sera verte cette fois, aux dimensions de nos espoirs. Quand le cœur cherche, ce qu'il faut faire, c'est partir pour un ailleurs, car il est rare qu'on trouve autour de soi cet univers de joie qui nous fera oublier ce monde qu'on vient à peine de quitter. Au gré de son destin ? Et pourquoi pas ? Surtout quand les planètes sont en plein dans notre signe selon les cartes du ciel. Il faut bien croire en quelque chose, non ?... quand vient le temps de l'amour. On n'est tout de même pas pour embêter le bon Dieu avec ça. Il a beaucoup plus à faire, croyez-moi. Donc, on part et on ausculte. On se tient les yeux grands ouverts, on pèse et on soupèse et on attend que le cœur batte enfin au son d'un autre, ce qui ne saurait tarder quand on cherche vraiment. Quelques-uns diront qu'il est préférable d'attendre. Attendre quoi ? Si tout ce qui nous entoure avait pour mission d'être la preuve que nous n'avons pas à chercher... ce serait déjà concret. Vous savez, il ne suffit pas de fermer une porte et d'en ouvrir une autre pour que le cas soit réglé. C'est bien souvent derrière l'autre porte que se situe la seconde erreur. Vous avez mis un terme à vos amours ? Vous êtes seul face à votre vie et vous avez besoin d'aimer et d'être aimé ? Alors, que le cœur cherche, mais du bon côté cette fois. Partez vite à la découverte de ce cœur qui vous attend quelque part et laissez derrière vous tous les pseudo-romans que vous pourriez vivre sans quitter votre coin de rue. Il y a sûrement ailleurs un autre cœur qui cherche, qui voyage tout comme le vôtre dans l'espoir de se fracasser le nez sur le vôtre et de tomber à la renverse... vos lèvres sur les siennes. Quand le cœur cherche, qu'il s'est fixé un but et qu'il n'a pas décidé de dire non à l'amour, il est assuré de trouver. C'est peut-être lors d'un voyage au soleil ou tout simplement en plein carnaval d'hiver quelque part ou sur une pente de ski, mais il y aura toujours, au chaud comme au froid, un cœur timide et discret prêt à s'ouvrir telle une fleur... pour un cœur qui cherche !

Si brève soit l'absence...

Il est de ces moments qui semblent une éternité. On compte les heures, les secondes, on pense à l'autre et l'on s'ennuie. Oui, aussi bête que ça puisse paraître, il y a de ces absences de courte durée qui se veulent les plus longues de notre vie... quand on aime ! J'ai ce soir le cœur à la tendresse au nom de tous les amoureux de la terre et c'est pourquoi j'ai voulu plaider le « trop long » d'un « très court ». Quand on aime, se quitter d'une seule semelle c'est déjà le désarroi. On pense être capable d'être seul, on le désire même, mais du café du matin jusqu'au dernier bonsoir, c'est le néant le plus total. C'est curieux, mais c'est ainsi qu'on bâtit sa vie au fil des jours et c'est quand l'autre n'est pas là qu'on se rend compte qu'être deux n'est pas qu'une routine. Être deux, c'est partager chaque souffle de sa journée, chaque émoi, chaque peine, chaque joie et c'est à se retrouver seul devant le tableau quotidien qu'on s'aperçoit que vivre seul, c'est vivre en vain. C'est dans ces moments qui n'arrivent pas souvent qu'on se dit, une fois la journée terminée : « Dieu, que ça a été long aujourd'hui ! » Pourquoi ? Tout simplement parce que cet être cher dont on croyait pouvoir se passer est devenu indispensable au bon fonctionnement de nos sentiments. Que ce soit son parfum, son timbre de voix, ses gestes (même ceux qui agacent), on se surprend à transformer le merveilleux dialogue en un bien triste monologue. Bien souvent, on se dit devant l'absence à venir : « Tiens, voilà qui va faire du bien à l'un comme à l'autre. On va se manquer et les retrouvailles n'en seront que meilleures ! » On anticipe même cet écart, aussi temporaire soit-il, pour faire le point, pour voir si la présence nous manque, enfin pour se rendre compte si l'on pourrait vivre l'un sans l'autre. Ce n'est pas bête comme jugement, jusqu'à ce qu'on s'aperçoive après quelques heures que l'absence est si difficile à supporter qu'on voit en un instant s'évanouir l'indifférence sur laquelle on a peut-être compté. S'il s'agit d'une séparation d'une semaine ou d'un mois pour des vacances, il est évident qu'on s'y conditionne. On l'acclame même au nom de cette «liberté provisoire» que s'offre le cœur… pour jeter un regard ou deux ailleurs. La première journée, tout va assez bien, car ce petit bris de contrat entre deux mains unies, c'est en quelque sorte ce qu'on avait depuis longtemps souhaité. Le lendemain, on y pense déjà et après quelques jours on voudrait que l'autre soit là avec tout ce dont on prévoyait pouvoir se passer. On en vient même à espérer un retour plus tôt que prévu… même avec les malentendus. Est-ce là être masochiste? Non, c'est tout simplement être en amour. Et cet amour que l'on croyait bien ordinaire, pour ne pas dire acquis, s'avère dès lors un roman duquel on ne veut plus retirer aucune page. On sait très bien que dès que l'autre reviendra, on revivra des moments pas toujours faciles, pas toujours agréables, mais c'est encore mieux que d'être seul et de jongler avec une liberté dont on ne sait quoi faire. On croyait se reposer de l'autre, voilà qu'on en est à regretter le fâcheux moment où l'on a pensé de la sorte. Quand on aime, si brève soit l'absence… c'est déjà une blessure qu'on panse. C'est donc dire qu'il y a des êtres qui sont faits pour vivre ensemble pour le meilleur et pour le pire. Eh oui! le cœur est ainsi fait et c'est merveilleux. On pensait que c'était du «déjà vu» et dès que l'autre n'est plus là, c'est le bouleversement dans l'âme et le temps. Quand l'absence, si brève soit-elle, nous blesse cruellement, c'est que l'on aime… passionnément!

Il suffit d'un rêve...

Et qui viendra me dire qu'il est vilain de manger avant de se coucher ? J'en connais pour qui c'est la plus belle façon de passer une agréable nuit en espérant provoquer le plus joli rêve de leur vie. Remarquez que parfois la surprise est désagréable et qu'on se réveille en sueur en tentant de se remettre d'un horrible cauchemar. C'est là une chance à prendre... et c'est encore mieux que de dormir bêtement comme si l'on était mort. Oui, il suffit parfois d'un rêve pour que tout ce en quoi on ne croyait plus reprenne vie. Il suffit d'images évasives, de propos amoureux, de gestes précis et l'on se rend compte en s'éveillant... que l'histoire n'est pas encore finie. Le signe le plus révélateur, c'est lorsqu'on se souvient de son rêve sans en oublier la moindre partie. À ce moment on voudrait revivre instantanément, dans le monde des vivants, ce qu'on a vécu dans celui de la rêverie. Ce n'est pas toujours possible, hélas, mais jusqu'au prochain tournant, le rêve que l'on garde précieusement en mémoire se fait l'avant-goût de la réalité qui viendra le transformer. Parfois, un rêve n'est pas fait que d'espoir, de désir ou d'avenir. Certains rêves ont le don de réveiller un passé même si vous pensiez l'avoir bien enterré. Et voilà que ce rêve doux et caressant vient vous faire oublier d'un seul coup les plus cruels tourments. C'est en sorte le plus beau pansement sur une plaie qu'on ne pensait jamais voir se cicatriser. Le rêve a ce pouvoir parfois d'effacer de vos souvenirs toutes les cala-mités pour ne vous laisser que les moments les plus édifiants d'un hier... qui n'est pas mort avec le triste hiver. Dès lors, on ne voit plus les défauts, mais que les qualités de l'autre… et le bal des douces infamies recommence. J'en suis venu à conclure que le rêve se veut le psychologue de la pensée. Si pour votre bien-être, il vous faut oublier… le rêve se fera cauchemar. Cauchemar à tel point que les images du passé seront encore plus abominables que vous les avez vues. Par contre, si vous n'en êtes pas encore à vouloir inconsciemment que tout s'éteigne, le rêve s'amènera avec ses jolies couleurs et comme la mémoire est souvent une faculté qui oublie… le bourreau deviendra archange. C'est donc dire que le rêve se mêle de nos histoires de cœur, de nos romans d'amour? Comment en douter quand l'amour avant d'être amour… n'a été que du rêve! Le poète Jean Cocteau disait: «Plus je vieillis, plus je vois que ce qui ne s'évanouit pas, ce sont les rêves!» Sage et vrai, n'est-ce pas? Rodenbach, pour sa part, affirmait: «Les rêves sont les clés pour sortir de nous-mêmes.» Comme c'est bien dit! Oui, la plupart du temps, c'est le rêve qui apporte la réponse que cherche en désespoir de cause… la réalité. Non, je ne m'évade pas et je ne contourne pas mon sujet, je parle encore de ces rêves inouïs que l'on fait la nuit et qu'on s'empresse de raconter à qui de droit… quand ce n'est pas trop osé. Évidemment qu'il y a aussi ces sortes de rêves qu'on garde pour soi, mais qui font que le désir est encore plus intense qu'au début d'une liaison. Les rêves sont parfois le reflet de nos fantasmes, et ce qu'on n'ose dire ou faire les yeux ouverts, on le réalise sans sourciller… les yeux fermés. C'est madame Komachi, une poétesse du siècle dernier, qui a le mieux vécu son plus beau rêve puisqu'elle a écrit: «En pensant à lui, je me suis endormie. Mais je l'ai revu aussitôt. Ah! si j'avais su que c'était un rêve, jamais je ne me fusse réveillée!» Que pourrais-je donc ajouter à cela, dites-moi?

Une bouffée d'air froid...

C'est vrai qu'il n'est pas chaud ce mois qu'on voit toujours venir avec une certaine crainte. C'est l'hiver, que voulez-vous, « en plein hiver », comme disait ma mère. C'est le temps où l'on voit le plus de gens s'envoler vers le Sud afin d'y chercher la douceur des rayons du soleil. Remarquez que je n'ai rien contre ceux qui partent s'enfouir les deux pieds dans le sable, mais en ce qui me concerne, je ne déteste pas du tout les avoir dans la neige. Pourquoi ? Parce que c'est le seul temps de l'année où je peux enfin me permettre une bouffée d'air pur... et froid. Je n'ai pas oublié l'été dernier, je vous assure, et je vous avoue bien humblement que la canicule me dérange beaucoup plus que les glaçons pendus au toit de ma maison. De plus, le mois de janvier a ce don de dépolluer l'atmosphère de tous les microbes qu'on avale en été. Bien habillé, foulard au cou, j'adore me promener par un jour ensoleillé et offrir à mes pauvres poumons un air empreint de la blancheur de la neige. Je ne dis pas que je fais dix fois le « tour du bloc » en courant. Non, je marche lentement, je hume l'odeur des sapins et je respire allègrement l'air environnant. Vous ne pouvez savoir à quel point je me sens ragaillardi lorsque je rentre chez moi. Ce n'est pas parce que l'hiver est là qu'il faut le regarder de sa fenêtre. Les maisons trop chauffées, l'humidificateur qui fonctionne sans cesse, ce n'est pas ce qu'il y a de meilleur pour la santé. Moi, j'ai fini de regarder ce mois s'écouler à travers une vitre givrée. Je tente par tous les moyens d'en tirer le meilleur parti, même si les sports d'hiver ne sont pas de mon calibre. Pour ceux qui en ont la chance, une journée sur une pente de ski, c'est loin d'être désagréable. J'ai toujours admiré les teints bronzés de ces skieurs qui rentraient au chalet «pétants de santé» et beaucoup plus en forme que les «étendus de la plage». Pour les jeunes parents, quoi de mieux qu'une promenade avec leurs enfants. Je me souviens d'avoir tiré le traîneau bien souvent quand mes grands étaient encore petits. De belles joues rouges, de petites mains chaudes dans les mitaines, c'est la santé… sans prescription. Ce que je ne réalisais pas, c'est que j'en profitais en même temps. Il est évident que j'évite de sortir quand le verglas se met de la partie. L'époque des «crampons» n'existe plus et il est imprudent, surtout pour ceux qui ont trois ou quatre fois vingt ans, de sortir et de risquer une courbature. Pour ces journées peu fréquentes, je recommande davantage le chez-soi avec une bonne musique et un fauteuil confortable. Vous savez, l'hiver n'est pas nécessairement synonyme d'ennui quand on a le cœur à la bonne place et plein d'amour autour de soi. Les enfants viennent nous voir, on les visite à notre tour, on fait la tournée des amis, de la parenté et, sans s'en rendre compte, voilà que le printemps est arrivé. D'ici là, ne vous sentez pas condamné à passer un hiver à compter les jours du calendrier. Quand le ciel est clément, faites donc comme moi et allez de l'avant vous enivrer… d'une bouffée d'air froid !

Ah !... cet amour charnel !

Un ami qui fréquente une femme depuis quatre ans sans toutefois cohabiter me disait dernièrement : « Tu sais, je l'aime encore, j'aime être en sa compagnie, aller au restaurant mais, en ce qui a trait à la couchette, je n'ai plus les mêmes élans, bref, j'ai peur de ne plus ressentir l'attirance physique qui jadis fortifiait notre amour ! » Ça ne pouvait pas être plus précis, avouez, et il m'a fallu me gratter la tête avant de pouvoir lui répondre quoi que ce soit. Premièrement, il va de soi que cet amour n'était pas voué à l'éternité. On n'aime pas d'abord « de corps »... mais « de cœur ». Il semblerait que la gentille dame en question n'aimait de son amant que « ses prouesses » dans un lit douillet. Jamais un mot d'amour, jamais la moindre marque de tendresse et encore moins la tête qu'on appuie sur l'épaule sans rien dire de plus. Entre eux — et c'est lui qui le dit — tout semblait acquis... surtout pour elle. N'étant libres ni l'un ni l'autre, c'était donc entre parenthèses qu'ils se voyaient, tel un jeu interdit d'après-midi. Remarquez qu'ils ne sont pas les seuls dans cette situation et que plus d'un couple en est victime. Alors, qu'arrive-t-il quand la raison finit par l'emporter sur les plaisirs « de l'oreiller » ? Rien, sinon qu'on tente de rester bons amis (ce dont je doute) et que la distance qui sépare de plus en plus les rencontres finira par souffler la bougie quelque peu vacillante. Parce que si, pour elle, la surprise sera totale de voir tout s'effondrer d'un seul coup, pour lui, il a bien fallu que quelque chose d'autre survienne pour que ses sens se ferment peu à peu à l'orée de la porte d'une chambre. Ce qui est arrivé ? Très simple, le copain en question a tout simplement rencontré l'âme sœur qui lui a fait chavirer le cœur. « Enfin, me dit-il, une personne qui n'a pas peur de dire je t'aime, une personne avec laquelle je peux parler d'amour, écouter de la musique tendre, lui prendre la main, saisir d'un regard sa plus profonde pensée. » Finalement, le monsieur en mal d'affection venait de trouver dans ce coup de foudre tout ce que l'autre ne lui avait, hélas, jamais témoigné. Et pourtant, semble-t-il, l'autre lui répète qu'elle n'avait pas à lui dire « je t'aime », qu'il aurait dû le savoir, le comprendre à travers ces suaves abandons. Ce qu'il faut retirer de cette triste histoire, c'est que l'être humain a au départ besoin de se sentir aimé bien avant d'être physiquement « molesté »... même amoureusement ! Ce n'est pas parce qu'on accepte de se donner à l'autre qu'on fait preuve du plus beau verbe du dictionnaire. Ne dit-on pas « qui trop embrasse, mal étreint » ? Il n'aura donc suffi que d'un regard, d'une lettre imprégnée de tendresse, d'un tout petit présent sans raison pour que les yeux s'ouvrent, pour que le cœur se mette à battre et pour que les néons d'occasion n'aient plus leur raison d'être. Ils vont certes rester des amis, mais saura-t-elle accepter celle qui prend ainsi sa place ? Le temps ne va-t-il pas mettre doucement un frein à quelques lieues d'une route sans issue ? Et l'autre ? Lui sera-t-il possible d'accepter que le premier amour soit encore présent dans les parages et que le téléphone sonne parfois comme si de rien n'était ? Voilà un bien cruel dilemme pour celui qui a aimé, qui aime sans doute encore à sa façon, qui ne veut pas que tout s'efface, mais qui a trouvé une nouvelle raison de vivre. Non, il ne sera pas facile de faire face à ce problème de conscience, mais ne lui ai-je pas dit que l'amour... finissait par triompher de tout ?

Le sevrage du cœur...

Non, il n'est pas facile de mettre un terme à quoi que ce soit sans en subir le dur sevrage. Par exemple, dans le cas de l'alcool, de la cigarette ou des barbituriques, on se doit de passer par la gamme de toutes les émotions pour ne pas dire de toutes les indispositions. C'est toujours un combat qui s'engage et seuls le temps et le courage nous en font sortir vainqueurs. Avez-vous songé un seul instant qu'il en était de même en amour ? Avez-vous pensé qu'on ne pouvait mettre un terme à une liaison sans en éprouver les effets d'un dur sevrage ? Cette fois, c'est le sevrage du cœur qui entre en cause et ce n'est pas le moindre, croyez-moi. On a beau se dire que tout est fini, qu'on se sent soulagé, dès que les premières heures de la rupture sont écoulées, on se surprend à avoir quelques sursauts, quelques petites rages qui font que ça fait très mal, sans doute parce que la dernière étincelle n'est pas encore éteinte. On se dit «ça passera» et l'on se remet à penser, à revivre certains jours, à se dire que ça valait quand même quelque chose et l'on se crispe les mains tout en fermant les yeux... pour ne pas retomber dans son péché. Oui, je dis péché, car pour plusieurs, aimer de la sorte est un péché auquel ils s'attachent quitte à s'en accuser plus d'une fois. On tente de tenir le coup et voilà que soudain on trébuche sur un caillou qui nous jette comme avant dans les bras de l'autre. C'est pourtant la dernière chose que l'on voulait, car on sait bien au fond que cet élan n'est qu'un sursis et que tout est bel et bien fini. Qu'est-ce donc qui attire ainsi ? Le sevrage est-il à ce point difficile qu'il nous faille tricher sur nos bonnes intentions ? Serait-ce tout simplement qu'on y a mis un terme alors que le cœur était encore en état d'ébriété ? Pourtant, vos ami vous l'ont dit : « Tu es fou de jouer ainsi au « tantôt oui, tantôt non ». On s'est juré de ne plus se revoir et voilà qu'on se retrouve sur le même oreiller. Idiot, non ? C'est pourtant monnaie courante dans la vie de tous ceux et celles qui se séparent et personne n'a pu encore percer ce doux mystère. Je n'irais pas jusqu'à dire qu'on trébuche parce qu'on s'aime encore à n'en plus voir clair. Non, je dirais plutôt qu'on s'attache à ce qu'on a peur de quitter. Parfois, c'est la nostalgie qui entre en jeu et l'on voudrait revivre ce qui pourtant ne peut survivre. C'est sans doute par dépit d'avoir vu la lumière brusquement s'éteindre qu'on agit ainsi, mais le sevrage du cœur demande sûrement plus de temps que celui de la raison. Cesser à tout jamais d'aimer celui ou celle qu'on a si bien su aimer, ce n'est pas chose possible, du moins… pas en peu de temps. Biensûr qu'à trébucher sans cesse dans les bras l'un de l'autre, on avive son mal et la plaie demeure béante. Il est évident qu'on ne fait qu'étirer sa peine, prolonger son chagrin. Finalement, on ne règle rien avec ces rechutes qui font que le lendemain on se retrouve envahi de remords. Quand tout est fini, il faut savoir partir, prendre un autre train et se ronger les ongles sans attendre au bout d'un fil. Le sevrage est dur mais il est possible et, dans le cas du cœur comme dans tous les autres, seul le temps sera le maître qui nous entraînera loin de cette horrible dépendance. Pas facile quand on a aimé en fou, n'est-ce pas ? Tant pis, le sevrage n'en sera que plus long, mais ce qu'il faut retenir de cette histoire, c'est que l'oubli ne peut s'amener… qu'à force de vouloir !

Savoir ce que l'on veut...

Voilà qui n'est pas facile, n'est-ce pas ? La plupart des gens ont tendance à s'interroger sur le chemin à prendre dans la vie, que ce soit sur le plan du travail ou sur le plan affectif. On pense qu'on a la réponse et le lendemain on s'interroge encore. On crie « Eureka ! », on en parle et l'on se rend compte par le sourire de l'autre qu'il ne croit pas un mot de ce qu'on vient d'énoncer. Sur le plan professionnel, je pense qu'il est possible de savoir ce que l'on veut avec l'aide d'un bon orienteur. On finit toujours par trouver sa voie et ce qui importe pour réussir dans la vie, c'est de faire quelque chose que l'on aime. Là où c'est plus compliqué, c'est du côté cœur. Pour les sentiments, il n'y a malheureusement pas d'orienteurs et les points d'interrogation se multiplient. On pense que ce qui pourrait nous rendre heureux, c'est exactement telle situation et l'on se rend compte aussitôt que ça pourrait bien être autre chose. Ah ! quand le cœur se cherche, ce n'est vraiment pas drôle ! Vous est-il arrivé de vous lever un bon matin et de vous dire en vous regardant dans un miroir : « Est-ce que je sais vraiment ce que je veux ? » Quand ce jour s'amène, vous ne pouvez pas savoir à quel point il peut être bénéfique. Pourquoi ? Parce qu'enfin on vient de prendre conscience qu'on cherche et qu'on ne sait pas exactement ce que l'on veut. Vous savez, le bonheur, ce n'est pas ce « fameux bonheur » auquel tout être humain aspire. Quand je dis bonheur, il me faut préciser que la vie de tous les jours est comblée par mille et un petits bonheurs que l'on ne tente même pas d'évaluer. Ce que tant d'indécis cherchent, ce n'est pas le bonheur, c'est pire que ça. Ils sont à la recherche de l'impossible et je me demande même s'ils captureraient «cet impossible» s'il devenait possible. Ce que je veux dire, c'est que même en amour on peut pécher par excès de gourmandise. Pour certaines personnes, il faudrait même inventer un verbe afin qu'elles soient totalement heureuses. Par contre, dès qu'on se rend compte qu'on ne sait pas ce que l'on veut, on reprend son examen de conscience au bas de l'échelle et c'est alors qu'on s'aperçoit que ce que l'on cherchait… était tout près de soi. C'est bien souvent en faisant un pas en arrière qu'on en fait un en avant. Tentez donc un instant d'analyser à fond ce que vous vivez présentement ou ce que vous avez vécu hier. Peut-être serez-vous en mesure d'évaluer davantage votre bonne fortune ? Ce que l'on veut, c'est bien souvent ce que l'on a, ce qu'on a eu et qui n'aurait jamais dû cesser. Il est tout à fait inutile de viser plus haut que ce que le cœur commande. On se dit : « Il faut absolument que ma vie change, que je trouve, que j'atteigne d'autres sphères » et d'un seul coup, un bonheur d'hier fait son apparition et, comme si c'était la première fois, on revient à la première page de sa plus belle histoire. Finalement, ne pas savoir ce que l'on veut, c'est fermer un peu les yeux sur la réalité pour ne respirer que le rêve. Il y a, hélas, des rêves qui seront toujours des rêves… et si c'est là ce que vous voulez, faites-en vite votre deuil. On n'a jamais rien érigé sur des nuages. C'est en revenant sur terre, en regardant autour de soi qu'on n'a plus à se creuser la tête parfois. Savoir ce que l'on veut, c'est bien simple, c'est tout simplement s'arranger pour atteindre l'accessible. Et ce que l'on veut, c'est la plupart du temps… ce que l'autre voulait !

Revivre un amour qu'on a enterré ?

Non, on ne peut vraiment pas revivre une seconde fois le même amour avec la même intensité. Je m'adresse ici à tous ceux et celles qui se posent anxieusement cette question. Ce qui a été ne sera plus, du moins jamais de la même façon. Il arrive certes qu'on se retrouve cinq ou huit ans après s'être quittés. Il arrive même qu'on ait envie de renouer, de « revivre » ce qu'on a vécu, mais c'est là que l'illusion fait place à une autre réalité. On peut aisément repartir encore une fois avec la même personne, mais le chemin sera, hélas, bien différent du premier... parce que, depuis, beaucoup d'aspects ont changé. Vous savez, ce gentil petit restaurant qui n'était qu'à nous et dans lequel nous aimions prendre un bonne bouteille d'Amandière, bien souvent, il n'existe plus et a fait place à un autre commerce. Ce club où nous aimions aller prendre le digestif, cette gentille serveuse qui nous attendait toujours avec le sourire, tout ça n'est plus après toutes ces années et l'on se retrouve devant un dessin... inanimé. Non, on ne peut revivre ce qu'on a vécu, mais rien n'empêche, si on le veut bien, de vivre autre chose, quelque chose de différent, de mieux... ou de moindre. Je sais qu'il est triste de ne pas se retrouver devant le même canevas et de recommencer à zéro le beau tableau d'un si doux passé, mais ainsi va la vie et c'est pourquoi je me suis toujours dit qu'il valait mieux rebâtir un bonheur avec quelqu'un de complètement neuf plutôt que de tenter de raviver des cendres qui ne brûleront jamais plus du même feu. La chanson qu'on a aimée jadis est passée de mode et ces musiques qui ont marqué l'époque de nos amours dorment à tout jamais dans le tiroir de nos souvenirs. On ne sort pas ainsi un bonheur des boules à mites. Rappelons-nous qu'au moment de l'effondrement, c'était la catastrophe. On avait décidé tous deux de tout enterrer et on l'a fait. Comment peut-on penser qu'il soit possible de déterrer ce qui se voulait mort, souffler dessus pour en enlever la poussière et remettre l'aiguille sur le disque juste à l'endroit où on l'avait arrêté. Curieux cliché pour m'expliquer, me direz-vous, mais je vous assure que jamais personne n'a réussi un tel exploit, pas même les poètes… parce qu'après quatre saisons, les rimes ne sont déjà plus les mêmes. Le plus dramatique, c'est quand on repart ensemble sur un chemin qu'on croit encore semblable et qu'on se rend compte qu'on a refait le pavé. Imaginez la détresse, pour ne pas dire la tristesse, quand on s'aperçoit que l'aujourd'hui n'est plus l'hier, que le vin n'a plus la même saveur et qu'on en est à se dire des « t'en souviens-tu ? ». On devient nostalgique parce qu'impuissant à recréer ce qui n'existera plus. Si on peut se convaincre qu'il est possible de vivre autre chose avec la même personne, parce que l'amour se glisse encore en nos cœurs, tant mieux. Si c'est sur l'image de ce qu'on a pu éprouver jadis que repose ce second souffle, mieux vaut ne pas s'y risquer les yeux fermés. Le réveil pourrait être brutal et nous laisser face à la plus cruelle désillusion qui soit. L'œuvre d'art de jadis, le roman d'amour de la première fois, les baisers qui vous faisaient battre le cœur à tout rompre et les effusions au son de votre chanson fétiche, tout ça ne reviendra jamais, même avec la plus habile des mises en scène. Alors, pourquoi ne pas garder le plus beau des souvenirs de cette belle histoire et ne regarder l'autre qu'avec un œil complice. Chacun de son côté, on pourra dès lors follement retomber en amour et peindre un autre bonheur. Malgré sa soif ou sa faim… on ne se remet pas à table sur des ruines !

Au nom des divorcés...

Il est facile de leur lancer la pierre quand on fait partie des « couples unis », mais sait-on seulement à quel prix ceux qui divorcent en viennent à une telle solution. J'ai déjà dit, et je le répète, que les jeunes couples ne se donnent pas assez de chances de réparer les pots cassés, mais quand l'inévitable arrive, il faut comprendre et surtout ne pas juger. Qu'importe que ce soit l'un ou l'autre qui en soit la cause, quand un divorce survient, ce sont deux êtres humains qui se retrouvent seuls face à leur destin. Dans quelques courriers et aussi plusieurs lettres que je reçois, j'ai pu lire des phrases telles que « Après vingt-sept ans de mariage, mon mari est parti sans me donner la moindre explication ». Ou « Je rêvais de tendresse et j'ai vu mon mari devenir alcoolique et violent ». Ou encore « J'ai vingt-trois ans et me voilà seule avec mes trois enfants depuis que le monstre est parti ». Ce sont les lettres de femmes, mais j'ai aussi des missives de la part des hommes qui disent : « Je l'ai quittée car elle me trompait avec mon meilleur ami » ou encore « Oui, c'est ma faute, mais je n'y pouvais rien, j'étais en amour avec une autre. » On ne peut pas être plus franc que ce dernier, ne trouvez-vous pas ? Il y a en même, et ça ne me surprend pas, qui me disent qu'ils ont vécu ensemble pendant cinq ans de façon harmonieuse et que sitôt le mariage célébré, tout a commencé à s'effriter. Tiens !.... Voilà ce que « l'acquis » peut faire parfois. Il n'en demeure pas moins que tous ces couples qui se séparent ne le font pas toujours avec joie. Il est sûr et certain que tous et chacun avaient rêvé d'un bonheur de longue haleine, d'un amour rimant avec un « toujours » et d'une vie à deux jusqu'aux cheveux blancs... surtout quand s'ajoutent un, deux, ou trois enfants. On ne tisse pas un canevas d'amour pour en faire une toile d'araignée ! Ces divorcés de notre siècle ne sont pas heureux lorsque la déchirure se fait. On pense qu'ils le sont, mais la transition n'est pas facile, surtout quand le nombre d'années partagées est élevé. Se retrouver seul, c'est réapprendre à s'assumer, à ne plus compter sur l'autre, à gagner son pain, à cerner sa solitude, à vaincre la méfiance et surtout... à reprendre pleine confiance en soi. C'est une réhabilitation qui en vaut bien d'autres et l'on se doit d'être là, très présent, lorsque ce drame survient à un ami ou un parent. Vous savez, les « si j'avais su » qu'ils nous disent ne peuvent rien pour eux, sinon alourdir leur chagrin. Ce qu'il leur faut, c'est reprendre goût à la vie, ne plus se sentir coupable de quoi que ce soit, ne pas se tenir à l'écart des autres et retrouver leur sens de l'équilibre. Bien souvent, les enfants demeurent le lien entre les deux et c'est à ce moment qu'ils se doivent d'être encore plus adultes devant leurs responsabilités, car des enfants... ça ne doit pas payer l'addition ! Au nom de tous ces divorcés, je viens humblement vous demander de les aider à croire encore à l'amour et à la possibilité d'une autre vie à deux. Ils sont sceptiques et je les comprends, mais un nouveau départ se doit d'être optimiste et non vindicatif. À vous tous qui n'avez pas eu la chance de faire bon ménage, sachez que ceux qui vous aiment vous soutiennent. Si le grand vide en vous vous semble désespérant, tournez-vous vers ceux qui vous sont chers et vous verrez que le bon Dieu est loin de vous avoir condamnés à l'enfer. Retrouvez les véritables valeurs de votre vie, allez contre vents et marées et faites confiance au temps, ce grand maître de l'avenir. Tournez la page et laissez doucement... la paix vous envahir !

Un lilas m'a dit...

Bien sûr que les fleurs ont un langage et que les arbres ont un cœur. En passant tout doucement près d'un lilas qui reprenait vie, j'ai entendu le doux murmure des plus beaux mots d'amour que le printemps dépose en vers ou en prose. C'est en humant de plus près cette fleur que j'aime tant que j'ai pu comprendre, une fois de plus, à quel point pouvait être belle ma vie... quand mon âme n'est pas en lambeaux. Être en paix avec soi, se sentir bien dans sa peau, sourire à un enfant qui passe, caresser des rêves nouveaux, voilà tout ce que m'a suggéré ce lilas pour ne plus jamais avoir à crisper de ses doigts... ses angoisses. Il m'a même ordonné de vous transmettre son arôme afin que tout ce que je puisse ressentir s'étende aussi sur vous. Finalement, ce lilas, que chaque année j'attends, m'a prié de vous parler, de vous dire n'importe quoi, mais de ne laisser personne seul face à un désarroi. Alors, ignorant de vos petites misères, mais instruit des plus belles choses de la vie, je vous dis ceci. Aujourd'hui, il fait beau, très beau et si, au moment où vous lisez ces lignes, il fallait qu'il pleuve, sachez qu'un cœur heureux se veut imperméable. Entendez-vous depuis quelque temps tous ces oiseaux qui chantent ? Entendez-vous cette musique qui vient des cours d'eau en effervescence ? Il est beau le décor, n'est-ce pas ? Il le sera davantage si en plus des atours... vous avez dans les yeux un visage de l'amour. Tiens ! je frappe juste et je sens que vous êtes en amour, follement en amour, depuis long-temps ou depuis peu. N'est-ce pas merveilleux de s'éveiller chaque matin et de voir, dès qu'on entrouvre les yeux, l'image de l'être qu'on veut étreindre de sa passion ? N'est-ce pas un doux bienfait de la vie que d'avoir un cœur entre les mains qu'on ne voudrait pour rien au monde échapper ? Un cœur à aimer ? Si l'odeur d'un lilas nous est chère, imaginez cet arôme mêlé au goût des lèvres de l'être aimé ! Pour plusieurs, ce que je dis se vit au quotidien, mais je sens que, pour d'autres, c'est autre chose… et que ce doux portrait n'est qu'à l'état du rêve, du merveilleux souhait. Et puis, vous ai-je dit que le lilas m'avait murmuré que tout était pour aujourd'hui ? Vous savez, dans chaque histoire, il y a l'éclosion et la conclusion et les histoires d'amour n'échappent pas à la règle. Si vous en êtes au préambule, au désir même, à l'idée d'un peut-être… c'est déjà une belle histoire. Si vous en traversez les plus beaux chapitres, c'est le cœur même de l'histoire et quand je parle de conclusion, je ne voudrais surtout pas que ce soit synonyme de fin. Mon lilas ne me le pardonnerait pas ! La conclusion, c'est bien souvent la confirmation de cet amour qui ne pouvait être éternellement naissant. C'est tout simplement deux êtres devant le fait accompli, devant la belle réalité de la vie. Et l'on s'aime, plus que jamais, tout comme au temps du lilas, mais avec la force du chêne. Les enfants sont de plus en plus nombreux sur les trottoirs à rire et à sauter bruyamment… parce qu'ils veulent réveiller en nous tous ces sentiments que l'on croyait endormis. Ils ont envie, tout comme moi, de voir les gens s'aimer, se prendre en main, se saisir le cœur et s'échanger de bien doux aveux. Oui, ce matin, sans que je me doute de rien, un lilas qui sentait fort bon m'a demandé de vous dire d'être heureux, d'ouvrir les bras, de fermer les yeux et de rêver encore une fois que tout arrivera, que l'autre sera là. Ce lilas m'a prédit qu'un bonheur inespéré était à votre portée et qu'il allait vous combler. Il a même ajouté… qu'il n'allait pas m'oublier !

La magie des mots... d'amour !

Il fait froid aujourd'hui, terriblement froid au moment où j'écris ces lignes et je vous jure que je ne vois rien au travers de ma fenêtre givrée. Il y a bien sûr le réconfort de la chaleur de la maison et cette bonne odeur de soupe qui me fera oublier tantôt que, dehors, c'est l'hiver. J'aurais voulu lire un bon livre, mais il y a de ces jours où même celui qu'on a commencé ne nous tente pas. J'avais également beaucoup d'articles à écrire, mais je me suis senti aussi paresseux qu'une marmotte et ne voulant pas mettre le nez dehors, je me suis dit : « Qu'est-ce que je pourrais donc faire pour que cette journée ne soit pas sans saveur ? » J'ai téléphoné à quelques amis, mais un seul était à la maison et après un petit trente minutes de conversation, je me suis aperçu que nous n'avions causé ou presque que de cette satanée température ! Bon, j'en avais assez et j'ai décidé de monter à mon bureau et de mettre de l'ordre dans mes disques. Ça faisait tellement longtemps que je voulais faire ce ménage et je ne trouvais jamais le courage ni le jour pour me mettre à l'œuvre. Assis par terre, je classe mes microsillons, je lis les titres et je décide de faire d'une pierre deux coups. Pourquoi ne pas faire une jolie cassette de quatre-vingt-dix minutes des plus belles chansons que je rencontrerais en chemin ? Dieu sait que j'ai déjà environ quatre-vingt-cinq cassettes différentes de chansons d'amour puisque j'en enregistre régulièrement, mais je me suis dit : « Pourquoi pas une de plus, d'autant plus que je m'ennuie et que la magie des mots d'amour ne peut être que bénéfique pour mon moral. Je me revois en me relisant aujourd'hui avec tous ces microsillons éparpillés autour de moi et pas toujours dans leur pochette respective. Heureusement que ma fille n'était pas là, car elle aurait une fois de plus crié après moi face à ce désordre. J'y suis donc allé de mes sentiments et mon vague à l'âme s'est emparé de *Quand tu partiras* de Diane Juster que j'ai fait suivre de *Je voudrais tant que tu sois là* de Serge Lama. Déjà, je me sentais bien et, tout en m'y retrouvant peu à peu, je continuai avec la chanson *Quelque part* de Vicky et une autre très belle intitulée *Prendre un enfant par la main*. Que de tendresse dans ce beau poème, que de sincérité, que de vérité ! Tiens, voilà que je tombe sur Claude Léveillée et je découvre sur son microsillon une très belle chanson d'amour qui a pourtant un titre qui ne veut rien dire, *Le coyote*. Avez-vous écouté ces mots d'amour ? J'en avais des frissons. Une chanson anglaise que j'aime bien intitulée *Honesty* s'ajoute à ma cassette et je la fais suivre de celle de Ginette Ravel qui s'appelle *Je marche vers toi*. L'amour et la spiritualité, ça ne fait qu'un en mon cœur aujourd'hui. Une autre chanson de Lama et je tombe sur *Ils s'aiment* de Daniel Lavoie, que je trouve magnifique. Ensuite, je poursuis avec *C'est de quel côté la mer* de Didier Barbelivien et je donne même une place à Catherine Lara et ses *Nuits magiques*. Si vous saviez quel bijou de cassette j'ai pu réaliser en moins d'une heure. J'ai terminé avec un poème de Verlaine récité par François Périer et j'ai clôturé mon petit chef-d'œuvre avec une Berceuse de Mozart interprétée à la harpe par Lucie Gascon. Je vous assure qu'une telle pléiade de chansons sentimentales n'a pas de prix et que j'ai réussi à meubler un bel après-midi. Quant à y être, pourquoi ne pas copier la cassette pour ma fille, pour des amis, etc. Il faisait déjà nuit et je ne m'étais pas aperçu qu'en plus de mettre de l'ordre dans mes disques, je venais d'en mettre aussi dans mon âme. Les mots d'amour ne sont-ils pas remède à tous nos maux ? J'ai presque envie de recommencer ce soir !

Un chat nommé… Sylvester !

On a beau ne pas vouloir se mêler de rien et encore moins des chats des voisins, mais lorsqu'on habite dans un quartier très résidentiel, les matous ne se gênent pas pour venir fureter dans nos cours, tout comme dans nos poubelles ! Chez moi, ce qui attirait ce chat que j'ai baptisé Sylvester, c'est ma petite perruche qu'il entendait chanter et jacasser dans sa cage. Comme j'ai de grandes portes patio et que l'oiseau était juste devant, le chat venait chaque jour s'installer et le convoiter en se léchant les babines ! En le regardant, j'ai vite fait la comparaison avec la fameuse bande dessinée *Sylvester et Tweetee*. Vous connaissez ce fameux chat noir et blanc qui cherche toujours à attraper le petit oiseau Tweetee qui s'en sort à tout coup ? Si ça ne vous dit rien, demandez à vos enfants ou petits-enfants, vous verrez qu'ils connaissent bien ce dessin animé. Donc, mon Sylvester à moi, qui habite sans doute sur ma rue, est noir et blanc tout comme le chat célèbre du petit écran. Pas gêné pantoute, effronté même, il a déjà rampé sur le ventre jusqu'à la cage de ma perruche qui était sur la galerie et ce, même si j'étais assis juste à côté de ma petite bête à plumes. Faut avoir du culot, non ? De plus, Sylvester chasse tous les écureuils du quartier, ce qui fait que mes arachides restent au sol. Je me suis dit : « Qu'est-ce que je pourrais donc faire pour plaire au chat et à tous les autres animaux ? » Je dois vous avouer, au grand désarroi de mon épouse, que j'ai le don d'attirer tous les animaux possibles, du chat jusqu'aux ratons laveurs, en passant par les corneilles. Que voulez-vous, j'aime ces petites bêtes et pour moi, les nourrir, c'est faire un bon geste puisque ce que je ne leur donnerais pas irait tout droit dans un sac Glad. Pour en revenir à Sylvester et pour qu'il finisse par foutre la paix à ma perruche, je lui ai offert, dans une belle assiette d'aluminium, deux tranches de jambon, une poitrine de poulet, du bacon, etc. Une chance que ma femme n'était pas à la maison. Elle m'aurait certes assommé en me voyant lui donner tout ça... au prix où coûte le jambon cuit de nos jours ! Je ne lui en ai pas soufflé mot jusqu'à ce qu'elle se rende compte que le fameux chat couchait sur notre patio sans même se sauver lorsqu'elle sortait. Apprenant la vérité, j'ai été fort surpris de voir qu'elle a elle-même commencé à le nourrir assez régulièrement. Ce qui n'est pas bête, puisque depuis ce jour, nos sacs à ordures ne sont plus défoncés et que je n'ai plus à ramasser des pelures de patates et des morceaux de gras sur le terrain. Dès lors, Sylvester ne s'est plus préoccupé de ma perruche qui continue à lui faire des grimaces. Depuis ce moment, le chat dort comme un loir alors que les écureuils lui passent juste sous le nez. Vous voyez qu'avec le ventre plein... on devient moins animal. Pour nous, c'en est fini des sacs déchirés et nous faisons du même coup une bonne action. Les pommes de terre de trop, celles qu'on ne réchauffe pas, c'est le raton laveur et sa marmaille qui s'en chargent. Les biscuits sont pour les écureuils et aussi pour le chien du voisin, les croûtes de pain pour les oiseaux, et l'arche de Noé est comblée ! La semaine dernière, nous avons même eu la visite de deux petites mouffettes et ma femme m'a dit : « Oui, mais là, regarde ce que tu attires avec tes idées de fou ! » Je vous avoue être vite rentré dans ma cuisine pour leur lancer de la fenêtre quelques restes de table. Trop généreux ? Je ne pense pas, car avec l'hiver qui viendra... qui donc nourrira toutes ces petites créatures du bon Dieu ?

Être bien avec quelqu'un...

C'est si peu et tant à la fois ! J'ai souvent entendu cette phrase : « Si vous saviez comme nous sommes bien, ensemble » sans trop saisir ce que le couple tentait de m'exprimer. C'est simple pourtant, être bien avec quelqu'un, c'est se sentir bien dans tous les aspects du quotidien. Comme plusieurs, j'ai souvent pensé que la passion était maîtresse des plus belles liaisons sans penser un instant au court terme dont un tel sentiment était doté. Passionnément en amour, c'est, et je le maintiens, l'espace d'une relation plus que souvent charnelle. C'est bâtir des instants de bonheur sur une euphorie passagère et non construire une vie à deux durable. Passionnés l'un pour l'autre, c'est ne voir ni les défauts ni les qualités de l'autre à moins d'être capable d'analyser... les bienfaits d'un matelas ou d'un oreiller. Être follement en amour, c'est encore chimérique, puisque le seul fait d'ajouter un adjectif tel que « follement » prouve à quel point cet amour peut être déraisonné. Vous savez, la passion ou l'amour aveugle, ça ne fait qu'un temps... et bien souvent celui d'une rose. Être bien avec quelqu'un, c'est sentir monter en soi un sentiment qui fait que, sans être d'accord sur tout, on peut, chacun pour soi et ensemble, traverser le très beau chemin de la vie. Je m'explique. On dit que les contraires s'attirent, mais il n'est pas nécessaire que cette attirance soit une suite de concessions de part et d'autre. Ce qu'il faut, c'est savoir comprendre et respecter les besoins de l'autre, même si ça ne concorde pas toujours avec sa façon de voir les choses. S'accrocher l'un à l'autre, c'est la plus belle façon de se perdre. Dans un couple qui se « veut bien ensemble », il faut de ces moments de liberté pour l'un comme pour l'autre. Pas pour aller fureter ailleurs, juste pour être soi. Il a envie d'aller faire une promenade un certain soir ? Laissez-le aller, ne vous efforcez pas de lui répondre : « Attends, je viens avec toi » surtout quand ça ne vous tente pas. Je suis certain qu'il ne vous en voudra pas de prendre un bon livre pendant qu'il va faire une balade. Trop de personnes, par besoin de plaire, se « fendent en quatre », comme on dit, pour essayer de prouver un attachement. Ce n'est pas en agissant de la sorte que vous maintiendrez cette harmonie qui fait que chacun respecte ses goûts, ses envies, sa personnalité. On ne mange pas parce que l'autre mange et on ne va pas se coucher parce que l'autre est fatigué. Bien sûr qu'il y a de doux partages, mais ils doivent être vrais et non une simulation dans le but de plaire. Quand il ou elle vous demande : « Ça te tenterait d'aller au cinéma ? » ne dites pas : « Ça ne me fait rien »… parce qu'à ce moment l'autre comprendra que vous faites une concession et que ce n'est pas de bon cœur que vous le suivez. Si ça ne vous dit rien, laissez-le y aller seul en l'assurant que, pendant ce temps, vous allez en profiter pour terminer un travail ou que vous irez visiter une amie. Une vie à deux ne veut pas dire qu'il faut qu'on soit constamment « deux » à la même place. Les couples qui réussissent le mieux leur engagement sont justement ceux qui peuvent s'affirmer sans avoir besoin de l'autre comme un chien a besoin de son os ! Être bien ensemble, c'est s'aimer non avec indulgence, mais avec intelligence. C'est partager l'essentiel d'une vie à deux sans entraver les désirs personnels de l'autre. On n'a jamais rien bâti sur « le sacrifice » pas plus que sur « l'artifice ». Être bien ensemble, c'est s'aimer sans ne pas toujours avoir à se le dire. Être bien avec quelqu'un, c'est parfois être seul… et encore ensemble !

Quand tout se consume...

La vie est étrangement faite, mais qui que nous soyons, nous n'avons d'autre choix que d'en subir ses lois. Un ami, le cœur en peine, me disait tout dernièrement que son roman d'amour s'en allait à la dérive après trois belles années pendant lesquelles il a cru, il a pensé, il a voulu que ce soit pour toujours. À mes questions, il expliqua qu'à chacune de leurs rencontres, la soirée se terminait toujours par une portière qui claquait, des mots injurieux et un retour chacun chez soi la mort dans l'âme. Pauvre de lui, que pouvais-je lui dire de plus que tout semble se consumer dans son couple, peut-être au vouloir de l'un ou de l'autre. Quand on en est à cette phase, je le dis et je le répète, c'est qu'on n'a plus rien à s'apporter, plus rien à échanger, plus rien à attendre de l'autre... ou presque. Et pourtant, ils sont nombreux les sursis qu'on s'octroie dans de tels moments. Le lendemain on se téléphone, on s'excuse de part et d'autre et on se jure que la prochaine fois ce sera dans l'harmonie que s'écoulera la soirée. On recommence, on repart en neuf comme on dit et, à la prochaine occasion, malheureusement, ça se termine encore de la même façon. J'ai pu comprendre qu'ils s'aimaient encore tous les deux, mais qu'ils ne savaient plus comment composer ce verbe. Imaginez ! Ce ne sont que des fréquentations et c'est déjà lamentable. Et dire que, récemment, il me parlait d'une cohabitation, d'une vie à deux, etc. Oh la la ! quelle rupture c'eût été au bout de quelques semaines ! Quand tout se consume, c'est que le sentier n'est plus le même, que les ondes ne se rejoignent plus, que la diffusion ne se transmet plus, que l'amour semble avoir dit adieu… au cœur de l'un des deux. On aurait bien voulu que ça n'arrive pas, parce que dans toute liaison il y a attache, habitude, on connaît tout de l'autre et l'on se garde soudés, de peur d'avoir tout à recommencer avec un inconnu. Un beau soir, on en a finalement assez. Le lendemain, on ne se demande plus qui a raison, qui a tort. On ne fait plus le compte du fameux « c'est de ta faute et non la mienne » et l'on en vient de façon intelligente à ne plus se voir pour quelque temps… histoire de savoir si l'absence va manquer à l'un ou l'autre des inséparables. C'est curieux, mais je parierais que l'ami dont je n'ai pas de nouvelles depuis une semaine s'en tire fort bien. Je suis assuré qu'il a échappé un soupir de soulagement et qu'il a pu entrevoir, au bout de sa route, un nouveau visage qui déjà lui souriait d'espoir. L'autre ? Mon ami me dira sûrement ce qui lui arrive et peut-être était-ce un mal pour un bien. Quand tout se consume, c'est que quelque chose change dans notre vie, qu'un angle se transforme et qu'à défaut d'être encore semblable, on feint d'être supportable. Rompre une liaison n'est certes pas chose facile, surtout quand l'ancre est jetée depuis plusieurs années, mais ne vaut-il pas mieux se quitter plutôt que se détruire ? Déjà heureux que certains puissent réaliser leur erreur avant d'être « embarqués » dans un ménage voué à l'échec. Et mon ami me disait : « Pourtant, tout allait si bien et nous avons fait de si beaux voyages ! » Faut croire qu'il y avait quelque part un quai et que le navire est arrivé. Comme toute bonne chose se doit d'avoir une fin, comptez-vous chanceux d'avoir échappé au pire et sachez que, à un tournant, quelqu'un d'autre sans doute vous attend. À moins que l'absence puisse encore tout arranger… ce dont je me permets de douter !

Avoir le cœur... itinérant !

Tiens ! C'est peut-être la plus belle pause que puisse s'offrir cet organe vital qui fait parfois trop souffrir ceux et celles qui ne vivent qu'en fonction du verbe aimer. Avoir le cœur itinérant, c'est se trouver juste après le chagrin d'amour et avant le lever du soleil duquel on n'attend rien encore. C'est au moment où l'âme guérit d'avoir pleuré alors que les yeux ne tiennent plus à rêver. On se retrouve seul, on prend une grande bouffée d'air frais et l'on se dit : « Maintenant, advienne que pourra ! » À l'époque de ma mère, il y avait une chanson qui s'intitulait : « Mon cœur est en chômage » et qui voulait tout dire. En ces temps plus modernes, je dirais que le cœur de ceux qui ont trop aimé s'apparente à « un clochard » jouissant de sa plus vive liberté. C'est le moment de vérité, celui où l'on se dit : « Comme j'ai pu être stupide ! », ou encore : « Et dire que ça n'en valait même pas la peine ! » C'est comme déposer un dernier baume sur la blessure du passé pour se retrouver sans pansement devant la face de l'avenir. Que fait-on quand vient le temps d'en être au cœur itinérant ? C'est bien simple, on se laisse aller au gré du vent et de ses fantaisies. On prend gentiment tout ce qui s'offre, mais on ne demande rien à la vie. C'est à sortir, à s'amuser ferme, à renouer avec de vieilles habitudes qu'on en arrive à la certitude que les jours sont parfois aussi beaux que courts. C'est également à ce moment précis qu'on a la soudaine nostalgie de tout ce qui nous servait bien... sans jamais nous entraîner trop loin. On se retrouve comme jadis, au diapason de ses plus belles impulsions et l'on s'aperçoit à quel point il peut être merveilleux de n'appartenir à personne ! À vous qui êtes en phase terminale d'une peine de cœur, allez de l'avant, ayez le cœur itinérant, et dites-moi ensuite si les rires et les agréments ne valent pas, de votre pauvre cœur, tous les tourments. Non, il ne devient pas de pierre pour autant ce cœur qui s'amuse. Il prend simplement congé de tout ce qui a pu le mener à la dérive. Je l'ai souvent dit : « Un heureux pas en arrière vaut certes un faux pas en avant ! » Vous étiez prêt à faire des folies pour l'autre ? Alors, pourquoi ne pas en faire maintenant pour vous-même ! Une sortie sous le signe de l'amitié, un voyage qu'on n'a même pas planifié, une soirée improvisée, une rentrée tardive inespérée et, déjà, la conscience oublie le remords. Tout ça, parce qu'on s'appartient enfin, qu'on n'a plus à se coucher sur un oreiller baigné de larmes. Tout ça parce que la vie pour une fois n'est pas un drame ! Rien à expliquer, rien à dire et prêt à recommencer. N'est-ce pas là ce qu'on appelle « clocharder » sur les plus grands boulevards ? Est-on heureux de cette façon ? Sans doute moins malheureux que de s'endormir sans cesse sur une dernière oraison ! Avoir le cœur itinérant, ça ne dure pas toujours très longtemps. Voilà pourquoi il faut en profiter pleinement. Rares sont les moments où la vie vous offre un tel sursis et vous seriez bien bête de ne pas accepter un si beau présent. Le temps passe, les jours s'envolent, et épuisé de ces élans momentanés, on en vient à vouloir se reposer de peur d'être damné. Comme le dit la chanson, « un autre amour surgira du bout du monde » et le cœur ne sera plus sans emploi. Le verbe « aimer » viendra une fois de plus vous habiter avec son ciel et son enfer et ce sera dès lors le tournant sédentaire. Que ce soit encore dans un rêve où sous serment, le cœur n'aura plus droit de se targuer d'être itinérant. Alors, en attendant, pourquoi ne pas lui donner la chance d'être aussi folâtre que le vent ? Si seulement vous saviez à quel point la vie comporte de bons moments quand on a de temps en temps... le cœur itinérant !

Peur… d'avoir peur !

N'est-ce pas là la plus effroyable des phobies ? Et pourtant, de nos jours, c'est monnaie courante de craindre ce qui s'en vient et de rester là à ne rien faire au cas où… Récemment, j'entendais des gens dire qu'ils avaient projeté un voyage en Afrique avec un enthousiasme peu commun. Deux jours plus tard, c'était le point d'interrogation. On me disait : « Tout d'un coup qu'il y aurait une révolution ? » ou encore : « S'il fallait qu'on s'empoisonne avec la nourriture ou que mon mari tombe malade là-bas ? » Déjà, le doute l'emportait sur la confiance et je me demande s'ils le feront ou pas, ce fameux voyage dont ils rêvaient. La même chose s'applique en affaires alors que des mordus de réussite se questionnent : « Et si ça ne marchait pas ? » ou « Je ne voudrais pas perdre ma maison ! » Sur le plan affectif, c'est pareil. Des personnes à la recherche de l'être cher et qui l'ont enfin « trouvé » commencent à se poser de sérieuses questions sur le succès de leur engagement. À tel point qu'ils oublient le roman dont ils avaient rêvé de peur d'être déçus de s'être trompés. Il y a pourtant un dicton qui affirme que « qui ne risque rien n'a rien ! » mais certains ont tellement peur d'avoir peur qu'ils finissent par ne jamais rien faire qui puisse présenter le moindre petit risque. Je suis plus que compréhensif face aux phobies qui font partie de la vie. J'accepte qu'un tel ait une peur bleue de l'avion, que l'autre ne puisse prendre un ascenseur, que l'un craigne le feu et qu'un autre souffre de claustrophobie. Mais de là à avoir peur sur de simples présomptions, c'est déposer les armes avant même d'avoir tenté de combattre. S'il m'avait fallu avoir peur d'avoir peur, je me demande bien ce que j'aurais fait de ma vie. Je ne serais sûrement pas allé autant de fois en Californie pour défricher un terrain aride et je ne me serais sûrement pas marié à vingt ans, avec pas une « cenne noire » dans mes poches. S'il fallait analyser sans cesse le « contre » de tout ce qu'on désire faire sans en peser jamais le « pour », je me demande bien qui auraient été les bâtisseurs qui nous font gagner notre vie. La peur d'avoir peur, c'est inconcevable quand on a la tête bien posée sur les deux épaules. C'est de cette façon qu'on en vient à être surpris du bonheur des autres, tout en s'apitoyant sans cesse sur son propre malheur. Bien sûr qu'il ne faut pas faire de folies et s'aventurer sur un terrain perdu d'avance, mais s'il y a la moindre possibilité de réussite, pourquoi abdiquer avant même de tenter notre chance ? Heureusement qu'il y a des gens pour qui l'audace l'emporte sur la crainte. Une divorcée aux prises avec trois enfants qui se lance en affaires, c'est admirable, d'autant plus qu'à chaque fois c'est un succès. Des gens âgés qui s'en vont au Japon parce qu'ils en ont rêvé toute leur vie, c'est encore remarquable, parce qu'ils en reviennent le cœur rempli de bons souvenirs. Réussir sa vie, c'est parfois oser et ne jamais laisser entraver ses espoirs. Quand les gens cesseront d'avoir peur de la peur, toutes les autres phobies ne seront que des égratignures. C'est à aller au bout de soi qu'on finit par vaincre ce mal qui nous empêche de vivre… nos plus beaux émois !

Et si on parlait d'amour ?

Oui, si on en parlait de ce si beau sentiment, maintenant que le cœur est au repos. N'avez-vous pas, au moment où vous lisez ces lignes, quelqu'un qui vous aime et que vous aimez, quelqu'un à qui penser ? J'ai visé juste, n'est-ce pas ? Vous l'avez jour et nuit au creux de vos rêves, ce doux visage qui vaut plus d'un million. Ai-je raison ? Quel bel état d'âme que celui où l'on s'offre sans répit les somnolences d'un amour à peine endormi dans notre conscience. Le seul fait de savoir que l'on n'est plus seul à traverser les jours qui viennent, et déjà, la joie vient d'enterrer toutes les peines. Un grand amour, quel qu'il soit, se doit d'être vécu avec tous les adjectifs s'y rapportant. Point n'est besoin d'être soudés l'un à l'autre, mais si tel est votre cas, votre sort est à envier par tous les autres. Quand je parle d'amours, je parle de celles qui se veulent constantes, éphémères, de parcours ou même inaccessibles. Le seul fait d'en rêver, de s'imaginer qu'un jour ce soit possible fait naître le sentiment. Si vous saviez comme c'est beau de voir ces couples qui, depuis dix, vingt ou trente ans, se regardent encore sans rien se dire tout en se comprenant si bien. Pour eux, la feuille morte n'existe plus. On ne cherche plus du regard, on a trouvé. Savent-ils seulement à quel point ils sont privilégiés ? Pour d'autres, c'est l'amorce constante qui, du jour au lendemain, entrouvre lentement sa porte. C'est le désir, l'espoir que…, mais c'est de l'amour, même si on n'en affiche pas encore l'emblème. On se rappelle un récent tête-à-tête, la difficulté éprouvée à se quitter certains soirs, cette mort dans l'âme à partir de son côté, et le décompte des heures jusqu'au lendemain. Oui, le cœur a le droit d'être un peu égoïste quand il se sent si bien. Et puisqu'on parle d'amour, qu'est-ce donc au juste que ce fameux sentiment dont personne ne se défend ? le passé ? le présent ? l'avenir ? C'est peut-être tout ça à la fois ! Si on parle du passé, qui n'a pas, au fond du cœur, quelques braises pas tout à fait éteintes. Vous savez, ces petits segments de bois qu'on a parfois envie de rallumer, ne serait-ce qu'une dernière fois. Le présent, c'est cet amour qu'on vit au jour le jour. Ce bonheur qu'on s'offre dès que le soleil se lève et qu'on supplie de ne point disparaître à son coucher. C'est en sorte celui sur lequel le cœur s'appuie afin d'en concrétiser la force. Celui de demain ? C'est sans doute celui d'aujourd'hui qu'on veut plus intense, plus entier, plus acquis. Bonheur perdu d'avance ? Non, ne soyons pas défaitiste. Le temps est un si grand maître ! On ne doit pas permettre à l'impatience de crever ce nuage de rêve. On s'interroge à savoir si l'on finira par être ensemble… sans se rendre compte qu'on l'est déjà. Il y a, par contre, de ces amours qui se doivent d'être partagées. Ce sont là de dures amours, des sentiments empreints de blessures, mais si l'autre souffre autant que vous, c'est que ni l'un ni l'autre, de l'interdit, n'est encore venu à bout. S'aimer, se l'avouer n'est-ce pas déjà beaucoup ? Seriez-vous plus heureux si, comme je le disais au début, vous étiez solidement liés ? Tiens ! je me le demande, sans pour autant en douter. Parler d'amour, ce n'est pas facile, car les coloris sont si multiples qu'on en vient à avoir peur de mêler le rose au gris et le vert au noir. Et pourtant, ce serait peut-être là la réelle image de ce que nous voulons voir. Parler d'amour ? C'est finalement parler pour se dire dans un vibrant monologue… que le cœur n'en sera toujours qu'au prologue !

Au bout du monde !
Voilà jusqu'où te suivrait
... mon âme vagabonde !

Savoir comprendre...

Voilà qui n'est pas facile, n'est-ce pas ?... surtout quand on aime ! Je sais que je vais en atteindre plusieurs en jouant sur cette corde sensible, mais ne dit-on pas que la raison se doit de l'emporter sur l'exigence ? Vous êtes en amour, vous êtes libre de l'être ou presque, mais l'autre ne l'est pas. Que faire dans un tel cas ? Envahir cette personne aimée de son trop grand désir ou attendre que le temps fasse son œuvre. Je dirais au départ qu'il faut d'abord « comprendre » et s'ajuster avec intelligence à la situation. Ce n'est pas de la faute de Dieu ni de personne si, à la loterie du bonheur, vous êtes tombé sur un numéro déjà acquis par quelqu'un d'autre. À ce moment, il faut apprendre à composer avec l'imbroglio qui s'annonce ou simplement s'effacer de ce qui pourrait s'avérer... une mésaventure ! Dans une liaison de ce genre, il faut éviter d'être envahissant au point de brimer celui ou celle qui doit se partager en deux. N'allez pas croire que ce soit facile pour l'autre de laisser parler son cœur et de se retrouver le soir même dans le lit « froid » de sa douce moitié. Se contenter de jeux interdits, d'amours d'après-midi, c'est conjuguer le verbe aimer sans pouvoir y déposer la plus belle part de son essence. Le sacrifice, c'est des deux côtés qu'il s'impose et si l'un comme l'autre s'engage à le respecter, le roman peut gentiment chevaucher. Par contre, ce n'est pas parce que vous êtes libre et que l'autre ne l'est pas qu'il vous faut tout faire dans le seul but de comprendre. Ce que je veux dire, c'est que vous aussi avez droit à quelques parenthèses qu'il ou qu'elle ne saurait vous reprocher. Il y a trop de ces amants qui veulent sans pour autant l'admettre, ménager la chèvre et le chou ! Ils doivent pourtant comprendre que vous, entre guillemets, avez aussi le droit de vivre quelques écarts de conduite... en attendant de ne plus avoir à le faire. Les reproches dans un tel cas ne sont guère de mise, car pendant que vous dormez seul avec vos rêves, l'autre, en amour ou pas, partage encore un oreiller, peut-être moins indifférent qu'il ou qu'elle le prétend. Savoir comprendre, c'est avant tout être capable de s'entendre sur le drôle de cheminement que la vie vous a tracé. Un amour « illégitime » ne se vit pas de la même façon qu'un amour sans obstacles. Les concessions doivent être faites et assumées de part et d'autre. Il est certain que l'intensité ne serait pas la même si l'échange pouvait être entier. Il est évident que la présence constante serait la meilleure ordonnance contre les à-côtés que provoque l'absence. Être égoïste ou même possessif dans un tel cas, ce n'est pas faire preuve d'amour. Regarder ailleurs, vivre une petite histoire d'amour qu'on sait éphémère, ce n'est pas faire outrage à son cœur. Ce pauvre cœur qui ne demanderait pas mieux que de se vouer tout entier à l'être aimé. Non, il n'est pas facile d'aimer passionnément... quand on se doit de regarder sa montre ou son calendrier. Se quitter ? Sûrement pas, parce que ce n'est pas là ce que vous voulez. Un cœur qui aime n'est pas nécessairement celui d'un faux poète. Non, un cœur qui aime à vouloir se damner, c'est un cœur prêt à tout accepter si l'autre fait aussi l'effort de comprendre. Somme toute, l'amour a bien des facettes et celle dont je me fais le défenseur n'est pas désuète. Savoir comprendre, c'est être capable d'aimer et attendre qu'un jour le soleil se lève enfin... d'un seul côté !

Nous deux... et le rêve !

Non, il n'est pas nécessaire d'être légion pour savourer les meilleurs angles d'un roman d'amour. Bien au contraire. J'entends souvent des couples se plaindre qu'ils n'ont pas d'amis, que c'est « plate » d'aller manger à deux au restaurant, que c'est « ennuyant » d'aller au cinéma à deux, que c'est « alarmant » d'aller faire un pique-nique à deux. Quand j'entends ces phrases, je m'inquiète. Oui, je suis inquiet pour ces couples qui semblent pourtant s'aimer, mais qui ont déjà ou presque fini de conjuguer le verbe... à deux. Être deux quand on s'aime, c'est être plusieurs, car si on extrait de son cœur tous les sentiments que l'on a l'un pour l'autre, alors là, c'est tout un régiment qui nous suit où que l'on aille. Pour moi, être deux, c'est ce qu'il y a de plus beau, de plus vrai dans l'aspect d'un couple. C'est incroyable tout ce qu'on peut faire et vivre à deux ! Une longue promenade, main dans la main, sans se parler, juste à regarder ce qui se passe autour de nous, et c'est déjà tout un monde qui s'ouvre à nous. Un gentil souper au restaurant en tête-à-tête avec la personne qu'on aime. Ce demi-litre de vin qu'on commande et qu'on partage, cette musique de fond qui joue pour nous seuls, ces gens qui nous regardent et envient notre bonheur. De plus, ce coin discret qu'on a choisi pour que l'ambiance soit plus à notre image, n'est-ce pas merveilleux ? Vous allez me dire après cela qu'un dîner à quatre ou à six personnes, c'est plus intéressant ? Vous allez me dire ça... quand vous vous aimez passionnément ? Non, ces parties à plusieurs sont conçues pour des célébrations familiales ou lorsqu'il n'y a plus de miel après cette lune… qu'on a contournée trop vite. Dernièrement, juste avant la fin de l'été, je voyais, au Jardin botanique, un couple qui déambulait parmi les fleurs. Comme ils avaient l'air de s'aimer tous les deux. D'ailleurs, il faut s'aimer pour partager tout un après-midi entre les roses et les campanules. C'est verser l'essence de nos sentiments sur nos plus fortes émotions. Plus loin j'ai vu ce qu'autrefois on appelait un déjeuner sur l'herbe, alors que la jeune fille sortait d'un panier quelques fromages et croûtons et que le tout jeune homme débouchait deux bouteilles de bière. Deux amoureux en balade dans une voiture à écouter de la musique, voilà une autre façon de prouver à qui de droit qu'on n'a pas besoin d'être trois. Quand on s'aime, qu'on en est au début d'un roman ou d'une union, il faut profiter de ce très beau canevas de vie à deux. Tôt ou tard surviennent des petits êtres qui s'ajoutent à notre amour et, croyez-moi, il faudra bien des années avant qu'on puisse se retrouver encore une fois en un merveilleux tête-à-tête. Si vous n'êtes que de jeunes amoureux ou de fervents amants, ne cherchez pas à combler votre bonheur en voulant le partager avec plusieurs. Vous risqueriez de le gaspiller et dès lors le rêve ferait place à une morne réalité. Un poète disait : « Deux étions et n'avions qu'un cœur. » Alors, si l'adage est vrai, si vous y croyez avec toute la force de vos rêves, ne cherchez pas à meubler davantage votre causeuse. Soyez blottis l'un contre l'autre, ne parlez pas, regardez-vous dans les yeux, soupirez d'aise et faites en sorte de rêver que votre bonheur est immortel. Si vous êtes deux et que vous n'en êtes pas capables, s'il vous faut encore plus de monde pour vous sentir bien, là, vous ne rêvez plus… et j'ai bien peur que votre bonheur ne soit pas sans nuages !

Ces amours impossibles...

« Tu trouveras tout possible et l'impossible aisé » dit le proverbe et je rétorque : « Oh, que non, pas toujours ! » Si l'amour pouvait parler, peut-être serait-il d'accord avec l'une ou l'autre phase mais comme on le trimballe souvent au gré de ses rêves, on ne lui demande même pas d'être raisonnable. On est parfois obligé de mettre un frein à une histoire qui semble avoir trop duré quand on se rend compte que ce qu'on veut vivre est du domaine de l'impossible. Bien sûr que tout pourrait se concrétiser, que tout pourrait se vivre, mais à quel prix. Il suffit parfois d'imaginer tout ce qui est entraves pour se demander si l'on a vraiment la force d'essayer de les vaincre. On n'a qu'à s'imaginer dans cet ailleurs dont on a rêvé pour avoir peur que la réalité soit tout autre. Ah ! ce que le cœur peut être exigeant quand on lui en donne la chance. On se dit que ce qu'il a perdu n'en valait plus la peine parce que, dénué de sentiments, ce pauvre cœur n'a plus à battre et que les pontages qu'on lui octroie n'en ont même plus le pouvoir. Par contre, il se resserre comme s'il était dans un étau dès que l'amour dont il rêve se manifeste, ne serait-ce que par un appel, une présence, un regard. Le drame, la terrible peine de cœur, c'est que cet autre cœur le voudrait peut-être, mais que l'amour se veut impossible à cause de... trop de raisons. Les cœurs les plus amoureux ne sont pas toujours libres et, dès lors, c'est une histoire d'amour en paroles qui naît, telle une chanson qu'on fredonne sans cesse. D'ailleurs, les plus jolies chansons ne sont-elles pas toutes inspirées de bonheurs impossibles ? Les plus beaux films ne sont-ils pas ceux où l'on pleure devant la triste fin d'un amour impossible ? Vous qui vivez ces amours impossibles, vous qui attendez qu'un jour, peut-être, « sait-on jamais », sachez que je comprends votre tristesse. Seul dans l'antre de votre isoloir, je vous imagine en train d'attendre ce qui ne viendra peut-être jamais. Le sort a voulu que votre cœur s'éprenne d'un bien pénible défi. Il y en a qui n'ont jamais la tâche facile en amour. Il y en a qui n'ont jamais rien pu vivre de concret parce que tout ce que le cœur a désiré… n'était point à partager. On croyait, on pensait, on espérait même, pour ensuite faire son deuil d'une bien triste réalité qui dans le fond n'avait toujours été que le plus cruel des rêves. Il y a aussi ceux et celles qui ont le don de se mettre les pieds dans les plats, d'aimer qui n'aime pas, de vouloir qui ne peut pas et de laisser passer tout ce qui se veut clair comme le ruisseau. Pauvres fantaisistes de la vie, tournez vite la page de vos désirs les plus fous et retrouvez la raison avant de complètement la perdre. Il vous faut admettre, une fois pour toutes, que des amours impossibles, ça existe. Si tel n'était pas le cas, en seriez-vous à être toujours seul à attendre que quelque chose se produise ? En seriez-vous à ne ramasser que les miettes que, par bonté, on vous jette ? En seriez-vous à être l'éponge des déboires de ce cœur que vous aimez et qui en profite aisément ? En seriez-vous encore à espérer tout en vous tournant les pouces qu'un jour ce sera aussi votre tour ? Allons ! Les jeux sont faits et rien ne va plus. Pourquoi ne pas effacer de votre roman ces images de l'impossible ? Pourquoi ne pas tourner la page sur ce qui ne sera toujours qu'un mirage et ne pas partir à la découverte d'un autre visage ? Un visage qui saura vous dire que cette fois « c'est possible »… avec le plus amoureux des sourires !

Suffit-il qu'un amour
soit interdit
pour qu'un ciel triste
... en arrive à froncer
les sourcils ?

Ces yeux qui parlent...

Un seul regard et les mots n'ont plus d'importance. On dit souvent d'une personne : «C'est incroyable comme ses yeux parlent!» Et pourtant, ce langage des yeux se trouve en chacun de nous. Ne sont-ils pas le reflet de toutes nos pensées? On pense avoir le don de lire dans le regard des autres et c'est tout simplement ce regard qui s'ouvre tel un livre pour nous offrir son contenu. Dans les yeux de l'autre, on peut facilement y percevoir tous les sentiments qui traversent son cœur. La joie se décèle par un scintillement qui se veut synonyme de bonheur et la peine se révèle par un voile de tristesse que rien ne peut camoufler. On n'a pas à poser de questions pour connaître l'état d'esprit de ceux que nous côtoyons chaque jour. Les yeux s'en font le miroir le plus éclatant qui soit. C'est comme s'ils avaient contracté un mariage indissoluble avec la paix de l'âme. Moi, cela dit sans prétention, j'ai appris à lire dans les yeux des gens qui me sont chers toute la gamme de leurs sentiments. Sans doute parce que je les connais bien, je vous le concède. C'est à côtoyer des gens chaque jour qu'on peut finir par ne plus avoir à poser de questions face à leur comportement. C'est ainsi qu'on peut dire, sans risquer de se tromper, qu'une telle est en amour et qu'un tel traverse un terrible bouleversement. Les yeux ne mentent pas, disait mon père et, même enfant, je ne parvenais jamais à lui faire croire que j'avais été un ange quand le démon m'avait habité toute la journée. À quinze ans, ma mère avait été la première à me dire : «Tiens ! t'as lâché ta blonde?» Devant ma surprise, elle m'avait répondu : «Tes yeux parlent, mon p'tit gars!» Saisir le vocabulaire de l'organe de la vue, c'est d'abord et avant tout connaître à fond les ronces du chêne des émotions : ces yeux qui parlent et qui avouent, par un seul changement de couleur, l'amour, la haine, la déception, l'envie… et même la jalousie. Avec le temps, tout chez l'être humain prend de l'âge… sauf les yeux. À vingt ans comme à soixante, ils ont toujours cette même flamme qui jaillit et s'éteint au gré des circonstances. Soyez seulement le confident de l'autre et voyez de vos yeux à quel point vos paroles peuvent allumer ou perturber les siens. C'est dans le regard de l'autre qu'on saisit si on lui fait du bien ou de la peine. Les yeux ont cette force de pouvoir changer cent fois d'expression au cours d'une même journée. Le désappointement s'y lit facilement, l'optimisme s'y détecte, le chagrin est apparent et l'amour, qui s'exprime aussi par le soupir, atteint d'un seul bond l'éclat de l'iris. Quand on parle d'yeux qui n'expriment rien, c'est que le cœur ne ressent rien, que tout sentiment possible est à l'état léthargique. Oui, les yeux parlent, beaucoup plus que ce que les mots pourraient dire. Ils ont même le don d'exprimer la fatigue, la maladie et le plus sombre désespoir. Ils ont aussi la capacité de dépeindre les fleurs, le ruisseau et les plus douces nostalgies. J'ajouterais même que si l'on soulevait les paupières des morts, on pourrait encore y lire… tout ce qu'ils n'ont pas eu le temps de nous dire !

Aimer... sans savoir pourquoi !

N'est-ce pas là le plus merveilleux état d'âme ? Il m'est trop souvent donné d'entendre : « Moi, je l'aime parce qu'elle a un grand cœur, qu'elle me comprend, qu'elle n'est pas dépensière, qu'elle prend bien soin de moi, etc. » ou « Moi, je l'aime parce qu'il a du caractère, qu'il est intelligent, qu'il s'occupe de moi, qu'il me fait bien vivre, etc. » Finalement, on aime l'autre pour ce qu'il peut nous apporter et non dans l'entité de son être, sans trop savoir pourquoi. Aimer de cette façon, c'est certes aimer, mais d'une manière quelque peu égoïste. On « passe l'autre » (permettez-moi l'expression) au peigne fin afin d'éliminer les petites bestioles et ne retenir que ce qui fait bien notre affaire. On aime comme on veut être aimé de façon très conditionnelle. Je ne dis pas pour autant qu'il soit plus intelligent d'aimer aveuglément sans même chercher à connaître les valeurs, les qualités et les défauts de l'autre. Je l'ai souvent répété, ce genre d'amour se veut toujours éphémère, parce qu'après l'amour commencent bien souvent les « petites misères ». L'amour n'est pas une table de mathématiques et c'est parfois à trop compter ce qui « nous arrange » qu'on en vient à perdre, parce que ce compte-gouttes chez l'autre... « dérange ». On ne trouve pas la perle rare sans d'abord ouvrir le coquillage. Ce genre d'amour n'est pas plus valable que celui qu'on analyse avec une loupe. Et comme l'amour est un sentiment, un sentiment profond, on n'a pas à chercher à lui donner le visage du juste milieu. Aimer est peut-être le seul verbe qui n'a pas à subir les règles de la grammaire. Aimer sans savoir pourquoi, c'est aimer parce que l'on sent au fond de soi une lumière scintiller. C'est aussi parce que le cœur tressaille, que l'âme s'émeut sans en chercher la cause ni l'aveu. Bien sûr qu'on le connaît à fond cet être qu'on aime. C'est d'ailleurs en l'aimant qu'on a appris, sans le savoir, à discerner tous les bons et les mauvais côtés de sa personnalité. Pas par une étude, pas par habitude, tout simplement par certitude que l'ensemble peut créer un bel émoi. Nous avons tous, qui que nous soyons, des qualités et des torts, des points faibles et des points forts. Le verbe aimer n'est pas à sens unique et il serait parfois très bénéfique de se regarder avant de chercher à ausculter l'autre. Est-on aussi aimable qu'on le pense ? Est-on du genre à être aimé parce qu'on a décidé d'aimer ? Aimer sans trop savoir pourquoi, c'est être d'abord et avant tout à l'aise et heureux en compagnie de l'autre. C'est prendre une main, sentir un frisson nous parcourir l'échine et avoir le goût d'aller très loin… avec l'espoir que demain le sentier sera sans fin. C'est apprécier l'autre sans lui demander sans cesse de le prouver et c'est savoir se faire apprécier sans tenter d'impressionner. Aimer sans savoir pourquoi, c'est être aussi heureux en faisant son marché que lors d'un tête-à-tête orné de fleurs bleues. C'est être capable de prendre et de rendre. C'est aussi et surtout être assez fort pour comprendre, pardonner, accepter et poursuivre dans une belle réciprocité. C'est ne pas émettre de lois, ne pas revendiquer de droits, ne pas dominer et surtout ne rien dire quand les mots seraient de trop. C'est quand on aime de cette façon que le rêve subsiste, que les fleurs ne fanent pas et que les battements de cœur ont leur douce raison d'être. Et c'est à ce moment que vous réalisez, dans un acte de foi, que l'autre vous aime aussi… sans trop savoir pourquoi !

Savoir se taire...

Il est parfois difficile de faire la différence entre ce qu'on doit dire et ce qu'on devrait taire. D'un côté, une maxime prétend que «trop parler nuit» et de l'autre, on affirme que «franchise est sœur de l'honnêteté». Il n'est donc pas étonnant que parfois on ne puisse plus s'y retrouver. Combien de malentendus, pour ne pas dire de querelles, sont engendrés par un seul petit mot... de trop. On pense bien faire en avouant, en s'ouvrant, et l'on s'aperçoit avec effroi qu'on vient de causer sa propre perte. Ah! cette juste mesure, si seulement elle existait en tout. Malheureusement, ce n'est guère le cas et à dire tout haut ce qu'on devrait penser tout bas donne de nous l'image du parfait scélérat. Il est évident qu'à être questionné on ne peut faire autrement que répondre. Là où c'est plus grave, c'est quand on parle sans qu'on nous ait rien demandé. Comme si l'humain avait un besoin de s'affirmer en confiant avec exagération ce qui inévitablement prend des proportions énormes. J'ai connu des gens qui ont perdu des amis en étant trop sûrs de leur appui, et d'autres qui ont perdu un amour en ouvrant trop grand le livre de leur vie. On pense être compris sans se douter un seul instant qu'on est dès lors jugé. Et dire que rien de malencontreux ne serait arrivé si on avait tout simplement pesé le pour et le contre avant de tout dévoiler. Les sages ont toujours dit que ce que l'on ne savait pas ne pouvait nous atteindre et c'est juste. Par contre, devant toute faute, toute erreur que l'on tait, s'étale le remords de conscience. C'est comme si l'on devait avouer, ne serait-ce que pour en obtenir absolution. On s'imagine l'éponge qu'on va passer et c'est le gant de crin qui vient vous gifler. Combien de couples se sont désunis sur un seul excès de franchise de la part de l'un des deux. Je me demande parfois s'il n'est pas préférable de se taire et de laisser le terrible enjeu au destin. Si vous préférez le juste milieu, de grâce, commencez par verser juste une goutte de lait sur le mal qui vous étreint avant d'en vider le contenu. Comme je l'ai dit, un seul mot de trop, mal placé, mal exprimé… et vous venez de vous mettre vous-même la tête sur le billot. Somme toute, savoir se taire, c'est être assez intelligent pour faire la différence entre le feu vert et le feu rouge d'une conversation. On ne gagne sûrement pas à tout cacher, à ne garder que pour soi ce qui doit être partagé, mais il y a une façon de soupeser, une manière de penser qui risque moins de faire tout exploser. Un aveu mal avoué peut être pire qu'une faute cachée. Oui, parce que c'est quand on croit que ça arrange que ça dérange. On se met à nu, on s'explique, on s'enfarge, on se rétracte, on recommence d'une autre façon, on se cale davantage et on finit par perdre la face. Ce qui veut dire qu'il y a des choses qui se disent et d'autres qui ne se disent pas. Et ce, dans tous les cas! J'ai remarqué que les pires victimes de cette « maladie » étaient les solitaires, les personnes en retrait de la société, les mal-aimés qui vont jusqu'à fabuler dans le seul but de se prouver qu'ils existent. On devrait certes pouvoir diviser par dix le flot de leurs aveux, mais ils sont si convaincants qu'on les croit, sans règle mathé-matique. C'est quand ils nous reviennent avec leur propre confession qu'on finit par se dire: « Était-ce la vérité… ou non? » Comme ils doivent être malheureux ces gens qui parlent trop. Leur pire souffrance survient lorsque ceux à qui ils se confiaient finissent par perdre confiance. Notre « trop tard » est suivi de leur « mea culpa » qu'ils font hélas en vain… car foi perdue ne revient jamais plus!

Derrière toutes ces fenêtres...

Récemment, je revenais de Québec par le train et j'avais quatre banquettes juste pour moi, un bon livre à la main et le bruit des roues sur les rails qui se voulait musique de circonstance. Le garçon de service m'apporte une bière et je relaxe en refermant mon livre et en regardant se dérouler sous mes yeux un décor improvisé. À certains moments, nous étions comme dans une forêt dense où seuls les arbres s'inclinaient sur notre passage. Avec le dégel, les feuilles mortes de l'an dernier étaient encore au même endroit et quelques branches cassées par le vent gisaient çà et là sur le sol humide. De temps en temps, mes yeux se posaient sur une ferme sise je ne sais où, mais à l'abri des voisins, à l'abri du tumulte de la ville et je me disais qu'il devait être sain de vivre là. Plus loin, une coquette petite maison de bois avec une galerie retenue par deux poutres. Dans un carrosse, un bambin d'environ dix mois sourit à sa jeune maman qui le pousse, tout en ayant un œil sur une petite fille qui joue dans un carré de sable et un autre sur le train qui passait devant sa maison... comme chaque jour. Tiens! là, c'est une maison de quatre étages avec des fenêtres partout et derrière lesquelles je sens qu'il y a des gens. Absorbé dans mes pensées, curieux face à ma rêverie, je me demande : « Mais qui sont ces gens derrière toutes ces fenêtres et que font-ils sur terre ? » Oui, soudainement, je me questionne sur la façon de vivre de chacun, j'imagine mille et une situations, mille et un bonheurs et mille et un chagrins. Je pousse plus loin et je me dis : « Mais comment font-ils pour vivre, où prennent-ils leur argent et que font-ils dans la vie ? » Oui, je me le demande, parce que je trouve magique que, derrière chaque fenêtre il y ait tout comme chez vous, tout comme chez moi, un réfrigérateur avec des victuailles, un salon, un téléviseur, des chambres à coucher, un gros chaudron de soupe sur le poêle, etc. Oui, je trouve que c'est presque irréel que tout ça vive en même temps. Accoudé à l'une des fenêtres, j'ai aperçu un couple dans la quarantaine qui regardait passer le train en plein après-midi et je me demandais : « Sont-ils heureux ? Comment se fait-il qu'ils soient tous deux à la maison en plein jour ? Qui donc gagne le pain ? Le monsieur serait-il en congé de maladie ou sans travail ? » J'y allais de toutes les suppositions en espérant que ce couple soit en vacances, tout simplement. Là, c'est un homme sur un tracteur qui laboure déjà la terre et je suis porté à lui souhaiter un peu de pluie pour tout ce qu'il va semer. Une autre maison, d'autres personnes derrière les fenêtres, un va-et-vient dont je ne sais rien. Et pourtant, ces gens et moi vivons en même temps. Oui, derrière chaque fenêtre qu'on croise, il y a des joies, des peines, d'heureux moments et des problèmes. Je ne faisais qu'analyser ce qui pouvait se dérouler sur mon parcours quand je me suis dit : « Et derrière les fenêtres des maisons de Paris, celles de la Californie, celles de tous les hôpitaux ? » J'ai sagement repris mon livre pour m'évader de cette équation dont je ne trouvais pas la réponse. Je me suis replongé dans l'histoire de Ninon de Lenclos, derrière ses volets au temps du Roi-Soleil, et j'ai su ce qui s'y passait. Oui, il y a certes de la vie derrière toutes les fenêtres croisées en chemin et ce que je voudrais, tout en me mêlant de mes affaires, c'est que la joie de vivre en soit le guide. Et en écrivant ce mot, j'écarte mon rideau et j'aperçois une dame qui regarde en haut, juste dans ma fenêtre et qui doit se dire tout comme moi : « Mais, que fait-il donc celui-là dans la vie ? »

Ces enfants du courage...

Dernièrement, en plein centre commercial, je croisais une maman avec son jeune fils d'environ sept ou huit ans confiné dans un fauteuil roulant. Je le suivais des yeux et je voyais sur ce visage d'enfant un sourire comme je n'en ai jamais vu. Il rayonnait de joie et poussait son fauteuil sans être dérangé par tous les autres petits qui couraient pour arriver à l'estrade où il y avait un magicien. Je l'observai durant le spectacle et je notai son bonheur d'être là, tout entier, avec le courage et la sérénité propres aux enfants de son âge. Sa mère le regardait et partageait sa joie de vivre. Oh ! chère petite maman, comme j'ai senti à quel point vous étiez fière de lui faire tant plaisir. Chaque semaine je découvre, au fil des pages du *Lundi*, des enfants dont le handicap nous fait prendre conscience que le courage n'est pas toujours l'apanage des grands. Une petite fille de douze ans aux prises avec une maladie rénale, une autre de huit ans atteinte de spina-bifida, un garçonnet atteint de paralysie cérébrale, un autre en train de se battre contre le terrible fléau de la leucémie et j'en ai le cœur à l'envers. Pourtant, je ne devrais pas, puisque ces petits me servent une forte leçon, en riant et jouant comme si de rien n'était, comme si demain le soleil allait se lever pour eux de la même façon que pour les autres. Bien sûr que le soleil sera aussi généreux pour leur petit cœur, mais les parents pour qui la maladie d'un enfant se veut la plus cruelle des épreuves savent qu'il n'est pas toujours facile de rire avec eux, de jouer avec eux. Il y a certes des moments où bien des mamans se retirent pour pleurer loin du regard de leur enfant. Parfois, les pères sont les plus touchés parce qu'en plus d'éprouver du chagrin ils se culpabilisent et se disent avec la notoriété du mâle : « C'est quand même moi qui l'ai fait, cet enfant-là ! » Heureusement que les enfants ont dix fois le courage de leurs parents, sinon ce serait catastrophique comme situation. Ils sont les moteurs qui remontent le moral des parents. Ce sont eux finalement qui, handicapés, nous font comprendre qu'on n'a pas à s'en faire pour eux. Une maman me disait un jour : « Mon fils a été amputé d'une jambe à l'âge de onze ans et c'est lui qui m'a aidée à surmonter l'épreuve. » Il est évident qu'avec toute la bonne volonté du monde, quand une chose semblable se produit, ce sont les parents qui s'effondrent. Il est sûr que ce sont eux qui auront à l'aider à réapprendre à marcher, à passer des nuits blanches seulement pour accepter et éviter de se révolter contre Dieu. C'est sûr et certain que la douleur est plus intense pour les parents que pour les petits qui, parfois insouciants, acceptent le fait plus rapidement. C'est pourquoi je les appelle « les enfants du courage » car en plus d'avoir le leur, ils en ont aussi pour ceux qui leur ont donné la vie. Souvent impuissants, cloués dans un fauteuil, ils regardent les amis de la famille sympathiser avec leurs parents. Ils deviennent à ce moment plus forts que tout au monde et dès que le drame s'estompe, ils murmurent en prenant tendrement leur mère par le cou : « T'en fais pas, maman, ce n'est pas si grave que ça ! » Si les enfants sont des anges, ceux-là sont des archanges, car sans ces enfants du courage, plus d'un adulte aurait sombré dans une profonde dépression. Chers petits que j'adore et que je vois aux prises avec toutes ces maladies, sachez que j'aimerais bien moi aussi être magicien pour vous redonner ce que vous n'avez plus. Par contre, point n'est besoin de baguette pour m'incliner devant votre courage, et croyez-moi... je sais ce dont je parle !

Les chagrins d'amour...

Eh oui ! ça fait mal, mais « ça passe » comme le chante si bien Aznavour. Récemment, je recevais une lettre remplie de désespoir de la part d'une fille qui signait Marie et qui me confiait sa peine immense face à celui qui lui avait dit brutalement qu'il n'éprouvait plus rien pour elle et qu'il valait mieux qu'ils se quittent. Elle m'avoua qu'elle était la deuxième à qui la chose arrivait avec cet homme qui changeait d'avis comme on change de gants. Elle était triste, désillusionnée et encore sous le choc de ce terrible aveu. Pourtant, chère Marie, vous qui vivez actuellement un grand chagrin d'amour, avez-vous pensé quelques moments à cette autre femme qui avait eu, elle aussi, ses heures de désespoir ? Pendant que cet homme vous aimait, n'y avait-il pas ailleurs une autre femme qui pleurait ? Les chagrins d'amour font partie de la vie et personne n'y échappe. Ce n'est pas parce qu'on est celle ou celui qu'on quitte qu'on est seul à souffrir de ce terrible passage de l'existence. L'autre qui s'en va, qui a aimé autant que vous, a sans doute un dard au cœur sans l'avouer à qui que ce soit. Il est évident qu'un adieu quand on ne s'y attend pas, c'est un glaive en plein cœur, mais croyez-moi, c'est encore moins souffrant... que l'indifférence. J'ai trop vu de ces êtres qui ne s'aiment plus poursuivre une triste solitude à deux pour ne pas songer qu'un chagrin, aussi lourd soit-il, est encore moins angoissant. Prétendre qu'on aime encore quand on n'aime plus, c'est abominable pour l'un comme pour l'autre. Je n'ose m'imaginer ce qu'on peut bâtir sur une duperie. Il doit être terrifiant pour le donneur comme pour le receveur de vivre sans que l'échange soit réciproque. Tôt ou tard, on finit par s'apercevoir que la réalité n'a rien du rêve qu'on chérissait. Penser à tout ce temps perdu me donne des frissons. Remarquez que le temps perdu est encore moins pénible que tout ce temps qu'on perdrait si l'on poursuivait, les yeux fermés, un amour déchiqueté. Un chagrin d'amour, c'est comme tout autre malaise. Seul le temps nous en guérit si on veut bien en suivre la thérapie. Je n'irais pas jusqu'à dire qu'il faut tout faire pour oublier dès le lendemain ce qui semblait si beau encore hier. Non, loin de là, mais un chagrin d'amour... c'est une émotion qui fait parfois du bien au cœur puisqu'elle se veut le cran d'arrêt qui aurait pu nous faire sombrer dans le malheur. On aime et on se dit : « Avec elle ou lui, je passerais toute ma vie. » On va même jusqu'à lui avouer qu'on l'aime avec ses défauts et que ses mauvais côtés peuvent nourrir notre passion. On s'imagine dans telle ou telle situation, on se dessine un voyage à l'horizon et on est prêt à faire toutes les concessions pour arriver à ses fins. Tout ça, parce qu'on aime « follement » sans même analyser le moindre désagrément qui pourrait survenir. Si seulement nous avions la force de nous ressaisir juste avant de faire ce pas qui sera de trop, que de déboires on s'éviterait. Avec l'âge, on devient plus méfiant et c'est le plus beau cadeau que la vie puisse nous faire. Évidemment qu'on a encore son cœur d'enfant, mais la raison place au moins un pied entre la porte qui se refermerait sur le rêve pour l'ouvrir sur la réalité. Un chagrin d'amour doit se vivre avec toutes ses facultés même si le prix à payer est un bassin de larmes. On pleure énormément, on s'en veut d'avoir échoué et l'on oublie trop souvent que c'est un « plus » qui nous attend. Tout comme Marie, chacun se couche au moins un soir dans sa vie sur un oreiller mouillé, mais le temps, ce grand maître, aura toujours ce don de nous faire oublier... qu'on a failli très mal aimer !

Un cœur en chômage...

Bien sûr que ça se peut ! Le cœur ne peut être constamment en amour et travailler sans cesse sur ce bel épisode de ses battements. Il arrive à tous et je suis persuadé d'en toucher plus d'un en affirmant qu'au moment où j'écris ce billet une multitude de cœurs sont en chômage, c'est-à-dire sans amour, sans personne à étreindre, sans un autre cœur à qui confier les plus belles rimes de ses émotions. C'est ce qu'on appelle le temps sabbatique du verbe aimer et chacun a dans sa vie à le traverser... de temps en temps. Si tel est votre cas et que la fin de l'hiver ne vous promette rien d'autre que la fonte des neiges, ne désespérez pas. Un printemps s'en vient et, avec lui, tout peut renaître. Pendant ce temps où le cœur ne cherche pas, pendant ce temps où le cœur retrouve son célibat, que faut-il faire ? Au départ, il faut bien se mettre dans la tête que cette solitude était inévitable et sans doute voulue. Il faut donc dès lors l'apprivoiser et en tirer le meilleur parti possible. Si vous y pensez bien, vous vous remettez à peine d'une rupture pour avoir ainsi le cœur en chômage. Il est donc tout à fait normal de vous détendre, de reprendre vos esprits et votre souffle et de brûler une à une les pages de ce récent chapitre de votre vie. Il faut commencer par oublier pour s'affirmer, là est toute la recette. Dès que ce pas est franchi et que l'on est certain de ne pas avoir commis d'erreur (et ça, on le sent) on prend une grande bouffée d'air et on jouit pleinement de sa liberté aussi provisoire soit-elle. Vous savez, être en amour n'est pas de tout repos. C'est un mandat qui prend tout votre temps et lorsqu'il prend fin, il faut fermer les yeux et voir tout ce qu'on aurait voulu faire et qu'on n'a pu faire… à cause de l'autre. Je parie que vous aviez un tas de bouquins en attente. Il est donc temps de les dévorer puisque c'est là une excellente façon de ne pas souffrir d'être seul tout en étant fort aise de l'être. Et que dire de toutes ces visites promises à tant d'amis que vous n'avez pu faire alors que vous étiez sous contrat ? Il y a certes aussi ces voyages qui vous tentaient, mais que vous n'osiez envisager dans la crainte de ne pas être capable de quitter l'autre. Vous aviez sûrement des projets plein la tête… sans cesse empêchés par l'envahissement de cet amour qui vous occupait nuit et jour. On a finalement mis tant de choses au rancart qu'on ne sait plus par où commencer quand vient le moment de meubler « sa nouvelle vie ». Habitué à tout remettre à cause de cette vie à deux, on ne trouve plus le prologue quand on se retrouve seul. Pas facile n'est-ce pas la parenthèse quand le cœur ne bat plus que pour soi-même ? C'est tout un ajustement, pas vrai ? Remarquez qu'il ne faut pas perdre de temps et plonger rapidement dans ses ambitions les plus saugrenues, car un cœur en chômage n'est pas un cœur à la retraite. Il se peut fort bien qu'il trouve un autre « emploi » avant même d'avoir lu son premier bouquin. Cet écart de l'amour peut durer un ou deux ans comme il peut ne durer qu'un mois. À être « aimable » on accroche vite, dit-on, et sans avoir pu crier gare, on en est à aimer et à être aimé de nouveau. C'est toujours quand on veut avoir l'assurance-chômage de son cœur que la vie nous joue le tour de le mettre en fonction subito presto. On tente par tous les moyens de prolonger sa liberté et bien souvent, sans même qu'on s'en doute, un autre cœur avait le vôtre à l'œil… alors qu'il était encore occupé. Si la virgule qui se pose dans votre vie face à l'amour vous donne assez de temps pour réfléchir, de grâce, n'acceptez pas le tout premier emploi du cœur sans le pétrir. Assurez-vous cette fois que votre pain d'amour quotidien… ne sera pas sans lendemain !

Au creux de mon épaule...

Allons ! viens te blottir bien gentiment au creux de mon épaule et dis-moi vite ce qui ne va pas. Tu as de la peine ? Ça ne marche pas comme tu voudrais entre toi et moi ? Tiens ! il est peut-être temps qu'on se parle tous les deux, tu ne crois pas ? Tu ne veux rien me dire ? Tu n'as plus confiance en moi ? Bon, voilà qui est mieux puisque te voilà dans mes bras. Alors, on se parle toi et moi ? Tu sais, moi je t'aime encore et peut-être plus qu'avant. Le temps qui s'est écoulé n'a rien changé de mes doux sentiments. La première fois que j'ai posé les yeux sur toi, j'ai senti un tel frisson... que je me suis demandé si c'était ça qu'on appelle l'amour pour de bon ! J'ai passé des nuits à rêver de toi, à m'imaginer les plus beaux voyages et j'ai même pensé tout quitter pour aller vivre dans une bicoque isolée avec toi. Je n'ai pas changé d'idée, tu sais. C'est tout simplement que le moment n'est pas encore venu et que le quotidien ne me permet pas encore ce beau livre d'images. Ça viendra, tu verras, quand nous aurons tous deux quelques années de plus. Je « nous » vois main dans la main, longeant une rivière, parlant aux oiseaux, scrutant un nuage, sans personne pour épier ces beaux moments d'amour. Oui, il est vrai que je ne suis plus le même. J'ai parfois des sautes d'humeur, des moments d'impatience et, crois-moi, je sens les tiens même si tu les vis en silence. Ce n'est pas qu'on s'aime moins avec le temps, c'est tout simplement qu'on s'aime autrement. Si tu savais comme j'aimerais passer ma vie avec toi si je n'avais à la gagner chaque jour. Mes petits tourments du soir, mes longues minutes de méditation, mon silence et même mes évasions, ce n'est pas toujours à cause de toi, tu sais. Au contraire, si nous n'étions que deux, le ciel serait toujours bleu. Tiens ! tu me regardes ? Tu ne me crois pas tout à fait, n'est-ce pas ? Tu as bien raison, mais n'en cherche pas la raison. Et ne va surtout pas me demander si c'est à cause de toi, si tu as changé face à moi. Non, ne le fais pas parce que je sens que tu m'aimes encore tout comme avant, que tu ferais n'importe quoi pour que le bonheur soit sans cesse là. Ce n'est pas parce que nos cœurs se boudent parfois que nos émotions se sont enfuies à grands pas. Tu te souviens de cet hier qui faisait de nous des êtres qui rêvaient d'un éternel bonheur ? Tu te rappelles ces tête-à-tête où nous envisagions les pires folies à l'infini ? Revois-tu parfois ces soirs où, l'un contre l'autre, nous ne pensions à personne d'autre ? Crois-tu vraiment que toute cette magie se soit dissipée au cours des ans ? Non, pas si nous insistons à poursuivre ce beau rêve inlassablement. Si tu le voulais, rien ne changerait et ce tableau qu'on a commencé à peindre de nos plus grands espoirs, nous pourrions le poursuivre et y ajouter les teintes que nous pourrions encore inventer. Au creux de mon épaule, la main dans tes cheveux, laisse-moi te dire que je t'aime. Oui, je t'aime comme il n'est pas permis d'aimer quand on aime. Tiens ! voilà que tu souris et pourtant, tu n'as encore rien dit. Tu voulais qu'il vienne de moi cet aveu que tu m'offrais des yeux ? N'avons-nous pas vécu assez de joies pour que tu puisses en douter ? À travers nos épreuves, il y a quand même eu quelques éclats de rire, non ? Les joies et les peines ne sont-elles pas les gages d'un amour de notre âge ? Quoi ? tu dis que tu m'aimes ? Là, tout contre moi, au creux de mon épaule ? Puis-je te dire un secret ? Moi, je n'en doutais pas. Et si on allait encore une fois, que toi et moi, fêter ça tout comme autrefois ? Long monologue, n'est-ce pas ? Mais voilà peut-être ce que l'on devrait se dire quand on sent quelque peu son amour… à la dérive.

Se parler... ou s'écrire ?

Ah ! ce franc dialogue entre les couples, comme il est beau... quand il est possible. Ce n'est pas d'hier que des gens me parlent de la réussite de leur union : « Vous savez, nous, dès que ça va mal, on se parle, on s'explique et tout s'arrange ! » Non, ce n'est pas d'hier, mais saviez-vous qu'il fut un temps, sans doute celui de ma génération, où les couples n'avaient guère le don du dialogue ? S'expliquer voulait alors dire bien souvent « se chicaner »... et ne rien régler. Les jeunes ont appris avec le temps, heureusement, que le meilleur remède qui soit à toute entorse conjugale était le dialogue. Ils n'y vont pas toujours par quatre chemins, mais faut croire que ça donne quelque chose puisqu'ils prônent cette façon d'agir à titre de baume sur toutes les plaies. Mais que faites-vous des aînés, ceux qui sont nés bien avant moi, à une époque où la femme n'avait presque pas le droit de parole ? Ce n'était sûrement pas toujours facile de se coucher sur son amertume, surtout quand elles savaient qu'elles avaient raison. Ce n'était guère plus facile pour le mari qu'on appelait « le chef de la famille » de se coucher sans même savoir, lui... s'il avait vraiment raison. Le doute subsistait d'un côté comme de l'autre et l'on s'endormait en se taisant ou en se boudant comme des enfants. Et ce n'est pas après un quart de siècle passé en silence que ces couples vont soudainement recouvrer l'usage de la parole et le bien-être du dialogue. Ce qu'on n'apprend pas étant jeune n'éclot pas du jour au lendemain dans la cinquantaine. C'est à ces personnes que mon billet s'adresse ainsi qu'à toutes celles, quel que soit leur âge, qui n'ont pas l'étoffe de ce qu'on appelle « le moulin à paroles ». On est incapables de se parler ? Alors, pourquoi ne pas s'écrire ? Dans certains cas, c'est nettement plus efficace que de bafouiller ce qui ne reflète pas le fond de notre pensée. Il y a même des jeunes à qui ça pourrait servir, puisque le dialogue n'a pas toujours évité le divorce. On peut en être adeptes… et maladroits à la fois. Ne dit-on pas que les paroles s'envolent et que les écrits restent ? Encore là, j'en entends s'écrier : « Mais moi, je ne vaux rien avec une plume à la main. Je n'ai aucun don ! » Allons, un mot, une missive qu'on laisse à l'autre n'a pas besoin d'être signé de la main de Voltaire. Une lettre, c'est fait pour contenir tout ce que le cœur ressent, fautes d'orthographe et de ponctuation inclusivement. Écrire, c'est pouvoir s'exprimer, s'expliquer, sans être interrompu et c'est la plus belle chance qui nous est donnée pour régler bien des cas. J'ajouterais que ça fonctionne même au travail et que plusieurs employés ont pu régler bien des problèmes en écrivant à leur patron plutôt que de tenter de lui parler… timidement. Dans une missive, la retenue n'est pas de rigueur, car c'est le bon sens qui en trace les phrases. Écrire à l'autre nous offre aussi la chance de nous rétracter si l'on est allé trop loin, ce que la langue ne peut pas faire. Dialoguer n'est pas toujours facile à moins d'être tous deux dans la même disposition à entendre, sans s'emporter, ce qui n'est pas donné à tout le monde. Je ne dis pas que certaines personnes n'ont pas ce pouvoir, mais faut-il seulement le savoir. Une lettre ne laisse personne insensible. On la relit même deux ou trois fois pour bien la comprendre, alors qu'on n'oserait jamais faire répéter ce que l'autre tente de nous expliquer de peur de passer pour un entêté. Le dialogue aura toujours une place de choix, mais si les mots ne passent pas, si la gêne ou la pudeur devient cran d'arrêt, alors écrivez-vous. Les plus grands poètes vous diront que ce que l'on exprime en silence se veut parfois le plus bel acquis de conscience. À ce point, il n'y a plus de raison pour ne pas communiquer, que ce soit yeux dans les yeux ou la plume trempée dans l'encrier. Quand on n'a rien à perdre, on a peut-être... tout à gagner !

Quand on s'accroche en vain...

L'amour se meurt? C'est déjà déplorable. L'amour est mort et l'on s'accroche encore?... c'est pitoyable. Il est vrai que dans toute relation il faut s'accorder des chances, mettre de l'eau dans son vin, tenter de s'améliorer, espérer reconquérir, mais quand l'évidence même nous fait signe que tout est fini, à quoi bon s'accrocher en vain au risque de se meurtrir. J'ai vu des couples se déchirer davantage parce que l'un des deux refusait catégoriquement de se dégager de l'hameçon que l'autre main secouait éperdument. La patience dans certains cas peut s'avérer une vertu, mais la persistance dans d'autres est un bien vilain défaut. Ne souffre-t-on pas déjà beaucoup trop à se quitter? N'a-t-on pas devant soi, dès que le fait est accompli, un désert vide à traverser? Alors, pourquoi s'accrocher au dernier rocher d'une mer en furie quand les vagues nous poussent impérieusement sur les rivages? La dignité se doit d'avoir une juste part dans tout état d'âme. Que cela, et déjà l'attitude n'est plus la même. Si on ajoute à ce noble sentiment un grain de sel de fierté, le cœur n'a plus de raison de s'apitoyer sur lui-même. Une âme en peine me disait dernièrement: «J'ai tout essayé et, malgré tout, je suis encore là!» Incapable de quitter cet être tant aimé, elle préférait être maintenant à ses pieds dans l'espoir de s'accrocher, ne serait-ce qu'à son lacet. Lui, pendant ce temps, sentant la partie gagnée, y allait de ses plus grands effets pour que la perle de jadis quitte enfin sa coquille. Des nuits à ne pas rentrer, des coups de fil à un autre amour au su du cœur blessé, des voyages improvisés du jour au lendemain, des lettres à d'autres qu'elle allait elle-même poster. Tout pour qu'elle parte. Le sentiment de culpabilité avait fait place à la méchanceté. Et pourtant ! Il n'avait pas voulu en arriver là. N'avait-il pas tenté de rompre de façon distinguée ? De l'agneau qui voulait tout simplement sortir de l'enclos, il était devenu le tigre qui, rugissant de sa cage, mordait délibérément l'indésirable présence qui la partage. Et l'autre d'accepter en silence le châtiment des mots et des injures. L'autre qui n'avait pas le courage de partir ou de le laisser s'évader se confiait éperdument à son mouchoir. Oui, l'amour peut être fou à ce point et combien triste est le cœur de celui ou celle qui se fait ainsi souffrir en vain ! Quand la situation est claire, nette et précise, il ne faut pas que le dernier baluchon de rêve se déchire. S'accrocher en vain, c'est perdre d'avance ce qu'on aurait peut-être recapturé en fermant la porte avec un tantinet d'amour-propre. Bien sûr qu'on part le cœur en lambeaux quand on aime et que l'autre n'aime plus. Bien sûr que feindre l'indifférence c'est mentir, mais qui sait si l'absence ne sera pas le cercueil de l'oubli et le volet d'une autre passion. S'accrocher, même quand on aime encore, c'est ne plus croire en soi. C'est faire preuve de faiblesse, exactement ce que l'autre attend pour se dégager plus sauvagement. Mieux vaut laisser un être sur ses remords avant d'être de tous, celui ou celle qui a tort. On ne gagne rien à jouer les victimes. Au contraire, on finit par attirer la sympathie des gens sur l'autre qui devient peu à peu « la victime » de notre insistance. De toute façon, est-il possible d'espérer quoi que ce soit d'un amour mort qui a vécu... mal à l'aise ? C'est parfois à faire le bilan de ce qu'on croyait un doux partage qu'on s'aperçoit que c'était plutôt le reflet d'un bien triste mirage. Quand on s'accroche en vain, on ne fait que nourrir bêtement... son propre chagrin !

Ah ! que la fonte vienne
pour que, transi de froid,
à genoux tu te traînes,
le cœur blessé… de moi !

Les frustrations... de la maîtresse !

Une grande amie à moi me demandait dernièrement : « Denis, quand donc vas-tu parler du rôle ingrat de la maîtresse dans une vie qui se passe souvent à trois ? » Je savais bien qu'elle voulait que je parle surtout de son cas, mais comme il est analogue à bien d'autres et que j'ai plusieurs exemples sous les yeux, j'ai décidé d'en aborder quelques-uns avec vous. Au départ, et c'est prouvé, « la maîtresse » finit toujours par être la perdante et une certaine Suzie que je connais pourrait ajouter : « Et comment donc ! » Très belle à l'aube de sa trentaine, elle devint inévitablement la maîtresse de son patron, un professionnel, qui quitta même sa femme et ses enfants pour elle en lui promettant pour plus tard, le mariage. Déjà fille-mère d'un garçon, Suzie voyait en cet amour le bonheur inespéré auquel elle n'osait croire. Son fils fut envoyé dans les meilleures écoles et elle se dévoua corps et âme à être la secrétaire de son amant pendant, croyez-le ou non... dix-huit ans ! Elle lui offrit ainsi les plus belles années de sa vie aussi bien physiquement qu'intellectuellement. Elle se sacrifia pour cet homme qu'elle aimait de tout son être et voilà que, du jour au lendemain, monsieur décide de reprendre la vie commune avec son ex-épouse pour se rapprocher de ses enfants devenus grands. La laissant seule, abandonnée et sans aucune ressource, il eut la bonté de lui laisser l'appartement jusqu'à la fin du bail, rien de plus. Elle le supplia de lui garder au moins son emploi jusqu'à ce que son fils termine ses études, peine perdue. Et voilà une femme de quarante-huit ans frustrée au point de crier vengeance et dont seules les larmes mettront du baume sur sa plaie à tout jamais béante. Une autre que j'appellerai Mimi et qui m'a suggéré ce billet ne vit pas un drame aussi intense, mais les contraintes n'en sont pas moindres. Divorcée, mère de trois enfants et en plein début de la quarantaine, Mimi ne pensait jamais rencontrer l'homme qui la ferait vibrer une seconde fois. Cet homme, séparé de sa femme et père de famille, vint même habiter sous son toit et c'est le bonheur total, paraît-il, sauf que… Il y a certains moments où c'est pénible parce que monsieur se doit encore d'être en très étroit contact avec son ex-épouse à cause des enfants. Cette dernière exige et ordonne (toujours au nom des enfants) et le brave père ne peut que se laisser attendrir et tente de faire comprendre à l'autre l'importance de ce devoir. Bien sûr qu'elle comprend, mais n'empêche que les Fêtes, Pâques et les grandes occasions, c'est avec son ex-femme qu'il les passe pendant qu'elle attend, seule, triste, déprimée… qu'il lui revienne. Ils ont beau en discuter parce qu'ils s'aiment profondément, les liens sacrés de ce premier mariage auront toujours gain sur le second amour, aussi vrai soit-il. Comme elle me le disait : « Il y a des fois où je me demande laquelle des deux est la plus heureuse ! » Dans d'autres cas, on est porté à comparer avec l'ex-femme ce qui se veut déjà la fin de ce qu'on croyait de l'amour et qui n'était qu'une passion passagère. Certaines maîtresses s'écrieront « ce n'est pas mon cas » parce que, bien entretenues depuis des années par un divorcé, elles se pensent à l'abri des intempéries. Elles n'ont pas songé cependant que toute fleur finit par faner et que le mâle, même vieillissant, est bien ingrat face à ce fait surtout s'il a de l'argent. Moi, je connais une Flo qui attend depuis quarante-cinq ans que son Eddy l'épouse et elle se retrouve à la fin de sa vie à n'être encore que sa maîtresse même si l'épouse est décédée depuis belle lurette. Elle ne l'a pas perdu, me direz-vous, et qu'importe le mariage ? Moi, je vous dirai qu'elle doit en pleurer la nuit puisque c'est cela qu'elle a souhaité toute sa vie. Elle a toujours voulu être sa femme et ne le sera jamais. Je te donne raison, Mimi, elles sont nombreuses les frustrations de la maîtresse et son rôle est vraiment ingrat. La seule chose qui m'intrigue, c'est lequel des deux doit en faire... son mea culpa !

On se dit si peu souvent...

Si les fleurs ont un langage, le cœur peut-il avoir droit à son bavardage ? Il me serait facile de répondre par l'affirmative, mais pourquoi sommes-nous si souvent muets face à nos émotions ? La tendresse souffrirait-elle de timidité parfois ? Peut-être, même si j'ose espérer que l'affection a plus d'audace. Oui, c'est vrai qu'on ne se dit pas souvent tout ce qu'on ressent au fond de l'âme. C'est comme si la retenue était présidée par la peur de tout perdre à force d'avouer. Non, je ne vous parle pas de ces mots d'amour intenses dont font usage les passionnés du moment. Je viens tout simplement vous suggérer de mettre juste un brin d'emphase dans les petits discours du quotidien. Ça ne coûte pas cher vous savez, et ça fait tellement plaisir quand le cœur ainsi s'engage. On s'aime depuis longtemps ? On partage sa vie sous le même toit ou autrement ? Qu'importe ! Ce qu'on oublie trop souvent, c'est de dire à l'autre : « Tu sais que tu es bien fin de m'avoir aidée aujourd'hui » ou de sa part à lui : « Ton parfum sent tellement bon » ou encore : « Ta sauce italienne est meilleure que jamais ». Ça semble banal, mais si vous saviez comme ça peut être spécial pour quelqu'un qui ne s'attend jamais à rien. On a trop tendance à tout accepter gratuitement, comme si ça nous était dû, comme si nous n'avions rien à perdre à nous taire. Bien sûr que les gens qui s'aiment ne vont pas se quitter faute de compliments, mais un petit mot par-ci par-là, c'est peut-être juste la cuillerée de vitamines qu'on attend pour avoir encore davantage le goût de plaire à l'autre. Une femme qui se pare de ses plus beaux atours et qui arrive devant le conjoint qui la regarde comme si elle était en robe de chambre, c'est désarmant. Un homme qui garde sa ligne, qui surveille son habillement, qui fait tout pour rester séduisant et qui recueille une indifférence de la part de sa conjointe, c'est alarmant. En serait-il de même si « il » ou « elle » appartenait au voisin ? On se dit si peu souvent ce qu'on devrait se répéter sans cesse qu'on en vient à se demander si la tendresse qu'on prône n'est pas… sourde et muette. Il n'y a pas de raison pour que les couples soient usés, qu'ils soient mariés depuis vingt ans, ensemble sous le même toit sans alliance, ou tout bonnement en fréquentations depuis longtemps. Le « on n'a plus rien à se dire » n'est pas vrai. La flamme de l'amour n'est plus ce qu'elle était ? Le temps a fait de l'union un bon compagnonnage ? Alors, pourquoi ne pas en tirer le moindre avantage. On s'aime d'une autre façon ? Alors, pourquoi ne pas se parler autrement… mais encore aussi souvent ! Un sourire de temps en temps, ça ne coûte pas cher à ce que je sache ! Un petit coup de main, un gentil cadeau acheté pour rien… si ce n'est que pour prouver que l'autre a encore une place de choix dans sa vie. N'est-ce pas déjà là se manifester plus souvent ? Vous savez, la vie est bien courte quand on en fait le calcul et comme on se doit de la passer aux côtés de l'être aimé, de celle ou de celui qu'on a choisi pour vivre paisiblement, pourquoi ne pas se dire ces mots… qu'on se dit si peu souvent !

Quand l'autre n'est pas là...

Je vous vois les deux mains derrière la tête posée sur un oreiller. Je vous imagine en train de rêver, de soupirer, d'espérer que cet être qui vous est cher soit à vos côtés. Vous êtes là à vous dire que vivre un ennui profond face à ce cœur qu'on aime est une torture que vous ne méritez pas. J'ai l'impression que vous cherchez même un moyen de corriger cette situation qui fait que vous êtes séparés pendant toutes ces journées où il ou elle n'est pas libre d'être avec vous. Vous aimeriez sans doute que je vous plaigne, mais comme l'amour est le plus beau des sentiments, je vais plutôt tenter de vous encourager en vous incitant à accepter tous les boucliers qui font que votre guerre ne sera peut-être jamais gagnée. Quand l'autre n'est pas là pour vous, sachez que vous n'êtes pas là pour l'autre et que ce vide se vit à deux et non à sens unique. Que ce soit vous ou l'autre qui ne pouvez faire de votre amour un constant bonheur, ce sont deux cœurs qui souffrent en même temps de ce manque de partage à certains moments. Savoir prendre son mal en patience est peut-être la première phase pour ne pas sombrer dans une léthargie qui ne ferait qu'empirer ces maux du cœur. Si au lieu de vous dire : « Ah ! si seulement nous étions toujours ensemble ! » vous tentiez de revivre avec toutes vos émotions la dernière fois où vous vous êtes aimés et à anticiper la prochaine où vous saurez vous aimer davantage ? Si à la place du dépit qui vous creuse le front, vous essayiez d'afficher le sourire constant de l'être qui aime éperdument et qui vit un passé au présent tout en se dessinant un futur captivant ? Vous savez, ce n'est pas parce que l'autre n'est pas là que son odeur se dissipe. Faute de dialogue, que votre monologue soit encore plus vibrant. Parlez-vous comme vous lui parleriez, répétez-vous ces mots que vous lui disiez alors que vous faisiez, il n'y a pas si longtemps, l'amour ensemble. Revivez ces images et faites en sorte que le scénario de votre prochaine rencontre soit encore plus beau. Au lieu d'être inerte face à vos pensées et sentiments, avancez, allez plus loin dans le sillon de votre regard et dessinez avec votre cœur une image de l'amour que personne n'a pu voir encore. Quand l'autre n'est pas là et que l'absence vous pèse, évadez-vous dans un roman où les mots ressembleront aux vôtres. Offrez à votre ouïe des chansons où les thèmes seront les fleurs que vous saurez si bien offrir. Marchez sous le soleil ou sous la pluie et emportez au-delà des nuages le portrait de l'être aimé. Imaginez votre chance d'avoir quelqu'un à aimer même absent quand tant de personnes cherchent encore désespérément quelqu'un à qui offrir ce verbe. Pensez à votre raison de vivre quand tant de gens l'ont perdue et traversent la vallée des larmes. Quand l'autre n'est pas là, c'est qu'il est dans un ailleurs où l'on aime avec encore plus d'intensité, plus de véracité. L'autre est aussi à espérer que la nuit tombe vite pour vous rejoindre et vous étreindre encore une fois. N'est-il pas vrai qu'on se veut gourmand quand on aime, qu'on ne veut jamais cesser d'étreindre ce cœur qui nous appartient, qu'on ne veut jamais se retirer de ces lèvres qui s'ouvrent ? L'amour est bien exigeant parfois et l'on dit que plus on en a, plus on en veut. On ne voudrait jamais qu'un seul instant nous sépare, qu'un cours d'eau nous soit entrave. Et pourtant, vous vous retrouverez dans quelques heures en clamant tous deux votre malheur. Celui de n'avoir pas su vivre… quand l'autre n'était pas là !

Sortir tout ça... de soi !

Facile à dire, mais pas aussi facile à faire quand rien ne va plus ou presque. Quand on se quitte sur un terrain d'entente, qu'on se promet de rester bons amis, qu'on se jure qu'une nouvelle philosophie du cœur va tout arranger, on oublie quand même tout ce qu'on doit sortir de soi pour en arriver à ne plus ressentir le moindre émoi. Odieux sevrage que celui des sentiments, car se quitter aussi allègrement, c'est presque se dire « en attendant ». En attendant quoi ? Que quelqu'un d'autre prenne la place, que les yeux se ferment sur le passé pour s'ouvrir sur un avenir qui déjà nous fait peur. Sortir tout ça de soi, c'est d'abord et avant tout sortir l'être aimé de soi. Quelle pénible extraction que celle qui fait qu'on pleure au gré de sa propre douleur ! On a beau vouloir sortir tout ça de soi comme un linge usé d'un vieux tiroir, il en reste toujours l'arôme, le souvenir et déjà on se raccroche comme au sursis le pendu. Bien sûr que c'est la seule solution pour bien des couples et qu'il faut se servir beaucoup plus de sa raison que de ses émotions. Bien sûr qu'on a parlé « de tout ça » avant de faire le pas, qu'on a même clamé que l'amitié après l'amour, c'était sans doute la plus belle chanson du monde. Tout le temps qu'on se parle, qu'on dialogue avec intelligence, c'est merveilleux. C'est comme si l'on venait de rendre à l'autre un bonheur auquel on ne croyait plus. On va même jusqu'à se dire que la meilleure façon d'être heureux, c'est de se laisser emporter par la vie, de ne plus la provoquer, de ne plus rien lui demander. Oui, on va jusque-là... hélas ! On se quitte, on se promet de cultiver l'amitié et dès que la solitude devient compagne, on en cherche soudain les grains de semence. Les premières heures, on se dit « enfin, tout est réglé ». Les jours suivants, on tente de se convaincre que « c'est beaucoup mieux comme ça », ensuite, avec le temps qui devrait pouvoir tout arranger, on se sent encore torturé par une image, par un regard, par une chanson qui fait qu'on se rappelle, par un rêve qui se veut cauchemar, par tout ce à quoi nous n'avions pas pensé avant de nous quitter. On s'interroge à savoir si l'autre pense de la même manière, si l'absence a le même effet, si le tourment est aussi intense et si son cœur a les mêmes sursauts que le nôtre dès que sonne le téléphone. On attend ce qu'on s'est prédit et on s'aperçoit qu'au fond… rien n'est vraiment fini. Doit-on vivre de remords à ce moment et s'écrier : « Comment faire pour sortir tout ça de moi ? » Vous vivez une telle situation ? Voilà où j'interviens si vous me permettez. Ne vous forcez pas à sortir ainsi de vous tout ce que vous avez aimé. Ne misez pas sur le temps, ne fermez pas les yeux, laissez tout simplement vos sentiments se charger de la délicate intervention. Il y a de si belles choses dans un amour qu'il ne faut jamais sortir de soi de si belles images et de si beaux rêves qu'il faut encore garder, ne serait-ce qu'à titre de douces illusions. Non, ne faites rien de plus que de vous laisser bercer par la houle de vos émotions et tiens, souriez au destin. Qui sait s'il ne remettra pas sur votre chemin celui ou celle qui n'aurait jamais dû s'en écarter. Qui sait si l'autre ne demande pas mieux que de vous reprendre la main, de déposer une fois de plus ses lèvres sur les vôtres ? S'il est vrai qu'on commet des erreurs judiciaires, imaginez toutes celles qu'on peut commettre avec ses impulsions quand on veut tout « sortir de soi » comme ça, bêtement… sans raison !

Parce que je t'aime...

J'ai voulu ce soir ne point fermer les yeux sans emporter au plus profond de mon sommeil... ta douce image ! Tiens ! Je parie que chacun et chacune d'entre vous a, ou aurait aimé écrire cette phrase à quelqu'un, au moins une fois dans sa vie. Vous me direz qu'on n'a pas toujours la plume facile, mais avouez qu'il est fort possible au moins d'y penser. Parce que dire je t'aime, c'est dire à l'autre, par le moyen qui nous convient, à quel point on tient à sa présence, à quel point on ne peut plus s'en passer. Vous savez, aimer, c'est un noble privilège qui n'est pas donné à tous. C'est un très beau cadeau de la vie que de se coucher avec des battements de cœur... tant et aussi longtemps qu'on ne les tient pas pour acquis. Moi, si j'avais un conseil à vous donner, ce serait celui d'étirer « le verbe » jusqu'à ce qu'on ne puisse plus lui trouver d'adjectif pour s'y accorder. Vous à qui je parle et qui me lisez, toi à qui s'adresse ce message, sachez qu'il est important de cultiver ce que le ciel vous a donné de plus beau. La vie se compose sans cesse de hauts et de bas, de joies et de chagrins, et si vous êtes en ce moment du côté rose de votre tableau, manifestez-le, n'attendez pas que le gris s'y mêle maladroitement. Et maintenant, comment peut-on dire que l'on aime, comment peut-on le prouver ou encore comment fait-on « pour que ça dure » ? Toutes ces questions me sont sans cesse posées comme si j'étais le seul détenteur de la véritable clé du bonheur. Je vous avouerai que je ne le sais pas plus que vous et que toutes les recettes sont bonnes même si les ingrédients diffèrent. Pour moi, aimer, ce n'est pas qu'un poème ou une chanson d'amour, loin de là. Aimer, c'est s'améliorer en vertu de l'autre, c'est espérer qu'il ou qu'elle le remarque pour ensuite s'offrir avec ses propres valeurs… sans le moindre artifice. Aimer, ce n'est pas qu'offrir des roses ou lui prendre la main les yeux mi-clos. Non, c'est bien joli tout ça, mais juste avant d'en être là, il faut croire en l'autre tout comme on veut qu'il ou qu'elle croie en nous. Il suffit bien souvent de tous petits gestes pour que s'amorce la plus belle partie de notre histoire. Un petit compliment, une indulgence face à quelques écarts, une réprimande constructive, jamais de boutade, et déjà, le lien se resserre. Ensuite, au fil des jours, apprendre à se connaître, à se comprendre, à s'accepter, sans jamais cesser de progresser l'un pour l'autre. Le temps passe et voilà qu'on est de mieux en mieux en compagnie de l'autre, qu'on espère que le jour se lève pour être réunis, que l'on vive ou non ensemble. Aimer, c'est aussi conseiller et accepter de l'être, faire des compromis l'un pour l'autre tout en se l'avouant, respecter l'état d'âme de celui ou de celle qui s'amène en toute confiance et souhaiter qu'il en soit de même pour soi. C'est aussi dialoguer, se dire ce qui ne va pas… quand tout va très bien. Aimer, c'est partager les goûts de l'autre sachant qu'il en sera de même pour les nôtres. C'est savoir dire « je m'excuse » ou encore « merci » quand l'occasion se présente. Aimer, c'est ne jamais remuer son passé et vivre en vertu du roman présent. Aimer, c'est surtout et avant tout ne jamais comparer. Ce n'est là que mon humble recette et je suis assuré que la vôtre vaut bien la mienne. À chacun sa façon au gré de ses sentiments, non ? Le plus important, c'est de tout faire pour que ça ne meure pas, parce qu'aimer, c'est vivre à tout jamais. Si je vous ai parlé comme ça, tout bas, c'est parce que je vous aime, parce que je t'aime, et que je voudrais tellement que vous, tout comme moi, n'arrêtiez jamais d'aimer qui que ce soit… à l'excès !

Pendant que...

L'amour a plusieurs phases et, dernièrement, comme j'en discutais avec un ami, il m'est venu à l'idée d'en faire la trame et vous exposer le pourquoi de ce « pendant que... » dont j'ai tiré ce billet. Quelqu'un me disait récemment : « Moi, ce que j'aime dans l'amour, c'est le commencement, le moment où l'on ne sait à peu près rien l'un de l'autre, le temps où l'on s'interroge, l'instant où l'on ne craint pas de voir arriver la fin, etc. » Je vous avoue avoir trouvé un peu lâches ces propos qui s'attardent strictement au rêve et qui ont peur de la réalité. Il est évident que c'est toujours beau le commencement d'un roman, mais s'il fallait ne vivre que pour ce chapitre, on serait vite essoufflé par tous les efforts déployés. Et je m'explique ! Le commencement d'une idylle, d'une liaison, d'un roman d'amour, c'est un éventail merveilleux de tout ce qu'on veut offrir de mieux. On polit adroitement l'envers préféré de sa propre médaille et on l'offre à l'autre en faisant bien attention qu'elle ne tourne pas malencontreusement sur l'autre face. Le commencement de l'amour, c'est l'avant-propos de ce que nous avons de plus beau. On offre son plus beau sourire, on sort de son cœur ses plus belles qualités, on fait des efforts pour faire ce qu'on n'a jamais fait, bref, on s'arrange pour plaire et c'est vice versa que le phénomène se produit. On s'en retourne chacun chez soi, sûrs et certains d'avoir trouvé l'âme sœur la plus extraordinaire qui soit. Et c'est peu à peu que les désillusions s'amènent, surtout si on a trop chargé la barque. Moi, je préfère nettement la phase du « pendant que... » ou devrais-je dire, « maintenant qu'on se connaît mieux ». Ce moment survient quand on n'a plus de secrets l'un pour l'autre et que notre façon d'être est réelle et non camouflée. Ce « pendant » c'est le plus beau moment d'une relation amoureuse, parce que tout est vrai et que rien ne laisse présager le moindre doute. On se connaît, on s'apprécie avec ses qualités et ses défauts, et croyez-moi, ceci n'enlève rien à l'amour qu'on peut éprouver l'un pour l'autre. Au contraire, c'est une façon de se faire voir pour ensuite tenter d'améliorer tout ce qui pourrait décevoir. L'un est rangé, l'autre ne l'est pas ? Et puis après ? Ne peut-on pas gentiment rappeler à l'ordre ce cœur aimé, sachant que de son côté il nous inculquera l'art d'être parfois impulsif dans ses mots comme dans ses gestes ? « Pendant que… » c'est quand on s'habitue l'un à l'autre et qu'on découvre avec un sourire rempli d'amour que les fautes ne sont rien à côté des qualités. C'est aussi ce temps qui permet de faire d'une vie à deux, des jours, des semaines, et des mois de bonheur… À ce moment, il n'y a pas de comédie et pas d'efforts inutiles. À cet instant, on ne craint pas de tourner la médaille de bord, sachant qu'on n'y perdra pas au change. Oui, le commencement d'un amour devrait être bref pour que le « pendant » soit durable et nous évite une fin précoce. J'ai vu des gens vivre tellement longtemps dans « un commencement » que la fin est venue par saturation de ne pouvoir trouver une seule raison pour continuer. « Pendant que… », c'est le moment où l'on dit à l'autre « je t'aime » sans risquer d'être possessif. C'est le temps où le ciel est bleu, où le cœur est au repos parce qu'il n'a pas à s'interroger sur la moindre hésitation. C'est aussi le doux partage des joies et des peines, l'acceptation des forces et des faiblesses, le pouvoir de changer bien des choses pour l'amour de l'amour et la certitude que « pendant » ce temps, on est toujours à deux pas du commencement et à… des milles, des milles et des milles de la fin !

Le coup de foudre...

Comme c'est étrange. Juste au moment où je m'apprêtais à écrire ce billet, j'ai été surpris par un violent orage électrique. Dehors, le tonnerre gronde et l'on se demande où la foudre a pu frapper. Coïncidence sans doute, mais un orage et un coup de foudre amoureux, c'est à peu près la même chose. Vous est-il arrivé une fois dans votre vie d'avoir ce «fameux coup de foudre» pour quelqu'un dont tout le monde parle? Sûrement... ou si vous êtes encore trop jeune, ne vous en faites pas, ça viendra. Moi, je me rappelle mon premier coup de foudre, comme si c'était hier. J'avais treize ans et je n'avais pas dormi de la nuit tellement je l'avais trouvée belle. Le pire, c'est qu'elle avait au moins trente ans et qu'elle hantait le moindre de mes rêves. Adolescent perturbé comme tant d'autres, je pense que je caressais l'envie d'être bercé par elle beaucoup plus que de l'aimer... avec le peu d'expérience qui m'habitait! Un coup de foudre, c'est ressentir pour quelqu'un d'autre une attirance impulsive, une attraction soudaine et un goût instantané d'aimer et d'être aimé. Un coup de foudre, ça peut aussi bien être le timbre d'une voix, le regard, l'allure, les manières, un parfum, des lèvres charnues, une démarche sensuelle, un signe astrologique, la chaleur d'une poignée de main, les cheveux au vent, etc. C'est comme un «tic nerveux» qu'on viendrait d'attraper et qui ne nous lâche plus jusqu'à ce que l'orage s'apaise. Il est évident qu'aimer sur un coup de foudre, c'est se donner les yeux fermés à ce qu'on appelle l'aventure. J'en connais qui, dès le premier soir, se sont retrouvés dans la pénombre d'un petit hôtel pour découvrir après une heure ou deux, que le feu de tantôt venait subitement de s'éteindre. Oh! comme j'en connais de ces gens-là! Là, ce n'est pas un coup de foudre, c'est une tornade et les ravages aussi violents soient-ils sont d'habitude de la durée d'un éclair. Si je crois au coup de foudre? Bien sûr, mais je suis porté à dire que c'est au départ... physique. Quand on aime instantanément, qu'on sent son cœur battre à première vue, c'est justement parce «qu'on a vu» quelque chose d'attirant chez l'autre. On ne peut pas appeler ça de l'amour, parce qu'il est impossible d'aimer sincèrement sans ne rien connaître de l'autre. C'est donc à l'image première qu'on s'accroche et si tout se passait comme désiré, en moins d'une heure, on serait fixé sur la personne qui nous fait ainsi vibrer. Il y a certes de ces coups de foudre qui, avec le temps, se transforment en véritable amour, mais dans ce cas, c'est qu'après le premier boum de notre orage, on a pris la peine d'analyser toutes les autres gouttes de pluie. On ne se trompe pas toujours quand on aime sur un coup de foudre. J'en connais pour qui tout a commencé par un éclair et qui s'aiment tout autant après vingt-cinq ans. Je dirais par contre qu'ils sont de belles exceptions à la règle, ces couples chanceux, car la plupart du temps, pour moi comme pour bien d'autres, «ces orages» ont été de courte durée. Si je me risquais à en cerner les angles à l'aide de la psychologie, je pourrais presque affirmer qu'un coup de foudre, c'est bien souvent le plus beau fantasme qui nous arrive en pleine face! On a devant soi ce qu'on a toujours désiré... et pas seulement avec le cœur. Non, je n'ai rien contre les coups de foudre qui m'ont jadis aidé à passer d'agréables moments et dont on n'est jamais à l'abri, quel que soit son âge. Cependant, je suis encore enclin à croire que l'amour dans toute sa vérité se cultive dans le jardin du cœur au gré de nos sentiments et au fur et à mesure du temps. Si le coup de foudre s'allume d'une simple étincelle, l'amour que je viens de vous décrire en deux phrases a peut-être une chance... d'aller bien au-delà du réel!

Quand le cœur s'ennuie...

Seul au loin avec ses pensées et son passé, c'est à ce moment qu'on donne libre cours à son cœur de méditer sur tout ce qui peut le réjouir et l'attrister. Douce solitude que celle qui nous permet de nous taire pour quelques jours... et penser. Si vous saviez à quel point notre esprit a besoin de ces moments de paix, ces instants où les cellules cérébrales s'éteignent pour faire place aux bienfaits de la douce rêverie. Si vous saviez toutes les images qui défilent dans notre tête, alors que face à l'inconnu, nous nous remémorons les plus belles heures de notre vécu. Pour moi, c'est une thérapie sans pareille. Et lorsque ce bonheur d'occasion survient, je me laisse aller à songer à ceux que j'aime et que j'ai laissés derrière moi, pour mieux les apprécier, mieux les retrouver. C'est dès le départ un doux mélange de mélancolie et de nostalgie qui s'installe en nous et nous remue de la tête aux pieds. On fait dès lors un bon examen de conscience, une analyse profonde de soi et tranquillement, d'un sentiment à un autre, on en vient à éliminer de son ego tout le mal qu'on y gardait pour ne faire surgir que le bien. Elle n'a pas besoin d'être longue l'absence, pour nous faire voir toutes les beautés de notre propre vie. Tout d'abord, l'altruisme l'emporte sur l'amour-propre et l'on se demande comment on pourrait faire pour que ceux qu'on aime soient plus heureux dans notre entourage. On s'oublie quelque peu et l'on pense à eux, avec toute la bonne volonté qui soudain se met de la partie. On ferme les yeux sur sa peine et on les ouvre sur les joies qu'on peut allègrement distribuer... si vraiment on le veut. Être seul avec sa conscience, c'est le plus beau défi que puisse se donner tout être humain. On lui fait faire un tour de manivelle et tout à coup on se rend compte que l'on désire ardemment que la vie prenne un nouvel envol. De loin, du bout du monde, du bout de soi, on écrit des mots pour que ceux qui ne sont pas du voyage et qu'on aime se sentent au chaud. Oui, quand le cœur s'ennuie, c'est qu'il aime et pas n'importe qui. Les visages des enfants font surface, on pense à eux, on désire leur bien-être sachant pourtant que leur mère est là à combler le vide qu'on a pu leur laisser en partant temporairement. Et puis, on songe aux gens qui chaque jour font partie de notre vie et on est porté à leur souffler, sans qu'ils le sachent, un vent de pure tendresse. On se regarde dans la glace d'une fenêtre et on se dit : « Ah ! comme le temps passe. Si seulement nous pouvions l'arrêter comme on fait avec le tic tac d'une horloge ! » Tout ça, parce que le cœur s'ennuie de ne pas être là, à vivre sans cesse des moments qu'il a mis de côté par besoin de s'épurer. C'est quand on est loin de ceux qu'on aime que les battements s'intensifient. Je ne sais trop pourquoi, mais c'est comme ça chaque fois. Le temps d'une bonne étude de soi et la vie a déjà meilleure mine. Et pourtant, quand on revient, tout semble comme avant pour les autres, mais au fond de soi, on sait que quelque chose a changé. On s'appuie sur ses bonnes intentions et à l'insu de tous, bien souvent, on réussit à répandre son calme. C'est d'ailleurs à ce moment que, tout comme un enfant, on refait ses premiers pas sur le sentier de ses plus beaux sentiments. On aime encore de la même façon qu'avant mais plus intelligemment. Tentez donc une fois dans votre vie cette douce thérapie. Vous verrez dès lors tout ce que le cœur peut découvrir… lorsqu'il s'ennuie à mourir !

Jouer sa dernière carte...

Vous me direz qu'il faut certes beaucoup d'indulgence pour parler de « se donner » ainsi une dernière chance en amour, quand c'est à l'autre finalement qu'on la donne. Je vous dirai que vous n'avez pas tout à fait tort, mais il suffit parfois d'un éloignement, aussi court soit-il, pour voir plus clair en soi, ou peut-être ne plus voir les choses de la même façon. On quitte, on part pour un ailleurs en se disant « loin des yeux, loin du cœur » et l'on revient sûr et certain que l'euphorie d'un monde nouveau a tout balayé ce qu'on avait laissé derrière soi. On est surtout assuré que la flamme ne brûle plus, que tout est consumé, qu'il a fallu qu'on se retrouve à des milliers de kilomètres pour que « l'autre » n'existe plus... et dès la première rencontre, on se rend compte qu'il subsiste encore quelque part une étincelle qui ne veut pas mourir. C'est affreux de vivre ainsi, car dès qu'on souffle sur ce petit point rouge, on risque de réanimer une flamme qu'on croyait éteinte. Se donner une dernière chance, c'est vouloir mettre à l'épreuve tout ce qui peut rester de ce qui fut, pour tenter d'en faire ce qui sera. Une amie dans ce cas me disait : « Il fut trop court mon voyage, ça m'a perdue ! » Et puis, tenait-elle vraiment à le poursuivre ce voyage... loin de celui qu'elle avait emporté quelque part dans un coin de son cœur ? Non, je suis sûr qu'elle a été plus heureuse au retour dans ce petit restaurant, face à un litre de vin, que sur le sable chaud du Mexique. Plus heureuse parce qu'il était là et qu'elle pouvait tenter, ne serait-ce que pour la dernière fois, de revivre quelques heures un scénario qui lui tenait à cœur. On a beau couper tous les cordons, il restera toujours un bout qu'on garde jalousement avec soi. Se donner une dernière chance, c'est parfois admettre qu'on n'a pas réussi à remplacer l'être cher par un autre. C'est avouer qu'on n'a pas encore rencontré quelqu'un qui puisse nous faire oublier l'autre. Dès lors, on préfère, en bon masochiste sentimental, se retrouver dans un bonheur «en reprise» plutôt que d'être à la recherche de ce qui ne semble pas vouloir venir. La dernière chance, c'est aussi quand l'autre vous laisse savoir par un regard, un mot ou une lettre que le temps a été bien long sans vous. Heureux présage? supercherie? mauvaise foi? Qu'importe! N'avons-nous pas tous le droit de nous tromper une seconde fois? Il est évident que cette dernière chance ne verrait jamais le jour si, en cours de route, nous avions pu vraiment croiser l'amour. Ça prend un amour pour en éteindre un autre, rien d'autre! Le cœur est bien souvent volontaire, le désir aussi, mais si les vibrations ne sont pas les mêmes, si les sentiments ne sont que furtifs et si les écrits se veulent d'une plume plongée dans l'encre du cœur de l'autre, c'est que la récidive a sa raison d'être. Se donner une dernière chance, c'est peut-être s'avouer mutuellement que l'on n'a trouvé ni l'un ni l'autre quelqu'un de plus cher que chacun de nous deux. C'est se regarder et se comprendre sans rien dire. C'est d'un geste pour ne pas dire d'un œil, se murmurer «Et pourquoi pas?» C'est essayer encore une fois sans trop y croire. C'est vouloir, tout en étant sceptique, et c'est finalement jouer sa dernière carte en espérant qu'elle soit de cœur. Faut-il en blâmer le destin? Non, allez-y doucement... mine de rien!

Quand la peine s'atténue...

Quoi ? Vous êtes encore triste face à cette rupture, face à cet être qui a décidé de partir pour vivre sans vous, loin de vous ? Que la décision soit vôtre ou sienne, il est d'ores et déjà certain que, comme dans tout arrêt, vous aurez à traverser un bien pénible sevrage et celui du cœur est sans doute le plus difficile. Oh ! que oui. Car c'est très fragile un cœur et plus on croit qu'il est de marbre, plus on s'aperçoit qu'il est de guimauve. Et pourtant, ce bris dans votre vie, cette rupture qui était inévitable vous la désiriez profondément. Vous la souhaitiez même sans en analyser la blessure cependant. Au début, les deux ou trois premiers jours, c'est comme une délivrance. On se dit «enfin», parce qu'on sait qu'un terrible cauchemar vient de prendre fin. On savoure donc cette liberté retrouvée en se jurant que plus personne ne viendra la brimer désormais. On n'a pas encore mal, parce que l'être parti a laissé une empreinte profonde qu'on ressent jusque dans ses tripes. Le temps s'écoule et c'est autre chose qui survient. On traverse la période la plus difficile de son existence. On ne veut plus qu'il ou qu'elle revienne, mais on n'a pas encore réussi à apprivoiser l'absence, à fermer les yeux sur le passé, à enjoliver sa solitude, à peindre un tableau réaliste de soi sans que l'autre y apparaisse. C'est une adaptation à une vie nouvelle, que votre lien ait duré trente, douze ou seulement trois ans. On se surprend à s'emporter pour un rien, à être irritable, à parfois prendre pour «victimes» de sa désintoxication amoureuse des compagnes et compagnons de travail, quand ce n'est pas tout simplement des amis ou des membres proches de sa famille. Phase pénible que celle du fameux «quinze jours après» mais phase importante à réussir, parce que là est la clef de votre réussite. J'ai toujours dit qu'il fallait savoir se quitter quand c'était inévitable, mais je constate que trop de couples ne se donnent même pas la chance d'être bien l'un sans l'autre. Ils se rappellent, se supplient de revenir, se revoient chaque jour, se téléphonent sans cesse et, finalement, c'est toujours à recommencer. Comment voulez-vous que l'oubli s'installe si vous avivez sans cesse de votre feu la bûche qui ne demande qu'à s'éteindre! Pourtant, il suffirait de peu, de presque rien, d'une semaine ou deux de plus pour que la pluie d'autrefois fasse don à l'un comme à l'autre d'un soleil digne d'une saison nouvelle; celle que vous entreprendrez avec quelqu'un d'autre qui n'attend sans doute qu'un regard mutuel pour être une fois de plus heureux... à deux. C'est en regardant vivre les autres, en disséquant les cas les plus saugrenus que j'ai pu apprendre que fermer la porte, c'est parfois triste, mais que la laisser ouverte pouvait s'avérer tragique. Imaginez-vous au seuil de ne plus avoir mal. Imaginez maintenant que vous ayez à revivre tout ce que vous avez fui en y mettant un terme. Imaginez-vous que dans un mois ou deux tout sera à recommencer! Avez-vous seulement pensé à quel point le sevrage sera plus pénible la deuxième fois? Allez, pendant que ça fait encore mal, allez vers l'invitation de la vie et cueillez, au hasard de votre oubli, les roses de l'espoir. On n'a pas le droit de continuer à être malheureux quand un bonheur nous attend quelque part à un autre tournant. Non, ce n'est pas facile de se quitter, mais quand ça s'impose et que c'est fait, ne faites aucun pas en arrière, vous risqueriez de ne plus jamais être capable... d'en faire un en avant!

Les victimes de la solitude...

Elles sont beaucoup plus nombreuses qu'on peut le croire, toutes ces personnes qui se retrouvent seules et qu'on croit peut-être enterrées. Un certain dimanche de mai, alors que le soleil brillait dans toute sa splendeur, j'en ai profité pour aller faire une marche de santé jusqu'au parc pas très loin de chez moi. Je me disais que c'était là une très bonne façon de me tenir en forme tout en tuant le temps pendant que mon épouse s'affairait en vue d'une sortie prévue pour le soir même. Je me disais intérieurement : « Je vais bien être le seul à être seul en ce lieu de pique-nique. Bah ! qu'importe, je n'y serai que pour une heure tout au plus ! » J'arrive au fameux parc en question et je vois effectivement des familles complètes s'emparer des tables et crier à la mère : « As-tu apporté le ketchup, maman ? » Ils sont nombreux à festoyer, à s'empiffrer de sandwiches, de fruits, de liqueurs douces... tout comme au temps où ma mère nous amenait au parc Jarry. Les hommes ont quelques bières sur la glace et l'on sent que ce sera, pour cette tablée, un bel après-midi en plein air à peu de frais. Ici et là, d'autres familles et plusieurs clans de toutes les nationalités se regroupent pour profiter de la nature et de ce parc qu'on a mis à leur disposition. Je marche, je longe la rivière et j'aperçois, tout près d'un arbre, un homme d'environ trente-cinq ans, complètement seul, qui prend le soleil, sa bicyclette à ses côtés. Il a enlevé sa chemise et s'est étendu sur le gazon frais, mais à l'observer de loin, je remarque qu'il s'assoit sans cesse, regarde autour de lui, sourit à un couple qui marche main dans la main et cherche des yeux quelqu'un à qui parler. Cet homme est tristement seul et ça se voit. Il n'est pas là parce qu'il a envie de prendre du soleil ; il s'est rendu jusqu'à ce parc dans l'espoir d'avoir un être avec qui parler, une personne pour meubler le vide de sa vie, ne serait-ce qu'un moment. Tiens ! voilà une voiture qui se gare tout près de l'entrée et je vois une dame dans la cinquantaine qui en descend. Seule, le regard inquisiteur, elle promène ses yeux sur la foule et va s'asseoir sur un banc avec son livre, à l'endroit où il y a le plus de passants. Non, cette femme ne veut pas profiter d'une douce solitude, elle est là pour la fuir justement. Elle a ouvert son livre pour faire quelque chose, mais n'y a jamais posé les yeux. Elle a regardé autour d'elle et s'est mise à parler à un tout petit enfant. Cinq minutes plus tard, elle était en grande conversation avec les parents et son visage était illuminé. Plus loin, c'est une jeune fille qui se promène les bras croisés tout en jetant à gauche et à droite des regards sur ceux qui, tout comme elle, sont seuls. Là, c'est un vieil homme complète-ment seul, un homme accablé par le poids des ans, qui, assis sur un banc, tente avant de mourir d'ennui de raconter quelque peu sa vie. «Belle journée, n'est-ce pas ? » et me voilà arrêté pour lui répondre : «En effet et ça fait du bien ! » Il n'en fallait pas plus pour qu'il me raconte son désarroi, la mort de sa femme, ses enfants au loin et ses interminables journées dans le petit logement qu'il avait gardé. Oui, ça existe la solitude et nombreuses en sont les victimes. Et si vous saviez comme les plus seuls dans la vie sont souvent ceux qu'on pense entourés d'amitié et de parenté. Est-on aussi seul qu'on veut bien l'être ? Peut-être, puisque je l'ai déjà prôné, mais il y a parfois des impossibilités à être avec quelqu'un et il y a aussi de ces solitudes à deux qui font qu'on se retrouve souvent seul avec ses pensées au hasard d'une allée. C'est sans doute ce qui est arrivé à plusieurs de ces âmes en peine, croisées en cet après-midi de mai !

En effeuillant la marguerite...

« J'me marie, j'me marie pas »... et les pétales se décrochaient un à un de la tige de la fleur. C'était au temps où toute jeune fille romantique rêvait du prince charmant. Ça n'a guère changé, vous savez, et si l'on ne prend plus la marguerite comme complice, les cœurs esseulés rêvent tous en silence d'avoir quelqu'un à aimer. Dans notre monde où tout va si vite, trop vite devrais-je dire, on se rencontre, on se retrouve au lit quelques jours après, quand ce n'est pas le même soir. On part vivre ensemble, on se chamaille... et on se quitte. Oui, aussi vite que le déroulement d'une bande dessinée. Et l'on viendra me dire après que les sentiments avaient pourtant leur place. À une telle vitesse ? Allons donc ! Le temps des fréquentations est, à mon humble avis, la plus belle phase de l'amour entre deux êtres à qui le soleil a fait un clin d'œil. Si seulement on avait assez de doigté pour bien l'employer, pour agréablement le prolonger. Se rencontrer, sentir une certaine électricité, se plaire, dîner en tête-à-tête et se quitter sur un bonsoir avec l'envie de se revoir, voilà le plus beau des préambules. C'est dès ce moment que le rêve prend place pour se poursuivre aussi longtemps qu'on saura l'alimenter. Il en tient donc à vous pour que le prologue n'atteigne pas trop rapidement le premier chapitre d'un grand amour. Oui, il faut quasiment que le cœur se lamente un peu si on veut finir par être vraiment heureux. Les premières étapes, les plus belles qui soient, devraient consister en merveilleux appels téléphoniques, en rencontres fortuites et sans but précis pour le lendemain, en envois de fleurs, en billets doux. On n'a pas le droit d'enfreindre la moisson d'un bonheur par une récolte qui n'a pas eu le temps de mûrir. Le bien-être d'une fréquentation, c'est de se rencontrer, d'avoir des choses à s'avouer, des sentiments à partager. Le seul fait de sentir l'autre là, juste à ses côtés... et les plus belles images naissent. Seraient-elles celles d'un mirage qu'aucun vent ne saurait les souffler de nos pensées. Ces instants où l'on se prend la main timidement, maladroitement. Ce moment où l'on retient son souffle, quel acquis pourrait le remplacer. On se désire, bien sûr, on voudrait en arriver à vivre pleinement cet amour, mais on fait durer le plaisir pour que le rêve prenne des proportions dépassant de beaucoup la réalité. Quand il ou elle s'en va, on se dit : « C'était pourtant le moment d'aller jusqu'au bout de moi » et l'on retient amoureusement le temps, de peur d'être déçu par l'heure de la tombée. Quel doux manège de s'aimer ainsi sans s'être encore aimés ! Puis un jour, on entame le premier chapitre. On se glisse dans ses bras, on se meurt dans ses draps... et l'on regrette déjà cet hier qui nous faisait rêver encore. Non pas que ce soit toujours un mauvais pas, loin de là. Il faut bien avancer, même en amour, mais c'est bien souvent au moment où l'on consomme que peu à peu... tout se consume. Le rêve fait place à la réalité, on se connaît jusqu'aux entrailles, on possède, on vit intensément, mais on ne parle plus de la bicoque qu'on avait dessinée juste pour deux. Si le résultat est tel que prévu, c'est qu'on avait habilement peint la toile. Si ce n'est pas le cas, on se désespère de ne plus pouvoir retrouver le charme du canevas. Quand on en est à se regarder sans ne plus rien dire, à savoir où sont les pantoufles de l'autre, à s'apercevoir que nos levers sont semblables à ceux du voisin, on se rend compte et vite qu'il aurait mieux valu effeuiller... sans cesse la marguerite !

Je voudrais être...

... celui qui chaque matin se lèverait pour toi, te tendrait la main et t'inviterait à partager de la fenêtre les premiers rayons d'un soleil qui viendrait gentiment percer nos cœurs aimants. Celui qui d'un sourire t'entraînerait jusqu'à cette petite table où croissants et café chaud seraient au menu d'un doux quotidien. De là et dès lors, une rose blanche inerte dans un vase se ferait l'emblème de notre constance. Je vois d'ici ce décor matinal et j'entends, se mêlant au chant des oiseaux, les premières notes d'un tendre concerto se déposer telle une lueur sur une petite nappe aux teintes de nos deux cœurs. Je voudrais être celui qui partirait pour le travail sachant que, derrière un rideau mal fermé, tu me soufflerais de la main le plus chaleureux des baisers. Celui qui, entre dix heures et deux heures, pourrait t'appeler juste pour savoir comment s'écoule ce temps... qui fait que tu m'attends ! Je voudrais être celui qui chaque soir rentrerait pour mieux te serrer dans ses bras, te couvrir de baisers et te dire à quel point tu m'as manqué. Celui qui saurait apprécier ce gentil souper à la chandelle, ce vin à la lie éternelle et ces chansons d'amour qu'on écrit pour les heureux retours. Je voudrais être celui qui saurait partager le moindre ennui, la plus petite joie, et qui ferait en sorte que la lune du soir succède avec emphase à l'astre du matin. Celui qui, sur un oreiller de soie, pourrait t'avouer à quel point il peut t'aimer, sans même que tu lui demandes pourquoi. Je voudrais même que le pendule s'arrête parfois, pour que plus longue soit l'étreinte et que le jour suivant s'amène sans que nous ayons pu fermer les yeux. Plus encore, je voudrais être celui qui serait de ton âme la moindre flamme, de ton cœur le brasier ardent, et de tes rêves un soubresaut sans trêve. Je voudrais être capable de parler aux nuages, être l'accalmie des orages et découvrir dans ton regard les joyaux d'un coffre aux trésors. Je voudrais être là quand tu aurais besoin de moi, sentir que toi et moi, nous ne pouvons nous passer l'un de l'autre. Imagine un peu ce que pourrait être un monde inventé pour nous deux. Oui, je voudrais être celui qui pourrait cueillir du jardin un bouquet en décembre et parsemer tes cheveux de neige en juillet. Celui qui pourrait chaque jour faire de tes soupirs une avalanche de désirs. Prendre mon âme, l'humecter de la tienne et en laisser éclore les bourgeons d'un roman écrit à l'unisson. Je voudrais être celui qui, derrière une porte close, pourrait s'imaginer que le bonheur peut s'habiller de prose. Déposer à tes pieds le glaive de ses sentiments et en trancher les émotions pour te nourrir de sa passion. Oh ! comme j'aimerais être celui qui pourrait faire de cette terre... ton paradis. Celui qui bien souvent viendrait te demander humblement si, contre vents et marées, ton cœur n'a pas cessé d'aimer. Celui qui s'interrogerait à savoir si, en vertu des ans, le cœur peut survivre d'espoir. Si, sans me le dire, tu pourrais passer ta vie à me suivre. J'aimerais être celui qui, avec ses failles et ses fautes, saurait te convaincre qu'il n'y a pas d'amour comme le nôtre. Celui qui ferait d'un ruisseau un océan, d'un pois de senteur... un géant. Celui en qui tu pourrais croire, en qui tu pourrais avoir confiance au gré des indulgences. Celui qui un jour s'éteindrait tout contre toi, en silence, dans une douce paix, emportant dans l'au-delà de ton image, le reflet. Oh ! oui, Dieu que je voudrais être celui... si seulement tu voulais être l'autre !

La dernière chance...

Si seulement on pouvait savoir quand elle arrive cette dernière chance que l'autre nous accorde avant de tourner à tout jamais la page d'un bel amour. Oh ! comme nous l'aurions évitée, l'erreur qui fut fatale à notre cœur. Trop de personnes s'imaginent que la patience est une vertu sans limites. Trop d'êtres en amour pensent que l'autre aimera toujours en dépit de tout ce qu'ils peuvent lui faire endurer, pour ne pas dire souffrir. Trop sûrs d'eux, ils jouent avec le temps au nom des sentiments sans s'apercevoir que la dernière étincelle est à deux lueurs de s'éteindre. On commet des bévues, on blesse celui ou celle que pourtant on aime et l'on s'attend, tel un enfant, à être pardonné de ses fautes impunément jusqu'à la fin des temps. On se dit inconsciemment : « Bah ! il a passé l'éponge lors du dernier hiver, il a fermé les yeux pas plus tard qu'hier, pourquoi m'en faire ? » Grave erreur de jugement, car vient toujours le moment où plus rien n'achètera le pardon sur lequel on se couche comme sur un lit de roses. À chaque écart de conduite, c'est pourtant un pétale qui tombe de la marguerite, mais imbu de son pouvoir sur le cœur de l'autre, on ne voit même pas à quel point les émotions s'allègent au fur et à mesure que le vase se renverse. La dernière chance, c'est peut-être celle que vous prendrez demain en pensant qu'une fois de plus un tendre baiser viendra effacer les actes reprochés. C'est si sournois l'amour, surtout quand la tolérance en a fait le tour. Il arrive donc qu'un beau matin, comme d'habitude, avec certitude, on s'excuse encore une fois en quête d'une absolution. On va jusqu'à prétendre que « ça va encore passer », que l'autre sera en mesure de comprendre ce qu'il a trop longtemps accepté. On se couche inquiet, mais on se croise les doigts et l'on mise encore une fois sur le partage d'un avenir. D'ailleurs, n'est-ce pas toujours à l'être aimé qu'on jure de ne plus jamais recommencer ? N'est-ce pas à ce cœur que l'on confie sa peine et son angoisse ? Quand on sent la soupe chaude, on implore un dernier sursis. Et quand l'autre accepte avec un sourire empreint de bonté, on est fier d'échapper un « ouf » d'avoir encore gagné. Puis un jour, bêtement, sans avis, sans le moindre regret, l'autre nous dit que c'est fini. On sursaute, on implore, on promet, on va même jusqu'à jurer… comme d'habitude, mais le plus beau poème de Baudelaire ne peut ramener l'être pourtant si cher. Un bouquet de violettes, quelques larmes, deux ou trois lettres… et rien, plus rien ne ravive la terre trop mal ensemencée. La dernière chance, c'était celle qu'on avait prise juste avant que le cœur de l'autre s'octroie une délivrance. On pensait bien que c'était l'avant-dernière. Mais non, c'était la dernière et l'injure de plus se devait d'être notre dernière prière. Le pire dans une histoire d'amour, c'est que l'on sait que, tôt ou tard, tout vient à s'éteindre à force de mal étreindre. C'est à jouer ainsi avec l'autre qu'on en vient à le perdre. On lui reprochait sa méfiance, faute d'être capable de lui redonner confiance. Si le cœur est parfois sans issue, la bonté a ses limites. Bien sûr que l'autre aura aussi mal que vous quand arrivera l'heure du départ, mais un autre cœur viendra doucement déposer un baume sur la plaie. Et vous dans tout ça ? Triste portrait n'est-ce pas ? Parce que vous l'aimiez sincèrement ? Parce que vous n'avez rien tenté pour sauvegarder cet être pour lequel vous viviez ? Trop tard et tant pis. C'est à jouer avec sa dernière chance que bien souvent l'on meurt… à défaut de n'avoir pu protéger son bonheur !

Ç'aurait pu être merveilleux...

... se dit-on, quand tout s'arrête avant que rien commence. Il y a parfois de ces rencontres si brèves qu'on se demande si on en a vu l'éclosion. Comme si le vase sacré qu'on tenait précieusement entre ses mains s'écrasait bêtement sur un plancher de marbre. Déchirure, sans doute, et droite au cœur à part ça. Mais qui sait si les quelques larmes de rejet ne valent pas toutes celles qui auraient pu être de regret. Oh ! comme il est doux de penser que la raison peut l'emporter sur les sentiments de cette façon. Non, on préfère se dire que c'est injuste, qu'on ne s'est même pas donné la chance, qu'on aurait pu être heureux sans même chercher à comprendre, que le bonheur se bâtit sur mille et une petites choses et non sur un bouquet de roses. Amours brèves ? Ailes brisées au premier envol ? Et qui peut dire que le premier chapitre eût été digne du prologue ? On ne peut sans cesse être sur un nuage bleu et croire que jamais rien ne viendra le crever. Si tout se passait exactement comme dans les romans, que de belles histoires nous aurions en mémoire ! Hélas, la vie à deux n'est pas qu'un long poème auquel on ajoute les plus belles rimes. Ce n'est pas qu'une chanson avec un amour et un toujours. Il est évident qu'au départ on ne sent que le parfum enivrant de la romance, mais si le flacon se renverse, c'est que quelque chose n'allait pas. Là, on s'interroge maladroitement, à savoir si c'est l'autre ou soi qui n'a pas su faire les gestes pour retenir. On se demande ce qu'on a pu faire pour déplaire et, la plupart du temps, on est porté à en prendre le blâme, comme si le fiel des événements se devait de toujours se déposer sur

[212]

notre langue. Une relation éphémère est, croyez-moi, beaucoup moins pénible qu'un interminable hiver. Le drame, c'est que le rêve ne meurt pas. Trop loin encore de la réalité, nous en sommes encore au songe des nuits d'un bel été. On évoque une pensée, on peint un paysage, on s'imagine main dans la main envers et contre tout, et on va même jusqu'à fabuler au gré de l'irréel. On ne pense pas un seul instant que le quotidien n'est pas qu'un voyage de l'âme, que la vie à deux n'est pas qu'une musique qu'on écoute sans cesse yeux dans les yeux. On ne voit que le beau et c'est normal puisqu'on ne s'est pas rendu au premier coin de rue. Et pourtant ! Si l'amour avait dans ses cordes ce pouvoir d'analyser tout ce qu'il comporte. Mais qui donc veut être grammairien quand le « sujet » s'accroche au cœur ? Les gens qui aiment sont ainsi faits. Mal faits, oserais-je dire, parce qu'ils ne pensent pas une seconde que tout être humain peut être aussi tendre qu'immonde, aussi vrai que faux… avec ses qualités et ses défauts. Ne vaut-il pas mieux essuyer un ruisseau du revers de la main qu'un océan avec un mouchoir jamais assez grand ? Ignorant du contenu de nos pages, on se dit « ç'aurait pu être merveilleux »… et c'est peut-être vrai. Mais qui sait si le temps était vraiment le temps voulu ? Qui sait si ce qui vient clairement de s'éteindre n'a pas encore sur son brasier une étincelle qui subsiste ? Que vous soyez celle ou celui qui a dit « c'est fini » ou que ce soit une décision partagée, laissez au temps le soin de vous confirmer si c'est vraiment terminé. Faites de ce jour qui se lève l'an un de votre vie amoureuse, tout en gardant au fond de vos artères un sillon prêt à être ensemencé si ce bonheur vous fait encore de l'œil. Si c'est vraiment la fin avant même le commencement, soyez assez réaliste pour comprendre que, dans un prochain tournant, avec quelqu'un d'autre, ce sera peut-être beaucoup plus… que merveilleux !

Une fleur, un émoi…
et voilà qu'un cheveu de toi
… se meurt
entre mes doigts !

Au gré des événements

Corinne... à son grand-père !

Bien sûr que cette belle enfant de six mois est d'abord et avant tout à son père et à sa mère. Elle est également le bébé adoré de ses quatre grands-parents, de son parrain, de sa marraine... Mais quand on prend de l'âge, on est un tantinet porté à être égoïste ! Oui, je suis depuis six mois grand-père pour la première fois et fier de l'être. Je ne l'avais pas dit à mon fils, mais je souhaitais bien que son épouse « me donne » une belle princesse. Je ne sais trop pourquoi, mais j'ai l'impression d'avoir davantage le tour avec une petite fille qu'avec un garçon. Si je me réfère à la mienne alors qu'elle était toute petite, je me rappelle combien elle était affectueuse et comme il faisait bon sentir sa petite tête sur ma poitrine pendant que je lui fredonnais quelques chansons. Je me demandais bien quel effet ça me ferait d'être grand-père, moi qui prenais ça au début comme « un coup d'vieux ». Mais non, c'est tout simplement merveilleux quand on a ce petit être entre les bras et que l'on sent que c'est, dans une division à quatre, une prolongation de soi. Les premières semaines, je la prenais gauchement, ayant peur d'être maladroit. Dieu qu'on oublie vite ce qui a pourtant été notre lot autrefois ! J'avais mille et un prénoms en tête pour elle et voilà que mon fils Michel m'arrive avec « Corinne ». Avouez que c'est fort joli d'autant plus que les prénoms de mon temps ne sont plus à la mode maintenant. Je l'ai tout de suite adoptée au point de m'ennuyer maintenant quand elle ne vient pas le samedi soir gentiment... me déranger ! C'est sûr que je plaisante en écrivant ces mots, car vous devriez voir ce jeune grand-père que je suis (hum) qui ne la laisse pas d'un pouce… sauf pour changer les couches ! À chacun son tour n'est-ce pas ? N'avons-nous pas eu notre part de cette horrible tâche, ma femme et moi ? Corinne est de plus en plus fine et vous devriez la voir s'éveiller devant tout ce que je lui fais voir de la chambre jusqu'au boudoir. Le pire, c'est que déjà elle veut tout empoigner. Ah ! la même manie que son père autrefois ! Le plus drôle, c'est que chaque fois et de la part de tous, on entend : « Elle ressemble à sa mère » ou bien « Elle est pareille comme son père ». Ma femme s'écrie parfois : « Tiens ! c'est Michel tout craché ! » quand elle ne veut pas dormir et je suis certain que les parents de Roxane la comparent à leur fille, de leur côté. Le plus difficile, c'est de l'affubler de quolibets qui ne vont pas choquer les parents. Moi, je n'aimais pas bien ça quand ma mère appelait mon fils « son p'tit cochon » et que ma fille a hérité de « Bobinette ». Voilà que j'en suis là, à l'appeler affectueusement « ma poupée », « ma princesse » ou « ma dodue »… même si sa mère fronce les sourcils. Pour sa part, elle l'appelle « sa puce ». C'est bien gentil, mais la puce a pris du poids n'est-ce pas ? Être grands-parents, c'est revivre instantanément toutes les joies et… les ennuis qu'on a eus avec nos petits. Non, ce n'est pas toujours rose et mon fils et ma bru en savent quelque chose. Par contre, pour nous qui la voyons occasionnellement, c'est une joie que de la gâter, de lui passer déjà tous ses caprices… tout comme on l'a fait envers nos enfants jadis. Ma femme la comble de petites robes, et moi, je lui ai déjà acheté un premier jouet. Je sais fort bien cependant que dans quelques mois ce sont les bibelots du salon qui vont attirer son attention. Ah ! Seigneur ! je vois d'ici le jour et l'heure ! Qu'importe ce qu'elle fera, nous fermerons les yeux et moi, je serai toujours fier de clamer que ce bel ange que je vous présente… est la Corinne à son grand-père !

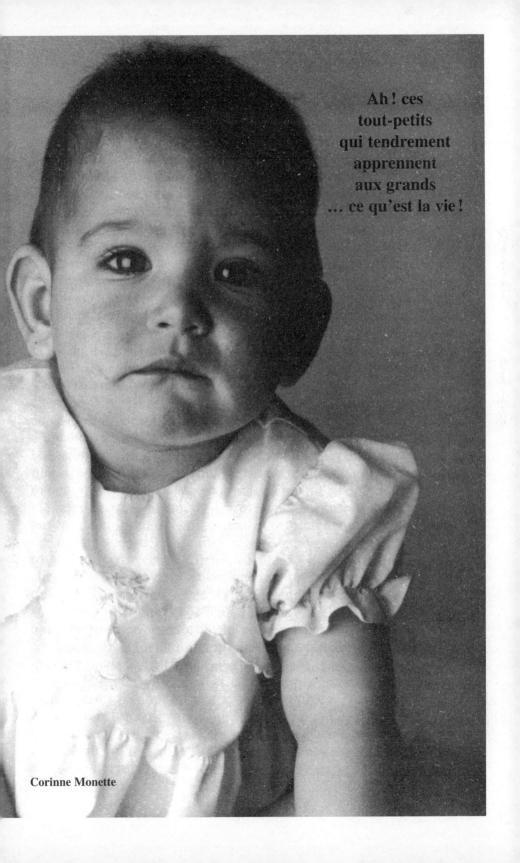

Ah ! ces
tout-petits
qui tendrement
apprennent
aux grands
... ce qu'est la vie !

Corinne Monette

Une qualité de vie...

Il est inconcevable de constater à quel point les gens tiennent à la vie sans se soucier un seul instant... de la qualité de leur vie. Je vois constamment des gens prendre « un coup solide », sachant fort bien que le lendemain ils auront à le payer chèrement. Ils ont le foie malade, les artères bloquées et poursuivent le manège en s'en foutant éperdument. Ils mettent deux jours à se remettre sur pied et à la moindre occasion ils recommencent. C'est vrai que l'ivresse se veut plus forte que les promesses, mais quand même ! J'en vois d'autres qui fument, qui toussent, qui ont de la misère à se gargariser le matin et qui n'arrêteraient pas pour tout l'or du monde. Pire, l'un d'eux m'avouait dernièrement, cigarette au bec... qu'il était asthmatique ! Pour certaines personnes, c'est la nourriture qui est leur plus beau clou de cercueil. Ils mangent des plats riches en cholestérol, comme de la saucisse de porc dans une sauce épaisse, et arrosent le tout d'un vin rouge. Pour dessert ? Rien d'autre que tout ce qui se fait avec de la crème fouettée. Ils ont la bouche pleine et le cognac vient se mêler au dessert déjà plus que riche. Leur taux de cholestérol est si élevé qu'on ne leur voit même plus le blanc des yeux, mais ça ne fait rien. On n'a qu'une vie à vivre, disent-ils. D'autres, avec des intestins fragiles, se gavent de croustilles et de « pinottes » et se plaignent ensuite d'avoir des crampes dans le bas du ventre. Ils pensent que le temps va tout arranger avec un Bromo Seltzer dans la main. Le plus curieux, c'est que ce sont ces gens qu'on pense en bonne santé qui ne font aucun effort pour leur santé, pendant que des personnes handicapées surveillent allègrement la leur. Si vous saviez tout ce qu'on a à apprendre de ces gens dont la santé est hypothéquée. Eux ont compris depuis fort longtemps qu'on pouvait avoir une très belle qualité de vie… même en fauteuil roulant. La qualité de la vie, c'est celle qu'on lui donne et ne venez pas me dire que chacun d'entre nous ne connaît pas ses points faibles. Il est évident que nous avons tous, de temps en temps, ce que j'appelle des écarts de conduite. Moi aussi je devrais faire de l'exercice et éviter ainsi un stress trop fort parfois… et je remets souvent au lendemain ce que je devrais faire le jour même. Je ne suis guère mieux que tous ces gens « en bonne santé » dont je parle, mais j'en ai au moins conscience et il m'arrive assez régulièrement de faire des efforts pour m'améliorer. Je vois des jeunes, des mordus de *fast food*, qui ne se plaignent même pas d'être obèses pendant que de véritables obèses par hérédité cherchent à retrouver leur souffle par de multiples efforts. Faut-il vraiment être en face d'une maladie grave, que souvent l'on provoque soi-même, pour s'apercevoir que la qualité de notre vie est ce que nous avons de plus cher ? Faut-il vraiment que le diagnostic s'avère sur le point d'être fatal pour songer qu'on aurait pu prolonger sa vie si on avait été plus conscient. Moi, le porc frais, je ne le digère plus comme à vingt ans et le vin rouge me donne un mal de tête que je n'avais pas jadis. C'est peut-être plus jeune que j'aurais dû l'apprendre, mais au moins j'ai fini par le comprendre ! Le jour où l'on cessera de penser que tous les fléaux de la terre sont pour les autres, on en viendra peut-être à cesser de jouer avec sa santé. On n'a qu'une vie à vivre ? Alors, pourquoi ne pas la bien vivre. On doit tous un jour mourir ? Bien sûr, mais se doit-on pour autant en abréger ses jours ? Non. La qualité de la vie, c'est faire en sorte de n'avoir pas à faire son mea culpa quand viendra l'heure de partir. C'est peut-être en soignant sa qualité de vie chaque jour qu'on souffrira moins… quand viendra son tour !

Certains jours...

Est-ce la pluie ? la fièvre du printemps ? la lassitude ? Je ne sais trop, mais je pense qu'il arrive à tous de vouloir tout foutre en l'air et se laisser bercer au gré de sa bohème. Certains jours, c'est exactement comme ça que le cœur se lève et, qu'on le veuille ou non, on voudrait le laisser aller jusqu'au bout de l'ivresse, jusqu'au dernier battement de sa propre fièvre. On ne sait plus que faire, qui aimer, que penser ou encore avec qui partager. C'est comme si l'on était seul dans un sous-bois avec une écorce de bouleau sur les yeux. On pense en vain et on repense à tout ce qui s'est avéré néfaste pour avoir soudain le goût d'y replonger et risquer un second naufrage. Oh ! comme le cœur peut se vouloir indiscipliné quand la pensée se fait vagabonde ! Comme il peut être difficile certains jours d'avoir toute forme de retenue, en toute âme et conscience ! On sait que les idées qui nous habitent sont contraires aux lois qu'on a pu s'imposer, mais c'est comme si l'on désirait se brûler jusqu'à l'os ! On a la paix et l'on se cherche une guerre. Insensé n'est-ce pas ? Mais la nature est ainsi faite et l'humain n'est pas toujours maître de son navire. Ce qui serait sage serait sans doute de prendre un bon livre, de s'évader de ses mauvaises intentions ou de carrément plonger dans les bras de Morphée afin d'oublier que le diable nous tente. C'est à le fuir ainsi qu'on peut certes se réveiller ensuite frais et dispos avec un esprit neuf et un cœur allégé. Mais non, certains jours, on dirait qu'on s'est levé sous le signe de la bêtise et qu'on préfère en avoir du regret que d'en avoir encore envie. On veut aller au bout de soi sachant que la note sera dure à payer et que le remords viendra encore une fois gratter un ulcère. Finalement on a le goût de tout parce qu'on a le goût de rien ou encore parce que, ce qu'on veut vraiment… s'avère impossible à ce moment ! Ah ! ce que le dépit peut faire quand il perd contrôle ! D'autres vont partir sans regarder derrière eux noyer le tout dans un verre, d'où le départ pour un petit enfer. Il pleut dehors et je suis là à vous dire tout ce que le cœur a envie de faire, certains jours, quand il a mal. Il est évident que vous vous attendez à ce que je trouve le remède préventif, mais n'allez pas croire que je sois doué de toutes les facultés. Je pourrais certes vous dire de prendre une bonne douche froide ou de vous frotter les yeux. Je pourrais aussi vous conseiller de rentrer vite à la maison. Je pourrais vous suggérer de vous enlever toutes ces idées noires de la tête et d'essayer de voir à travers ces nuages gris, un soleil qui vous éloignera de toute intempérie. Il est si facile de dire et si pénible de faire… quand le cœur a décidé d'être gavroche. Tout ce que je peux ajouter, c'est que certains jours, ce n'est pas péché d'entraver sa petite conscience, en autant qu'on ne blesse personne, que le mal soit minime et que le cœur n'en pleure pas. Tiens ! il pleut encore ?

Tenir un enfant dans ses bras...

N'est-ce pas là le plus beau geste d'amour que puisse s'offrir un jeune homme qui devient papa pour la première fois ? Je me souviens de cette joie immense alors qu'à l'aube de ma vingtaine je serrais contre moi mon tout premier-né. Et voilà que ce fils que j'ai protégé, que j'ai vu grandir et que je n'ai jamais cessé d'aimer vient d'être à son tour, tout comme moi jadis, papa d'un bébé qu'il fait bon étreindre contre soi. En effet, le temps passe vite et mon petit Michel bien à moi vient de me faire cadeau d'une charmante petite-fille prénommée Corinne. Il est évident que son épouse Roxane a eu plus que sa part dans ce don du Ciel, mais comme c'est dans quelques jours « la fête des Pères », je voudrais cette fois m'attarder sur ces jeunes pères qu'on oublie trop souvent d'honorer. Bien sûr qu'ils n'ont pas fait le trajet que nous, pères d'une autre génération, avons franchi, mais le seul fait d'en porter fièrement le titre leur vaut un hommage bien précis. Dès qu'on est père, dès qu'on tient un enfant dans ses bras, c'est une partie de sa vie qui s'en va, parce qu'on la donne à l'enfant qui compte beaucoup plus que soi. Ces jeunes pères de l'heure auront à traverser, tout comme nous, les péripéties d'une combien belle mais énorme responsabilité. Ils devront apprendre à s'oublier, à ne plus espérer dormir des nuits entières, à bûcher sans cesse pour que l'enfant soit à la hauteur de ce qu'ils en attendent. La maman est là, à presque tout prendre sur elle, mais papa se doit de partager sans se restreindre, sans compter. En prenant de l'âge, un père se voit choyé par tous les cadeaux qui s'amènent en guise de gratitude. Jeunes, c'est en silence qu'ils fêtent ce jour et le plus beau cadeau qu'ils puissent déballer, c'est le sourire attendri d'un petit être, pour y découvrir un premier regard de reconnaissance. Ce bébé qui sommeille sur son épaule, ce poupon qui se sent bien au chaud contre sa poitrine… et voilà que le cœur d'un jeune père oublie en un moment toutes les petites « misères ». Je regarde mon fils et je me revois, tel qu'autrefois, à penser que « la fête des Pères » c'était pour les papas beaucoup plus vieux que moi. Mais non, rassurez-vous jeunes pères, chacun aura sa juste part, et la vôtre, c'est d'avoir à votre tour la plus belle raison de vivre qui soit. Le colis de l'événement est bien petit, mais je donnerais beaucoup pour n'avoir que celui-là encore dans mes bras. Bientôt, très bientôt, les premiers pas et les premiers mots s'ajouteront, et c'est avec moi que vous les noterez au calendrier de ces premières années. Pour ce qui est de la suite, vous ferez comme nous, vos aînés, sans même en compter les journées. Ne dit-on pas « père un jour, père toujours » ? Et pour nous, pères de l'autre temps, notre plus grande fierté est de nous voir nous prolonger dans nos enfants. Cette année, le plus beau cadeau que je pouvais espérer est ce petit être que je tiens aussi dans mes bras, avec la même tendresse qu'autrefois. Et ma plus grande joie sera certes le jour où Corinne viendra m'encercler de ses deux petits bras pour me chuchoter… « Bonne fête, grand-papa ! »

L'argent... et les rêves !

Ah! ces fameuses loteries. Combien de rêves elles engendrent et combien de lueurs d'espoir elles sèment au cœur de ceux qui croient que l'argent, c'est le bonheur. Ma vieille mère disait que l'argent n'avait le don que de rendre les petits malheurs un peu plus confortables. Remarquez que je n'échappe pas à la règle des «jeux de hasard» et qu'il m'arrive comme à tout le monde de penser à ce que je ferais si je gagnais du jour au lendemain un million. Ce serait bête de ne pas y penser, non? À mon âge, il est évident que les rêves ne sont pas les mêmes qu'à vingt ans. Non, je ne voudrais pas d'une grosse Cadillac ou d'une maison avec piscine intérieure et chalet dans le Nord pour faire la fête toutes les fins de semaines. Moi, si je gagnais le gros lot, j'en profiterais pour songer au doux repos du guerrier. C'est-à-dire que je ferais de mes journées ce que je n'ai jamais pu faire de mes dures années de labeur. J'écrirais encore, bien sûr, car l'argent ne vous éloigne pas de vos passions premières. Cependant, il y aurait un peu moins de papier à mon horaire. J'en profiterais pour vivre un peu, visiter les pays dont j'ai rêvé, dormir plus tard le matin et semer autour de moi un jardin de joies matérielles pour mes enfants et pour ceux qui me sont chers. Je ferais en sorte qu'ils profitent de tout ce dont je n'ai pas profité faute de temps parce qu'il me fallait travailler avec acharnement. Bref, je pense que cet argent tombé du ciel servirait beaucoup plus à d'autres qu'à moi. Il vient un temps dans la vie où l'on se rend compte que l'argent n'achète pas tout et que les besoins n'ont plus l'importance qu'on leur accordait. Somme toute, il vient un temps où l'argent s'amène trop tard pour soi et juste assez tôt pour les autres. Non, l'argent n'achète pas tout, fort heureusement, et ne rend pas les gens plus heureux pour autant. Si l'on peut, avec ce tas de billets, s'enrichir de biens matériels, on ne peut pas s'acheter une vie nouvelle. Ce que l'argent n'achète pas, c'est la santé, les enfants qu'on n'a pas, la foi, les sentiments, le bien-être de soi… et l'amour. N'est-ce pas là au départ ce que tout être humain désire obtenir par ses propres moyens ? Vous savez, il vaut mieux parfois être un pauvre heureux qu'un riche malheureux. Je connais des millionnaires qui sont plus seuls sur leurs liasses que de pauvres hères sur leur paillasse. Si on n'a pas su créer avant d'être riches de solides amitiés, on ne trouvera par la suite qu'une « cour » d'opportunistes. Si on n'a pas su aimer avec son cœur et quelques sous dans ses poches, après on doit se demander sans cesse si c'est en échange de la bourse qu'on recueille l'affection et la tendresse. J'ai la vague impression qu'on doit devenir plus que méfiant à la moindre occasion. Dieu qu'on doit s'en poser des questions quand « les amis » s'amènent. Comme on doit les scruter ceux qui s'attachent encore à nos valeurs humaines. Moi, je suis convaincu qu'un million ne changerait pas ma vie, mais je suis sûr aussi qu'il m'aiderait à mieux en cerner les angles. Ce qui veut dire qu'à devenir soudainement riche on peut avoir sa juste part de bienfaits si on garde bien droite sa tête sur ses épaules. Hélas ! ce n'est pas toujours de cette façon que pensent les « gens à millions » et je me demande si, à un certain moment, ils n'en viennent pas à regretter leurs petites misères d'antan. Oui, parce que bien souvent le bonheur, c'est bien peu de choses quand le cœur ne devient pas un tiroir-caisse. Ai-je tort ? Ai-je raison ? Je ne peux l'affirmer n'étant pas encore un gagnant. Mais ce que je sais et que je ressens, c'est qu'il y a certains rêves qu'on ne pourra jamais réaliser… même avec tout l'or du monde entier !

Ce tout premier emploi…

Pas facile à décrocher n'est-ce pas ? Nous n'en sommes plus à l'époque où commencer au bas de l'échelle était la chose la plus facile à faire afin d'acquérir l'expérience nécessaire. De nos jours, c'est quasiment un miracle que de décrocher un emploi avec un bac universitaire en main et les meilleures recommandations qui soient. Je le sais fort bien puisque deux de mes enfants fraîchement gradués de l'université ont à essuyer les nombreux refus à leurs demandes. On leur répond, bien sûr, avec une très belle lettre imprimée d'avance, le regret de n'avoir aucune place pour eux dans leurs rangs. C'est tellement vrai que ma fille a dû s'exiler en Saskatchewan pour pouvoir enseigner et acquérir de l'expérience qui ne fera plus d'elle l'an prochain… une fille à la recherche d'un premier emploi. Le pire, c'est que dans les quotidiens on a des pages d'annonces répondant exactement à ce que ces jeunes cherchent et ce pourquoi ils ont étudié. Chaque fois, je l'ai constaté, on ajoute « au moins deux ans d'expérience ». Comme réquisition, c'est peu dire et, à ce compte, je me demande bien où les gradués vont la trouver et l'acquérir cette fameuse expérience qui leur permettra ensuite de postuler des postes pour lesquels ils sont qualifiés. Si personne ne leur donne la chance d'exploiter leurs premières armes, comment peuvent-ils s'en sortir et s'ancrer dans une carrière choisie. Pas surprenant qu'il y ait autant de chômeurs instruits puisque pas un employeur, le gouvernement inclus, ne veut donner une première chance à ceux et celles qui ont bûché pendant des années afin de sortir avec le fameux diplôme qu'ils finiront par accrocher sur leur mur sans pouvoir s'en servir pour autant. C'est à n'y rien comprendre puisque ce sont justement ces jeunes de la relève qui coûtent le moins cher puisqu'ils sont prêts, tout comme nous, certificats à l'appui, à commencer au bas de l'échelle. Dernièrement, un jeune homme me disait être retourné à l'université afin d'y obtenir une maîtrise n'ayant pu décrocher un emploi avec son bac. Pauvre lui ! Avec une maîtrise, il en sera encore au palier du premier emploi à sa sortie et comme cette maîtrise commandera un salaire plus élevé, on choisira encore une fois un candidat moins onéreux avec juste un bac comme bagage... et deux ans d'expérience à l'appui ! Chaque gouvernement veut créer des emplois et encourager de plus en plus la jeunesse à se diriger vers de hautes études. Je me demande s'ils ne devraient pas plutôt les inciter à se lancer dans divers métiers où la chance de gagner sa vie est peut-être plus facile. Moi, dans le domaine du journalisme, j'ai toujours été heureux de donner à des jeunes cette première chance qui leur a ensuite permis de décrocher autre chose. Si personne ne le fait, comment pourront-ils prouver ce dont ils sont capables ? Mon fils est diplômé en orientation scolaire et professionnelle et tous les refus qu'il a essuyés jusqu'à maintenant sont dus, croyez-le ou non, à « son manque d'expérience ». Il a tout ce qu'il faut, mais personne ne veut lui donner sa chance, personne ne veut lui laisser mettre en pratique ce qu'il a appris en théorie. Il a de plus un permis d'enseignement et, encore là, il n'a « pas d'expérience ». Je suis certain qu'il n'est pas le seul dans son cas et je le déplore aussi au nom de tous les autres qui en sont victimes. C'est à n'y rien comprendre et si vous avez un emploi pour lui, laissez-le-moi savoir, car je ne peux croire qu'après toutes ces études, il en soit un jour réduit à vivre de regrets... de s'être motivé en vain et d'avoir été refusé « faute d'expérience ». Ça n'a vraiment pas de bon sens !

Sourire... pour ne pas pleurer !

Les difficultés de la vie sont bien nombreuses et, qu'on le veuille ou non, tôt ou tard chacun en a sa part. Nous rêvons tous de bonheur, de joies incessantes, moi le premier, mais il faut, hélas, faire face parfois à des ennuis qui font qu'on n'a guère envie de se lever le matin. Je ne me sens pas plus fort que les autres et je me souviens de certains matins où, encore au lit, je m'éveillais en me disant : « Si j'avais à choisir mon heure, c'est par un matin comme celui-ci que je voudrais partir ! » Paroles de lâche ? Peut-être... Mais que voulez-vous, il arrive à tout le monde d'atteindre parfois ce que j'appelle « le bout de la corde ». Que ce soit pour une raison de santé, financière, une peine d'amour, un malheur inattendu, il est tout à fait normal de perdre courage devant la déception. Cependant, il y a un petit moyen de contrer le malaise que l'on traverse et c'est en s'efforçant de sourire. Oh ! que ce n'est pas facile de sourire quand on a une douleur physique qui nous tenaille et qu'on voudrait plutôt invoquer de façon parti-culière... tous les saints du ciel. Il n'est pas facile de sourire quand on est sous le coup d'une grande émotion, d'une perte, d'un ennui d'ordre pécuniaire... mais à essayer, on ne risque rien, sinon d'en « sourire » ensuite. La façon de le faire est de se remémorer des moments où la joie était là, des instants de bonheur qui viendraient tout doucement alléger la dure im-passe dans laquelle on se trouve. Il suffit parfois de penser à de tout petits riens pour que le problème s'efface de notre image pour une heure ou deux, quitte à revenir ensuite. La pire chose à faire est de se replier sur soi-même et de se dire, la tête sur l'oreiller, que la vie ne vaut pas la peine d'être vécue, que plus rien n'ira bien, etc. Être défaitiste est l'arme la plus dangereuse qui soit. Le plus étrange, c'est que c'est dans la maladie que j'ai vu les êtres les plus forts. Tous ces cas vécus qu'on voit chaque semaine dans *Le Lundi* en sont la preuve. Alors, si le courage est présent lorsque la santé en prend un coup, pourquoi en serait-il autrement face aux autres inconvénients de la vie ? Les problèmes viennent bien sûr entraver les projets. On ne peut plus faire le voyage qu'on s'était promis ? Et puis après ! La fin du monde, ce n'est pas pour demain. Le désespoir, la dépression, les maladies graves, voilà qui n'est pas facile à vaincre mais si en dépit des tourments on essayait, ne serait-ce qu'une fois par jour, d'esquisser un sourire devant son miroir, je suis certain qu'on s'éviterait une ride de plus. On risque de passer pour fou, mais dans sa *Romance du vin*, Nelligan n'a-t-il pas ri de peur d'éclater en sanglots ? Alors, sourire pour ne pas pleurer, ce n'est pas impossible. C'est peut-être le premier geste qui fera que d'autres suivront dans la même journée. Par ce simple fait, vous aurez sans doute envie de vous habiller, de faire comme si de rien n'était et d'aller dîner avec un ou une amie, mine de rien ou presque. C'est ainsi qu'on peut jouer avec le temps et s'en servir pour un mieux-être et non une agonie. On n'a qu'à penser à tout ce qui est arrivé dans notre petit passé pour être capable de se dire que ce qui arrive n'est ni mieux, ni pire. Les affres n'ont qu'un temps et finissent par devenir des souvenirs qu'on oublie rapidement. Sourire pour ne pas pleurer, ça semble facile à faire quand on le dit, mais je vais essayer moi aussi, parce que comme tant d'autres… ça ne va pas très bien aujourd'hui !

Ces enfants... de trop !

J'ai presque envie de m'emporter, mais je vais garder mon calme et tenter de comprendre ce qui se passe chez les jeunes couples d'aujourd'hui. Je n'en reviens pas de voir tous ces parents que je qualifie d'égoïstes avoir des enfants parce que c'est la mode d'en avoir au moins « un », qu'on finit par trouver encombrant avec le temps. C'est quoi l'idée de se faire plaisir, d'avoir un petit comme on s'achète une voiture... Dans la plupart des cas rencontrés, les deux conjoints travaillent parce qu'ils ont une maison et deux voitures à payer et l'on se mêle par-dessus le marché d'avoir « un petit » qu'on fera élever dans une garderie ! Pas plus compliqué que cela, c'est ce que tous font, paraît-il ! Mon Dieu, où sont les parents d'antan, ceux de notre génération, qui faisaient des enfants dans le but de les élever, d'être auprès d'eux au moins les premières années, quitte à sacrifier auto et maison et remettre à plus tard ces luxes qui ne nous empêchaient pas de vivre ? Où sont donc les mères qui sacrifiaient momentanément carrière, projets, voyages, ambitions pour être là, remplies d'amour auprès de ce petit auquel elles avaient donné la vie. Il en existe bien sûr et je les bénis, mais au rythme où s'ouvrent les garderies, ne venez pas me dire qu'on fait aujourd'hui des enfants dans le but de les élever soi-même. On n'a plus les moyens de vivre avec un seul salaire ? On ne peut pas rester à la maison pour s'occuper de l'enfant qui naîtra ? Alors n'en faites pas, c'est pas plus compliqué que cela. Un enfant, ce n'est ni un chat ni une auto qu'on peut retourner quand on le veut. Un enfant, c'est la vie, c'est le complément du couple, c'est celui sur qui repose notre plus noble but. Un enfant, c'est le plus beau cadeau du Ciel ! Je vois chaque matin des femmes partir avec des petits de trois ou quatre ans, pas encore éveillés, qu'on traîne par la main et qu'on fout à la garderie du coin pendant qu'on travaille. Le petit a beau pleurer, crier, la maman s'en va sachant que les gardiennes vont finir par le consoler avec un jouet. Il y en a même une qui m'a dit : « C'est fameux, ils l'ont même rendu propre à la garderie ! » Imaginez ! On se sauve même de ce « trouble-là » ! De nos jours, si j'en fais le bilan, les enfants commencent à aller « à l'école » à un an. Pas surprenant qu'ils deviennent des *drop out* à treize ans ! Le pire, c'est qu'en dépit de ce petit être on divorce facilement. Là, c'est déplorable. En plus de se partager entre la mère et le père, le pauvre enfant doit se rendre chaque jour à la garderie, beau temps, mauvais temps et pas toujours de gaieté de cœur. Les parents divorcés, le petit être devient « encombrant » et pour cause. Combien de fois n'ai-je pas entendu : « Ah ! si seulement nous n'avions pas la petite » ou « C'est toujours moi qui garde Félix, ma femme s'est arrangée pour travailler le soir ! » Et c'est ce petit qui n'a pas demandé à naître qu'on blâme d'être de trop. Cet enfant qu'on a voulu pour faire comme tout le monde pour le placer en garderie comme presque tout le monde. On se surprendra ensuite que l'enfant ne soit pas affectueux et qu'il ait un plus large sourire pour tante Lili de la garderie que pour maman et papa qu'il entrevoit le soir, une heure ou deux. Trois ans seulement et on les lève le matin comme des adultes qui doivent aller travailler. C'est immonde et ça me révolte. À cet âge, mes enfants dormaient, se levaient pour prendre un copieux déjeuner et ensuite s'amuser avec leurs camions et poupées. Faut dire qu'avant d'avoir une auto et une maison, même si je n'avais que vingt ans... j'avais déjà l'âge de raison ! Et le pire, c'est qu'on attendra plus tard « le gros lot » de ces enfants qui sont déjà de trop !

Entre un sapin et un lilas...

... il y a trois mois d'hiver à endurer ! C'est terrible comme les gens peuvent être négatifs face au temps froid. Comme si un déluge leur tombait sur la tête. Pourtant je me souviens de cet été chaud et humide dont tous se plaignaient, il n'y a pas si longtemps, en espérant que « le temps frais » revienne au plus tôt. Finalement, on n'est jamais content et on se plaint continuellement. Trois mois sur douze, ce n'est quand même pas la fin du monde, n'est-ce pas ? N'avons-nous pas tout le confort nécessaire comme bouclier ? Peut-être pensez-vous que je parle ainsi parce que je suis un skieur ou un amateur de traîne sauvage ? Loin de là, je suis le plus casanier des hommes quand vient l'hiver, mais pourquoi en faire un drame quand il y a tant de choses à faire ? Bien sûr que je préfère le printemps et ses premiers bourgeons, mais ils viendront et je prends donc mon mal en patience. Et encore, faut-il qu'il y ait « mal » quelque part ! Une tempête de neige ? Une circulation dense ? Une paralysie totale de déplacements ? Qu'importe, quand on sait que dans quelques heures tout sera réglé et que nous nous retrouverons « à la normale ». Moi, dans ces mauvais jours où Dame Nature nous joue un tour, je m'abstiens d'être frustré avec une auto glacée et j'emprunte comme tout le monde le transport en commun. Au départ, je ménage mon pauvre cœur et d'un autre côté, je sais que je n'aurai pas à « sacrer » avant de trouver une place pour stationner. Pour moi, une tempête, c'est un jour de congé face aux corvées. Il est évident que je n'aime pas plus que vous enfiler des bottes et me couvrir d'un gros manteau et d'un foulard. D'un autre côté, nos froids de janvier et février, ça tue « les microbes » et c'est meilleur pour la santé. Non, je n'ai pas de foyer avec feu de bois et cheminée. J'ai une maison bien ordinaire comme la vôtre, avec des calorifères et de l'électricité. Remarquez que c'est encore mieux que les pauvres chats qui gèlent sous les galeries. On a vraiment tendance à se plaindre « le ventre plein » quand, de par le monde, de pauvres enfants crèvent de faim dans des déserts chauds et arides. Nous, tout ce que nous avons à faire, c'est rentrer chez nous et nous arranger avec les frasques de l'hiver. Un bon film qu'on loue au club vidéo du coin, un bon livre ou un jeu de société… et le tour est joué. On est transi ? Alors, un bon café ou un petit verre de brandy et c'est réglé. J'ai même vu de ces hivers où, privé d'électricité, je m'enfouissais dans mon lit avec quatre bonnes couvertures de laine pour sommeiller. À l'abri du vent et des tempêtes, on a tout pour subsister, croyez-moi. Le garde-manger est bien rempli, les pantoufles sont à notre portée et on se dit encore « maudit hiver », sans penser aux cordes de bois que devaient jadis rentrer nos grands-pères. Entre un sapin et un lilas, c'est peut-être le meilleur temps de faire un bon examen de conscience et se rendre compte qu'on n'est pas si mal que ça ! On est en pleine santé et on oublie ceux qui en sont privés. On se voit tous à Miami et on ne pense pas un seul instant à ceux qui sont sans abri. Tiens ! j'en ai même profité pour mettre de l'ordre dans mes tiroirs et jeter au panier ce que je n'ai pu faire l'été dernier… parce qu'il faisait trop chaud. Trois petits mois et on envie ceux qui vivent constamment au soleil, sans s'arrêter sur « leurs germes » et leurs « tremblements de terre ». On allume la télévision, on voit toute la misère du monde et on l'éteint en se disant que tout ça ne nous affecte pas. On bâille, on monte se coucher et on se plaint du froid qui sévit entre un sapin et un lilas. Non vraiment, ça ne se peut pas. On est « gras dur »… et on ne le sait pas !

Pâquerette, Denise, Robert... et les autres !

Lors d'un récent voyage à Québec, j'ai eu l'agréable plaisir de rencontrer dans un bar une jeune femme de vingt-huit ans prénommée Mercédes. Très gentille, affable, heureuse de me croiser ainsi, elle qui lit régulièrement mes billets, je me rendis compte que ce soir-là elle prenait un, deux et même trois verres, mais pas nécessairement dans la joie. C'est dans le regard des gens qu'on peut lire le bonheur ou la tristesse et, en ce crépuscule, Mercédes avait une lueur de désespoir au fond des yeux. Tout en bavardant, j'appris avec stupeur que sa mère était aux prises avec un cancer. Cette mère qu'elle adore, qui s'appelle Pâquerette et qui n'a que cinquante-trois ans ! Elle me parla d'elle avec beaucoup d'amour et peu à peu, elle se mit à blâmer la vie d'être injuste et je sentis un vif ressentiment face à ce traître coup du destin. Cependant, je pus, avec toute la force qui m'habitait, la convaincre que tout n'était pas perdu, que le temps était un bien grand maître et que les fleurs du printemps de l'an prochain s'ouvriraient sans doute sur un état de santé fort amélioré. C'est comme si le bon Dieu avait voulu ce soir-là que je rencontre cette jeune personne qui avait besoin d'un appui juste au bon moment et qui me demanda, en me serrant très fort la main : « Denis, parlez à ma mère s'il vous plaît ! » Alors, c'est à vous que je m'adresse, chère Pâquerette qui êtes aux prises avec ce qu'on appelait autrefois « une maladie impardonnable ! » Je dis bien autrefois, chère maman aimée de ses enfants, parce que de nos jours, la science a fait de si grands pas, la recherche a fait tant de progrès, que plusieurs personnes dans votre cas regardent leur passé avec un sourire au coin des lèvres. Je connais une certaine Denise, brave petite mère de famille qui, au seuil de la quarantaine, se bat depuis cinq ans contre ce mal qui ronge encore plus le cœur que le corps. Pour ses enfants, elle s'est battue. Pour eux encore, elle a dit non à la mort pour forcer la main de la vie et elle a réussi puisqu'elle vient chaque semaine nous voir et chercher sa copie du magazine, elle qui autrefois travaillait pour nous. Que de courage, que de détermination et que de foi en Dieu et en la science pour qu'elle en soit arrivée là. Je connais également un dénommé Robert, jeune père de famille, qui pensait bien être emporté dans sa trentaine par ce mal qui l'avait sournoisement frappé. Il a vaincu lui aussi parce qu'il n'a pas laissé les plus beaux souffles de sa vie lui échapper. Les autres, ce sont des personnes comme Réjeanne, Marcel, Cécile, Louison, Gérard, etc. qui ont tous vaincu ce mal que l'on disait incurable. Non, douce Pâquerette, vous n'avez pas à craindre de partir et laisser derrière vous des enfants qui vous aiment à ce point. L'espoir est le plus grand des remèdes et la confiance en est l'assurance. Ce qui vous arrive est arrivé à bien d'autres avant vous et certaines n'ont pas eu votre chance parce que le progrès n'était pas encore au rendez-vous. Il nous faut tous partir un jour, je le sais et je l'admets, mais il ne faut pas pour autant se laisser aller quand on a la chance d'avoir un combat à livrer. Le soleil de l'été vous invite à croire que tout est possible, que demain se doit d'être un autre beau jour pour vous, que l'an prochain sera là avec ses chants d'oiseaux… encore pour vous, si vous tenez très bien la roue. Mercédes n'a pas à craindre de perdre sa mère, pas plus que les enfants de Denise, ceux de Robert et des autres. Je ne suis pas le bon Dieu, mais comme j'ai la chance d'être parfois écouté de son infinie tendresse, ce soir, demain et après demain, je vais prier pour vous Pâquerette, tout comme je le fais depuis longtemps pour tous ceux qui comme vous… sont fort aimés de leurs enfants !

Sur une image sainte...

À chacun ses convictions, dit-on? À chacun le choix de manifester sa foi, pourrais-je ajouter. Moi, je ne suis pas plus catholique que le pape, comme disait ma mère, mais j'ai une façon bien personnelle de m'entretenir avec l'au-delà et j'y tiens. Non, je ne suis pas du genre à aller chanter avec les autres à la messe du dimanche. Je dirais que j'ai encore au fond du cœur cette nostalgie du latin qui me rendait encore plus mystérieux l'autre monde et sa lumière. Le renouveau liturgique ne m'a pas séduit et aller échanger une poignée de main avec mon voisin de banc que je ne connais pas, c'est tout simplement une simagrée pour moi. Remarquez que je n'ai rien contre ceux qui le font, mais j'avais l'habitude d'assister à la messe, non d'y participer. Mon apport se veut intérieur, très intérieur et si j'avais voulu être plus dans le coup, je serais devenu prêtre. De toute façon, ce qui importe, c'est de communiquer avec Dieu et toutes les façons sont bonnes pour y parvenir. Les individualistes préfèrent la prière au mouvement de groupe et ceux qui ont l'esprit d'équipe se rassemblent le dimanche. L'important, c'est de croire en quelque chose qui nous dépasse. Il doit être très pénible d'être athée et de traverser les durs moments de la vie sans le moindre rayon d'espoir pour un « après » magnifique. Et ce n'est pas parce que je ne suis pas religieusement « sociable » qu'il n'y aura pas place pour moi de l'autre côté. J'ai, croyez-le ou non, depuis ma tendre enfance, le culte des statues et des images saintes. Je me rappelle la vieille église de mon enfance et tous ces lampions que j'allais allumer devant la statue de saint Antoine ou de saint Joseph. De ce côté, je n'ai pas dérogé, puisqu'il m'arrive encore de le faire. Je suis peut-être vieux jeu comme pourraient le croire les jeunes de la nouvelle liturgie, mais une vieille dame qui égrène encore son chapelet, je trouve ça tout à fait merveilleux. J'ai, dans mon journal intime, en guise de signet, une image du Sacré-Cœur que je transporte à chaque page. C'est comme si j'avais voulu que le Seigneur m'accompagne tout au long de l'année. Il m'arrive de la regarder, cette image sainte, et de lui réclamer la force de poursuivre ma vie au gré de sa bonne volonté. J'ai également dans ma chambre un petit buste de Jésus-Christ avec sa couronne d'épines et je ne m'en départirais pour rien au monde. Il m'arrive même de glisser sous la vitre du bureau de ma chambre une ou deux images reçues de lectrices. Des images comme j'en achetais quand j'avais dix ou douze ans. Je ne sais trop pourquoi, mais je suis resté très fidèle au bon Dieu de mon enfance. Oui, celui qu'on nous présentait avec ce visage dont la bonté me faisait frémir le jour de la Passion. Il y en a pour qui la lumière céleste c'est un grand couloir rempli de promesses. Pour d'autres, c'est quelque chose de spirituel, d'intouchable, qui plane au-dessus de leur tête. D'une façon ou d'une autre, c'est toujours indéfinissable. Oui, je suis traditionnel, un Jésus sur la paille m'émeut et je retiens encore mon souffle devant une statue de sainte Thérèse. J'ai encore mes vieux missels, ma Bible en couleurs, mais j'ai perdu mon scapulaire. Il m'arrive de parler aux défunts, à ma mère, parce que je les sens tout près de ce Dieu que je veux atteindre. J'ai, comme on dit, ma petite religion bien à moi et j'y tiens. Peut-être que plus tard on finira par prier sur ordinateur, qui sait ? Moi, je garderai quand même la manière de mon grand-père. Si je vous ai dit tout cela, c'est parce que ce soir, encore une fois, mes yeux se sont posés sur une image sainte au fond d'un vieux tiroir. Une image de la Vierge que j'appelle tout simplement, Notre-Dame… du bon vouloir !

Au nom des prisonniers...

Il m'arrive fort souvent d'avoir des lettres de détenus ou de la part des épouses de ces derniers et c'est toujours avec vive sympathie que je partage leur désarroi. Ces prisonniers qu'on détient pour avoir enfreint les lois payent une dette qu'ils ont envers la société et je pense qu'ils sont conscients qu'ils ne sont pas en marge pour rien, sauf erreur judiciaire. Là où est le drame, c'est quand le détenu dévient un ex-détenu et qu'il tente de s'intégrer avec tout son bon vouloir dans notre société. Pendant des années, l'ancien criminel a souvent eu à méditer sur sa vie, sur son comportement au point de vouloir changer complètement. Hélas, trop peu nombreux sont ceux qui vont lui en donner la chance. Comme s'ils avaient été marqués au fer rouge. Il y a bien sûr les récidivistes, ceux qui n'attendent que leur liberté pour recommencer. Ces gens ne veulent pas être aidés et l'on ne peut rien faire sinon les plaindre de tout notre cœur. Il y a par contre ceux qui veulent se réhabiliter, ceux qui ne demandent pas mieux que de s'amender, de changer de vie, de s'avancer sur le chemin de l'honnêteté. Ils ont eu le temps de se rendre compte que le crime ne paie pas. C'est de ceux-là que je vous parle et il n'est pas normal qu'on leur bloque toute issue possible dès qu'on apprend qu'ils ont un casier judiciaire. Nous avons beau recueillir au *Lundi* des confessions plus pathétiques les unes que les autres, on n'arrivera jamais à rien si tout le monde ferme les yeux sur leur bonne volonté et qu'on les catalogue comme les indésirables de notre planète. Un ex-détenu, pour plusieurs, c'est pire qu'un extraterrestre. Parfois le larcin a été bien minime pour que le châtiment soit à ce point cruel. Ce n'est pas parce qu'on s'est retrouvé derrière des barreaux qu'on n'a plus le droit de se regarder dans un miroir et de repartir la tête bien haute sur les sentiers de l'optimisme. Ce n'est pas parce qu'on a péché qu'on n'est plus en droit de s'attendre d'être pardonné. L'ex-prisonnier n'a plus à être considéré comme dangereux quand il a purgé sa peine et qu'il décide de choisir le droit chemin. Cette dame, qui m'écrivait au bord du découragement, avait certes ses raisons de s'inquiéter. Si personne ne veut le croire, si personne ne veut donner un coup de main ou la moindre marque de confiance à ce détenu qui veut se réhabiliter, il ne faudra pas s'étonner de le voir se décourager et récidiver. Pour les rejetés, les mal-aimés, la voie du crime devient, hélas, la seule issue possible pour manger et payer son loyer. Et c'est déplorable. Oui, je dis déplorable parce que la plupart du temps c'est en se le renvoyant comme une balle de l'un à l'autre qu'on finit par le relancer sur le sentier des forfaits. Si chacun se dit : « Nous, on n'en veut pas ! » et qu'on s'attende à ce que le prochain employeur prenne la chance de l'embaucher, le pauvre type n'a pas fini de tourner en rond. Il en viendra même à regretter d'avoir tant fait durant son incarcération pour se réhabiliter. Remarquez qu'il y aura toujours ceux qu'on appelle « les récidivistes » et je ne veux forcer la main de personne. J'en appelle tout simplement à l'intelligence et au discernement de chacun face à ces gens qui ont parfois souffert d'une captivité même méritée. Ils ont broyé du noir et ils ne demandent qu'à ne plus faire partie de cette minorité. Ils ont besoin qu'on leur tende la main, qu'on leur donne au moins une chance de prouver qu'il y a « du bon » en eux. Pensons-y, ne serait-ce que pour en sauver un… ou deux !

Au revoir… Alain Montpetit

C'est le cœur bien gros que je t'adresse publiquement cette dernière missive, toi mon ami, toi qui es parti, sans un mot, sans un geste, sans même te retourner pour nous regarder une dernière fois. Tu en avais le droit tu sais, mais si seulement tu savais à  quel point tu nous as pris par surprise, je me demande si tu repartirais une seconde fois de la même façon, ne serait-ce que pour nous laisser ainsi, à ne savoir que faire, que dire. C'était là ton heure, Alain, et je n'y peux rien comme tous ceux qui t'ont aimé, comme tous ceux qui déjà te regrettent et feraient tout en leur pouvoir pour que ce ne soit qu'un mauvais rêve. Hélas, et la vérité est là, face à nous, nous nous devons de l'accepter et tout ce qu'il nous reste à faire, c'est de prier pour toi afin que ce Dieu, dont tu étais si près, t'ouvre bien grand la porte de son ciel. Tu sais, je me rappelle cette toute première fois où je t'ai rencontré alors que tu habitais seul dans cette petite maison juchée au faîte d'une montagne. C'était un matin d'été, un matin où tu venais à peine de te lever après avoir passé une tumultueuse nuit à fêter. Tu m'avais dit, en t'excusant : « Donne-moi dix minutes et je serai présentable pour les photos ! » Je t'en avais donné trente et, au fur et à mesure que tu te remettais en forme, une amitié naissait entre nous pour ne plus s'éteindre. Je n'ai pas suivi tes périples, je n'ai pas été de tes voyages, mais j'ai toujours été de cœur avec toi, sachant à quel point tu pouvais souffrir de n'être pas heureux sans pouvoir nous le dire. Tu étais ce genre de gars qui vivait passionnément ses joies et ses ennuis, ce genre de bonhomme qui allait au bout de lui, même quand c'est l'enfer qui l'attendait. Tu bravais chaque jour chaque obstacle et chaque avertissement… malheureusement ! Je t'ai revu une autre fois alors que tu animais *Midi-Soleil* et que tu me recevais à titre d'invité. J'ai encore cette cassette que j'ai visionnée aujourd'hui, non sans en ressentir un vif émoi. Tu me demandais comment il se faisait que j'étais un journaliste que tout le monde aimait et respectait et je t'avais répondu : « C'est parce que j'ai ce respect des gens que je m'attire le leur » et j'avais ajouté « tout comme toi ! » Oui, Alain, tu as toujours eu ce don d'être un homme dont la classe… n'a jamais été intoxiquée. Ivre ou sobre, dans la joie comme dans l'abîme, j'ai toujours senti en toi cette dignité que seuls les grands de la terre peuvent déployer. Il y a deux ans à peine, tu ne peux savoir avec quelle joie je t'ai retrouvé alors que Nanci et toi aviez décidé de vous remarier une seconde fois. Quel merveilleux bonheur j'ai pu lire dans vos yeux et quel soleil se levait sur cette union que Vanessa enveloppait de son sourire d'enfant. Depuis, Justin est arrivé sans que je n'en sache rien, car l'amitié, il faut bien l'avouer, l'amitié la plus vraie… n'est pas toujours à deux doigts de la main. Et voilà que dernièrement, j'étais dans un triste salon, avec Nanci qui pleurait dans mes bras, les yeux rivés sur une tombe fermée. J'ai regardé le coussin de marguerites, j'ai vu les visages de ceux qui pleuraient ta perte et j'ai senti comme un long frisson m'envahir au son des battements de cœur de ta douce moitié. Impuissant devant les faits, je n'ai rien demandé, je n'ai pas cherché à savoir. Ce que le destin avait décidé n'appartenait désormais qu'à lui. Tu t'es parfois confié, même à moi, mais cette fois, tu as fait ce long voyage tout seul, sans consulter qui que ce soit et sans laisser d'adresse. Sois heureux là où tu es, mon ami, et sache que je garderai toujours en mémoire le merveilleux sourire de tes trente-six jeunes printemps. Non, je ne te dis pas «adieu» mais plutôt «au revoir» car, un jour ou l'autre, nous nous retrouverons toi et moi… dans cet interminable couloir !

La guerre des jouets...

Depuis quelque temps on voit, aussi bien à la télévision que dans les journaux, des mamans contester tous ces jouets qu'on fabrique pour leurs enfants et qui n'ont pour but que d'engendrer la violence. Je suivais cette émission et j'étais nettement d'accord avec elles. Je vous avoue que je me sentais loin du temps où mes enfants en bas âge s'amusaient, lui avec son petit camion et elle, avec sa « Barbie » et ses petits livres de la série *Martine* ! Il faut dire qu'à ce moment, mon fils se passionnait pour l'émission *Chez Hélène* tous les matins et que la petite dévorait les aventures de Bobinette aux prises avec Camerio. Ce ne sont pas les enfants qu'il faut blâmer de nos jours, ni les parents. C'est la société, car c'est finalement elle, par les moyens visuels de communication, qui dirige les goûts et les tendances des tout-petits. La télévision est la première responsable de l'influence néfaste qu'elle a sur ces petits êtres qui ne devraient pas grandir devant des images « dites fictives » où la violence est de rigueur. Qu'arrive-t-il alors quand vient le temps des jouets ? Que nous demandent-ils ces chers petits ? Des missiles qui explosent, des bombes, des mitrailleuses, des chars d'assauts, des avions de guerre, des répliques de leurs supposés héros qui tuent beaucoup plus qu'ils ne sauvent de vies, bref, ils ne réclament que ce qu'ils voient. La fillette pour sa part est bien mal prise dans cet amalgame et si elle n'est pas restée coquette au point de désirer encore la dernière garde-robe de Barbie, elle ira vers le genre de poupées style « femme de Conan Le Barbare » ou amazone pouvant tout rafler sur son passage. C'est l'ère de la force, du pouvoir, de l'extermination... et les enfants emboîtent le pas. Même les plus jeunes, je ne peux le passer sous silence, sont sous l'influence totale de tout ce qui s'appelle « bout d'chou » avec certificat au bout. Essayez d'offrir à votre petite une belle poupée aux cheveux bouclés qui ouvre et ferme les yeux. C'est tout juste si vous ne la recevrez pas en plein front. Non, ce qu'elle veut, c'est la « bout d'chou », ingénieuse idée pour l'inventeur et quelle fortune aussi, puisque la poupée s'amène en adoption avec tous ses extraits de naissance en bonne et due forme. Ce que la petite ne sait pas, c'est que lorsqu'elle est brisée et retournée, elle reçoit un très joli certificat de décès. Il y en a plus d'une qui a dû pleurer pendant des mois le non-retour de sa poupée. Cette enfant de trois ou quatre ans avait à vivre avec la mort et la douleur de la surmonter. Je ne voudrais pas généraliser car je connais des parents assez intelligents pour ne pas être tombés dans ces pièges et d'avoir ainsi préservé leurs enfants de vieillir avant le temps. Car il y a aussi cette fameuse mode qui veut que les petits de sept et huit ans ne s'intéressent plus à *Passe-Partout* mais plutôt à Madonna, Cyndi Lauper et Corey Hart ! J'ai même vu des petits garçons de sept ans avec la fameuse petite coque de couleur qui leur pendait dans le cou et d'autres de neuf ou dix ans avec la tête de Corey Hart. J'ai aussi vu des fillettes à la Lauper... et j'ai aussi vu les parents qui les accompagnaient. Sans commentaire ! Les enfants seront toujours ce que nous en ferons. Il est évident que la télévision est la première responsable de ce disgracieux détournement de mineurs comme je l'appelle. Elle agresse nos enfants et les parents qui ont une tête sur les épaules ont bien raison de protester, pancartes au bout du bras, pour qu'on cesse de les influencer aussi maladroitement. Si vous saviez combien je suis heureux que les miens soient grands. Persistez, bonnes mamans, car c'est à faire, comme vous le faites, une guerre contre les jouets de vos petits, que vous éviterez peut-être qu'un jour... ils soient les durs soldats d'une guerre sans merci !

Prenez donc ce que le bon Dieu…

… vous envoie ! Récemment, je croisais sur mon chemin une gentille petite dame enceinte de quelques mois qui me disait à quel point elle aimait *Le Lundi*. Parle parle, jase jase, elle m'avoue être enceinte d'un premier enfant qu'elle aura sans doute à la fin de janvier. Je la félicite et elle me déclare : « Oui, merci… en autant que ce soit un garçon ! » « Et pourquoi ? » lui demandai-je ? « Parce que mon mari va être désappointé à mort, il a horreur des petites filles et insiste pour que ce soit un gars ! » Voyez-vous ça ! monsieur insiste… Et moi qui croyais que c'en était fini de ces mâles d'autrefois qui se sentaient brimés si leur premier-né n'était pas un garçon. Ce qui existait en 1920 et 1940 existe donc encore aujourd'hui ? Les jeunes pères en sont encore avec cette « pseudo fierté » que, s'ils ne sont pas père d'un gars, leur virilité va en prendre un coup ? Ils en sont encore à ce cliché d'aller jusqu'à dire : « Pour le deuxième, si c'est une fille, ça ne me dérangera pas ! » Bah, ça alors ! Là, je deviens aussi « féministe » que les plus féministes quand j'entends des petits « machos » s'exclamer de la sorte. Je serais tenté de leur dire qu'une voisine de ma mère, dans les années quarante, était terrifiée à l'idée d'avoir une fille face à son mari, amateur de sports, qui ne voulait rien d'autre qu'un garçon. Elle a dû se traumatiser et se « virer les sangs » pendant ses neuf mois de grossesse, la pauvre dame. À tel point, qu'elle a accouché d'une fille… gars ! Vous voyez ce que je veux dire ? Le monsieur l'avait « son gars » et à dix ans, la belle Doris jouait au base-ball et « pétait » la fiole à tous les garçons de la rue. J'ai aussi vu l'inverse se produire alors que des mamans voulaient à tout prix une fille après avoir eu deux garçons et héritaient d'un garçon… manqué. Je me demande si ce n'est pas lors de la grossesse que tout se décide. Je persiste à croire que c'est là qu'a pris naissance, il y a longtemps, ce qu'on appelle « le troisième sexe ». Porter un enfant, petite madame, c'est le plus beau cadeau que le ciel pouvait vous offrir. Dites donc à votre gentil mari qu'il peut se compter chanceux d'avoir été choyé à ce point par le bon Dieu. Dites-lui aussi de vous laisser traverser ces neuf mois dans la sérénité la plus totale, au gré de ce que l'avenir vous destine. Moi, je n'avais pas de sœur à la maison et j'avais hâte de voir ce que c'était, une petite fille. Je n'ai rien dit, j'ai attendu et j'ai hérité d'un beau garçon qui a toujours été ma fierté. Tout ce que je savais, c'est que j'avais entre les bras un gros poupon avec ses dix doigts, ses deux yeux, un nez, une bouche et une bonne santé. N'était-ce pas là un don merveilleux du bon Dieu ? Trois ans plus tard, elle arrivait, cette fille secrètement désirée, mais sans que ma femme n'ait à se torturer de peur de me déplaire si c'était encore un garçon. Messieurs aux idées d'avant-guerre, savez-vous combien de couples donneraient tout ce qu'ils ont pour avoir la joie d'avoir un enfant ? J'en ai vu de si désespérés qu'ils auraient adopté un enfant même handicapé afin de le combler de leur trop-plein d'amour. Vous, pendant de temps, vous vous permettez encore d'exiger, tout comme vos pères, un fils pour mieux partir la famille ? Est-ce là votre évolution ? Pendant qu'il en est encore temps, fermez donc les yeux sur le ventre rond de votre épouse et laissez-la porter en toute quiétude ce bel enfant qui viendra s'ajouter à votre bonheur. Fille ou garçon, qu'importe ! Prenez donc ce que le bon Dieu vous envoie en le remerciant à genoux de ce bel enfant que vous serrerez avec tendresse dans vos bras. Ne soyez pas exigeants avec tout don qui vient du ciel. Qui sait si vous n'aurez pas à en faire votre mea culpa !

Quand une maison est à vendre...

Je ne sais pas si vous êtes comme moi, mais quand je vois la fameuse pancarte de « Maison à vendre » juste sur le terrain de mon voisin, ça me chicote un peu. L'an dernier, la chose m'est arrivée et, à la toute dernière minute, mon voisin s'est ravisé et a décidé de rester. Comme l'hiver on ne se voit pas beaucoup, ce n'est qu'avec les premiers bourgeons que je l'ai croisé et qu'il m'a dit qu'il venait de vendre sa maison en deux temps, trois mouvements, juste en plaçant une annonce chez Steinberg. Imaginez ma déception et surtout mes questions ! La première qui m'est venue à l'idée est : « Mais à qui donc as-tu vendu ? » « Oh ! à un couple comme nous dans la trentaine, avec un enfant tout comme nous également ! » Voilà qui ne suffisait pas à ma curiosité et je l'ai inondé de questions à savoir quelle sorte de gens ils étaient, si j'étais mieux de me clôturer, etc. Bref, toutes les questions qu'on se pose quand on a peur d'hériter d'un voisin qui pourrait troubler notre quiétude. Et pourtant, ce même acheteur doit sûrement se demander lui aussi à qui il aura affaire et qui habitera juste à côté de lui. Somme toute, l'enjeu vaut pour les deux côtés et l'on a tort de s'inquiéter ainsi. Ce qui arrive, et c'est bien normal, c'est qu'on s'habitue à ses voisins, surtout quand on s'entend bien et qu'on en vient presque à partager la même cour. Moi, depuis que j'habite où j'habite, c'est la seconde fois que je change de voisins des deux côtés et j'avoue n'avoir jamais mal frappé. Au contraire, plus ça va, mieux c'est. Le « hic », c'est qu'on se demande si la chance va nous suivre ainsi longtemps, car j'ai souvenance d'une autre maison que j'ai dû vendre parce que le voisin de gauche n'était pas « un cadeau » comme on dit dans le langage courant. Je ne devrais pas m'en faire puisque l'année dernière, comme le précisait mon fils, j'ai vécu le même stress à ma gauche pour me retrouver avec un jeune couple on ne peut plus charmant. Ils ont même un chien qui éloigne les voleurs et qui protège ma cour autant que la leur. C'est quand même triste de voir partir ainsi des gens qui faisaient presque partie de notre famille. Quand le petit venait chercher un biscuit, ça me faisait retrouver mes années de jeune papa et j'avoue que leur compagnie va me manquer même si nous n'étions pas dans la cuisine l'un de l'autre. Sans aucune familiarité, nous avions un très bon échange et c'est ennuyeux d'avoir à tout rebâtir avec quelqu'un d'autre. Je devrais pourtant me rappeler que lorsque je suis arrivé il y avait sûrement deux voisins qui devaient se demander : « Mais qui donc va nous arriver ? » D'autant plus que je m'amenais avec deux adolescents, ce qui n'était guère rassurant ! Comme me disait encore mon fils : « On va attendre et si ça marche pas, on clôturera ! » Avouez que c'est logique, mais je serais triste de voir la charmante haie faire place à de vulgaires planches de bois. Tout ce que j'espère, c'est que mon voisin de gauche ne fasse pas la même chose. Là, ce serait vraiment trop ! Tiens !…. et si c'était moi qui décidais de le faire ? Non, vous n'y pensez pas. Juste à y songer, je me sens déjà nostalgique. Une maison pour moi, une maison qu'on aime, c'est une vie. Chaque fenêtre a son histoire et tous les murs ont tant de choses à se dire entre eux. J'ai comme l'impression que je ne vendrai jamais la mienne et qu'elle deviendra à tout jamais la maison paternelle tout comme la nôtre jadis. J'ai beau être optimiste, indulgent, mais je vous avoue qu'une pancarte « Maison à vendre » me donne réellement… mal au ventre !

Allons... chers parents !

Dernièrement, je lisais dans un journal le commentaire d'une comédienne qui disait qu'elle s'était rendu compte que le fait d'empêcher ses deux filles de crier, gesticuler et s'exciter dans le métro et l'autobus, c'était brimer leur liberté. Elle ajoutait qu'on était porté à les faire taire pour plaire à une société qui nous l'imposait. Je dois dire que c'est là, « la meilleure » entendue depuis longtemps. Non, chère madame, on ne garde pas ses enfants sages dans les lieux ou véhicules publics pour plaire à la société, mais bien pour la respecter ! Figurez-vous donc que vous n'êtes pas seule sur ce globe avec vos deux petites, qu'il y a aussi d'autres gens avec qui on n'a pas le choix de partager son parcours, oui, des étrangers qui n'ont pas demandé à vous côtoyer pas plus qu'ils n'ont à endurer « vos petits monstres » pour ne pas enfreindre leur liberté ! Là, je ne parle plus seulement à cette comédienne, mais à toutes les mères à qui le chapeau peut faire. Je vois trop souvent de ces cas où les enfants sont rois et maîtres de toute situation au détriment de notre liberté ! Chers parents du genre, laissez-moi vous dire que ma femme et moi avons élevé deux enfants, oui, bien élevés à part ça, justement parce que nous avons été conscients que nous vivions en société et que les gens avaient droit au respect. Mes enfants, chères dames du genre, n'ont jamais crié dans les autobus et n'ont jamais sauté sur les banquettes. Ils n'ont même pas fait cela dans ma propre auto, alors, imaginez en public. Non, mes enfants n'ont pas eu droit à tout ce qu'ils auraient voulu avoir droit... et croyez-moi, aujourd'hui, vingt ans plus tard, je suis loin de les sentir

« brimés ». Ils sont devenus des adultes avertis qui à leur tour ne laisseront pas leurs enfants devenir de petits indésirables. Aujourd'hui, au nom de cette fameuse liberté, on leur accorde tous les droits et je me demande si ce n'est pas tout simplement parce que les parents ne sont pas devenus trop paresseux pour les élever. Car bien élever des enfants ça demande du temps et c'est un défi de taille. Il faut donc en avoir le goût et le courage. Il est si facile de les laisser faire et si épuisant de les reprendre constamment dès qu'ils outrepassent les frontières des bonnes manières. Ce n'est pas du jour au lendemain que mes enfants ont appris à respecter les cheveux blancs des personnes âgées ou de vouvoyer nos voisins en les appelant monsieur et madame. Aujourd'hui, c'est bien plus facile et l'on peut entendre des garçons de neuf ou dix ans vous lancer un « Denis, tu te baignes-tu cet après-midi ? » Au risque de passer pour vieux jeu, je vous dirai que je ne regrette pas d'avoir eu la fermeté d'avoir fait de mes enfants des émules dignes des enseignements de Marcelle Barthe. Allons… chers parents qui ne partagez pas mon opinion. Bien sûr que nous ne sommes plus en 1960, mais est-ce là une raison pour que vos enfants piétinent nos pelouses, crient à tue-tête dans les rues et manquent de nous jeter par terre avec leur bicyclette ? Est-ce ça, les avoir rendus libres ? Tant qu'à faire et au nom de cette fameuse liberté, pourquoi ne pas laisser votre petit chien mordiller vos meubles et votre chat effiler ses griffes sur votre divan ? Ainsi, vous ne brimeriez plus leur liberté, non ? Je veux bien fermer les yeux sur la façon d'aujourd'hui d'élever les enfants puisque pour moi la mission est accomplie, mais je ne fermerai jamais les yeux s'ils me dérangent en public ou si, au restaurant, ils se mettent à cracher leurs patates par terre. Vous n'avez pas le droit de brimer ainsi… ma liberté de digérer !

En guise... d'ingratitude !

Je ne sais comment s'appelle cette maladie actuelle qui fait que les époux délaissent leur épouse qu'ils ont depuis vingt-cinq ou trente ans pour « refaire » leur vie avec une petite jeune de trente ou trente-cinq ans. On aura beau dire que plusieurs couples d'âge mûr divorcent parce qu'ils considèrent en avoir maintenant le droit comparativement à autrefois, ce n'est pas ça « la fameuse maladie ». Le problème, qui a commencé je ne sais où, fait de plus en plus de victimes qui ne savent où donner de la tête, et de plus en plus d'ingrats qui semblent l'avoir perdue. Je lisais dernièrement dans un journal américain que Leonard Nimoy, le fameux monsieur Spock, avait quitté sa femme avec qui il était marié depuis trente-deux ans pour les beaux yeux d'une brunette de trente-neuf ans. Le vieil homme de soixante ans a même poussé l'audace jusqu'à quitter son épouse le jour de sa fête, alors qu'elle fêtait ses cinquante-huit ans. Imaginez, trente-deux ans de loyauté, de franchise, de fidélité et, du jour au lendemain, parce qu'elle « vieillit », elle est mise au rancart après avoir élevé leurs deux enfants. Comme si lui était encore « beau et jeune » et comme si la prochaine « Madame Nimoy » allait l'épouser pour le charme de ses grandes oreilles ! Dieu que les hommes deviennent bêtes quand ils deviennent riches et célèbres. Ne me dites pas que c'est là le démon du midi, non, pas à soixante ans. D'ailleurs, ce fameux démon à qui on jette sans cesse le blâme, je veux bien y croire pour une escapade ou deux, mais pas au point de renier une femme qui a donné le meilleur de sa vie pour se retrouver au bras d'une « jeune poulette ». Je n'ai pas de mots pour qualifier ce genre

[255]

d'hommes et encore moins d'excuses face à leur geste. Ce sont tout simplement des êtres démunis de toute conscience, des êtres qui n'ont pas su apprécier, des êtres d'une ingratitude dont même les animaux ne seraient pas capables. Il n'y a pas que lui ; Michael Landon a déjà fait ce geste pour une starlette de vingt-deux ans alors qu'il était assez vieux pour être son père et, plus près de nous, nombre de personnalités ont emboîté le pas. Quelle est donc l'horrible vengeance qui les pousse à ce point ? Peut-on être ignoble et rejeter sans égard celle qui a fait avec soi le long tracé d'une vie de joies et d'épreuves ? Je ne viens pas ici m'opposer aux divorces qui parfois sont justifiables, mais j'ai remarqué que trop de femmes dans la cinquantaine étaient lâchement abandonnées par des maris nantis du complexe de Peter Pan. Ces hommes, qui n'ont pour tout passeport face aux jeunes femmes que leur argent, ont-ils seulement regardé de près leur ventre hideux, leurs rides multiples et leur tête bien souvent à l'état de boule de quille ? Ont-ils aussi songé à la peine, au désarroi, au cruel châtiment de celle qui, à cinquante-sept ou cinquante-huit ans, se demande le « pourquoi » d'un tel sort. J'en connais qui sont même allées jusqu'au suicide face à ce coup de dard au cœur, et Dieu sait qu'aucun homme pourtant n'en vaut la peine, surtout pas ceux de cet acabit. Il m'a rarement été donné de voir un homme de cinquante ans divorcer pour épouser une femme de son âge. Bien non ! ce n'est pas ça qui va leur donner « un coup de jeune » voyons donc ! Pauvres vieux qui jouez les jeunes premiers, si vous saviez seulement ce que pense de vous la petite jeune que vous allez épouser. Votre plus cruel destin serait celui de ramper en vain aux pieds de celle que vous aurez lâchement abandonnée en guise de « merci » pour l'offrande d'une vie. Ingrats multiples, je ne vous souhaite aucun mal, mais j'espère qu'un jour « votre seconde jeune épouse » vengera sans le vouloir la première délaissée… avec un homme assez jeune pour lui faire dépenser tout l'argent que vous lui aurez laissé. À chacun son tour d'être giflé !

Juste un peu de civisme...

C'est incroyable comme les gens ne sont plus portés à penser aux autres en fait de savoir-vivre ! Dernièrement, une gentille lectrice du nom de madame Goulet m'écrivait pour me narrer une situation plus qu'alarmante ayant trait au civisme qui se meurt de plus en plus. Jeune mère de famille de quatre enfants, elle m'expliquait à quel point il était difficile de compter sur la bienveillance d'autrui et ce, en des moments plus que pénibles pour elle. Imaginez une mère qui doit habiller quatre enfants afin de se rendre à une clinique parce que deux d'entre eux ont la grippe et qui doit attendre pendant plus de deux heures avant de voir un médecin. Je sais bien que la loi veut que ce soit « chacun son tour », mais ne venez pas me dire qu'on ne devrait pas prendre en considération une mère et quatre petits qui attendent et les passer avant les autres. Je suis certain que personne ne s'en plaindrait, au contraire. De plus, elle me disait à quel point elle était considérée sans égards lorsque, s'amenant dans un grand magasin, le monsieur qui la précédait lui laissait aller la porte sur le nez alors qu'elle avait les mains chargées des mains de ses petits. Oui, ça arrive et on va même jusqu'à la regarder en se disant : « Elle les a voulus, c'est son problème ! » Heureusement qu'elle les a voulus ces chers petits, car si nous ne les avions pas, je me demande bien qui paierait nos pensions de vieillesse dans vingt-cinq ans. La même chose s'applique dans les transports publics, alors que l'on voit de vieilles dames debout avec des sacs plein les bras et que les jeunes sont assis tout en faisant mine de ne pas les voir. On se dit : « Bah !

quelqu'un d'autre va sûrement lui donner sa place» et le manège fait boule de neige. On va même jusqu'à murmurer : «Qu'est-ce qu'elle fait dans le métro à l'heure de l'affluence», sans penser une seule minute que ces personnes âgées ont trimé toute leur vie pour nous assurer une place dans cette «bonne» société. On voit quelqu'un de malade sur la rue et on passe vite son chemin. Allons donc, on est bien trop pressés et puis… il y a bien quelqu'un derrière qui va s'arrêter. C'est inconcevable, mais c'est comme ça que ça se passe dans notre quotidien. Chacun pour soi et au diable les autres. J'ai vu de mes yeux une dame échapper un sac de provisions et personne ne s'est arrêté pour l'aider à ramasser ses victuailles. Pourtant, la dame avait un bébé dans un carrosse et un autre accroché à ses jupes. Je pourrais également citer tous les automobilistes qui ne s'arrêtent même pas pour laisser traverser un piéton. Le prochain le fera… voyons donc ! Et dire que dans mon jeune temps la première chose qu'on m'apprenait, c'était le civisme. C'est curieux, mais on dirait que ça se perd de plus en plus. Autre chose, quand on fait un bon geste, la plupart du temps, on est élégamment remercié de la part d'autrui. Il y a certes des exceptions à la règle et j'ai déjà tenu une porte pour trois dames sans même avoir un merci. J'ai failli leur dire : «De rien !» mais je me suis dit que ma bonne action allait m'octroyer des indulgences. Ces petits gestes gratuits que l'on fait, c'est d'abord et avant tout pour son propre mérite qu'on devrait les faire. Ces mamans qu'on trouve embarrassantes en public n'ont pas toujours les moyens de se payer des gardiennes et ces personnes âgées qu'on trouve encombrantes ont le droit de prendre l'autobus en même temps que nous, non ? Allons-nous faire de la discrimination maintenant ? Le civisme, comme on nous le disait, c'est une foule de petites choses qui n'appartiennent pas toujours aux autres. Si chacun en avait juste un peu, un tout petit peu, je suis certain qu'en ce bas monde… tout irait beaucoup mieux !

Adieu... maman !

C'est le cœur bien gros que je t'écris ce dernier mot d'amour, mère chérie. Je ressens encore cette immense douleur alors que, le 11 janvier 1987, on m'annonçait avec ménagement que Dieu t'avait rappelée à Lui. Je te revois sur ce lit blanc, ayant peine à  souffler, me tenant la main bien serrée dans la tienne et me murant : « Denis, je me meurs ! » Si tu savais quel effort j'ai fait à ce moment pour ne pas éclater en sanglots car je savais, maman, que tu en étais à tes derniers battements. Quelques instants plus tard, c'était l'arrêt respiratoire et même si on a tout fait pour te réanimer, je sentais que plus jamais tu n'ouvrirais les yeux pour me sourire. Tu ne sentais même plus mes doigts effleurer ton front et c'est pendant cette phase terminale des derniers souffles de vie que je pus t'observer, inerte, mais plus belle que jamais sur cet oreiller qui allait être le dernier. Comme j'ai souvent parlé de toi à travers mes billets et comme j'ai tant de fois répété à quel point je t'aimais, j'ai l'impression que tous ceux qui m'ont lu t'ont aimée et partagent aujourd'hui ma peine. Quelques-unes t'appelaient même « maman Irène » quand elles me parlaient de toi. C'est comme si tu étais devenue la maman de tous ceux et celles qui n'en avaient plus et la raison de vivre de plusieurs qui, tout comme moi, ne juraient que par toi. Tu as laissé derrière toi des fils qui ne t'oublieront jamais et qui se rappelleront jusqu'à leur dernier jour tout ce que tu as fait pour eux en ces quatre-vingt-un ans d'existence que le bon Dieu t'a donnés. Si Jacques, André, Jean et moi te pleurons, nous te savons par contre heureuse aux côtés de Pierre et Henri, tes deux autres fils partis pour l'au-delà, et qui désormais prendront bien soin de toi. Jusqu'à la dernière minute, maman, tu as été merveilleuse et c'est sans doute pourquoi le Seigneur est venu te quérir sans te faire le moindrement souffrir. De plus, ne t'a-t-il pas accordé le doux privilège de mourir amoureuse d'un homme dont tu emportes le plus beau souvenir ? Ce cher Ernest que tu chérissais tendrement depuis trois ans. Si tu savais comme il se sent seul sans toi et à quel point il aimerait te rejoindre. Dis, maman, sauras-tu exaucer son désir ? Votre bonheur fut si court sur terre que vous pourriez peut-être le poursuivre de l'autre côté, non ? Comme ça doit être beau l'amour... dans l'immortalité ! Tu sais, maman, j'ai lu quelque part que le tombeau des morts était le cœur des vivants et sache que le mien te scelle à tout jamais dans l'artère de sa tendresse. Non, maman, tu n'es pas vraiment partie et si ton dernier soleil s'est couché, par-delà l'obscurité, une autre lumière déjà t'inonde de ses rayons. Du haut du ciel, maman, protège tes enfants et tes petits-enfants et continue d'être celle qui, à quelques pas de Dieu et avec son appui, nous comblera de joies jusqu'à ce que tous ensemble nous puissions tout comme autrefois... revivre ce temps où tu nous serrais dans tes bras. J'ai à l'auriculaire ce jonc en or que je t'avais jadis offert. Sache qu'il ne me quittera plus afin que par ce lien je puisse hériter de ta force et ton courage. Tu es vraiment partie, maman ? J'ai peine à le croire et je sens encore couler sur ma joue des larmes de regret. Oh ! non, il n'est pas facile ce billet, mais sois sans crainte, maman, je parlerai encore de toi, de ta belle jeunesse et de ta douce vieillesse alors que tu appuyais ta tête d'argent sur mon épaule d'enfant.

Tiens ! tant qu'à y être, fais donc lire à papa, que nous n'avons guère connu, cette missive que je t'adresse. Il comprendra à quel point tu as été pour nous, ses enfants, une mère bien-aimée, une mère au cœur grand comme la terre, une mère extraordinaire… qu'on ne pourra jamais remplacer. Adieu… maman !

Quand la douleur est intense...

Il n'y a pas si longtemps, c'est avec une vive émotion que je regardais dans les journaux, les visages meurtris de douleur de ces pauvres parents d'un tout jeune garçon qu'on avait retrouvé assassiné. Comme elle semblait souffrir, cette mère qui venait de voir ainsi partir son fils unique. Et ce pauvre papa qui jurait qu'il ne s'en remettrait jamais. Je pense que c'est le drame le plus pathétique qu'il m'ait été donné de voir, et je me demande vraiment comment j'aurais fait à leur place pour surmonter un tel chagrin. Vous savez, nous prenons conscience des événements pendant qu'ils sont à l'ordre du jour, ensuite nous tournons la page. Mais eux, ces parents qui survivent à tout cela, comment vivent-ils cet affreux cauchemar quand tout semble se terrer dans l'ombre? On a beau avoir sympathisé avec eux, les avoir soutenus, avoir scandé les pires injures au criminel, rien ni personne à ce moment n'atténuera l'atroce douleur de ces pauvres parents. Quand le drame frappe à notre porte, nous le vivons sans trop nous en rendre compte. Quiconque a pu vivre pareille catastrophe ou quelque chose d'aussi intense sera certes apte à dire que lorsqu'un drame survient, c'est dans un nuage que l'on traverse le pire. Par contre, quand le rideau se retire lentement et qu'on réalise ce qu'on vient de traverser, de subir, c'est là le pire moment de l'existence et c'est là que la force se doit d'être surhumaine pour réussir à retrouver sa raison. Je suis certain que ces pauvres parents ne sont pas encore remis du terrible choc, mais j'ose espérer que le temps peu à peu pourra atténuer leur immense douleur et qu'ils pourront continuer à vivre… pour l'autre enfant, pour ceux qui restent. Ce qu'il faut réaliser, même si c'est très difficile, c'est que rien, aucune puissance ne pourra ramener l'être cher. Dès lors, il faut s'appliquer à l'aimer comme s'il était encore là et à vivre comme il souhaite du haut du ciel qu'on le fasse. Il est certes difficile de se dire qu'on doit vivre quand on a vu mourir, mais c'est là une loi fondamentale de la nature que rien ne viendra dissoudre. J'ai pris ces parents en exemple parce qu'il ne pouvait y avoir de douleur plus intense, mais je pense aussi à ces dames âgées qui voient, après quarante ou cinquante ans de vie à deux, le conjoint partir pour l'au-delà. Là aussi, il y a tristesse indescriptible. C'est comme si on venait de perdre sa propre vie et ce n'est pas du jour au lendemain qu'on se remet de pareil chagrin. Cependant, avec le temps, avec le réconfort d'amis très chers, on finit par accepter, par se dire que d'autres sont aux prises avec la même peine et que pour la joie comme pour le malheur, c'est chacun son tour sur terre. J'ai souvent dit que le temps était un grand maître et je le maintiens puisque j'ai vu des gens qui se disaient affectés pour la vie se remettre un jour à sourire. Dans toute épreuve, il y a ceux qui partent et ceux qui restent… et c'est à ces derniers qu'il nous faut penser. Quand la douleur est intense, quand il ne nous reste, selon nous, plus rien à espérer, il faut savoir s'en remettre aux autres, être à l'écoute du réconfort et croire encore en des jours meilleurs. Il m'est arrivé à certains moments de ma vie de perdre tout espoir, de même vouloir essayer de comprendre ce que je prône aujourd'hui. Oui, j'ai eu aussi à traverser de durs moments, des moments où l'on se révolte même contre l'Être suprême… et le temps m'a appris que le cœur finit par fondre quand on le croit très dur et qu'à nouveau s'installe l'amour du monde. Quand la douleur est intense, pleurez comme vous n'avez jamais pleuré et c'est du haut du ciel… que l'être aimé viendra sécher vos larmes !

Combien cruelle est la rançon...

Et je ne parle pas ici de la rançon de la gloire de certains artistes, car cette rançon, aussi pénible soit-elle parfois, est voulue. Mais certains individus sont vulnérables au point de devenir les cibles du moindre éternuement en public. Ce que je veux décrier, et que je déplore grandement, c'est ce manque d'humanisme, ce manque flagrant de charité chrétienne de la part des journaux face à des gens comme vous et moi qui ont le malheur de commettre une petite bêtise qui prend soudain l'ampleur d'une catastrophe. Je lisais dernièrement dans un quotidien du matin qu'un policier avait perdu son emploi pour un vol de 4,50 $ dans un magasin quelconque dont j'ai perdu le nom. Je suis entièrement d'accord pour dire qu'un policier se doit d'être d'autant plus honnête à cause titre qu'il porte et du symbole qu'il représente pour le peuple. Mais je trouve malhonnête que, dans ce fait divers de la page deux, on donne le nom du policier, l'endroit où il réside (en province, ce qui est pire) et qu'on ne prenne même pas la peine d'expliquer ce qui avait poussé le policier à s'emparer ainsi d'un objet de plomberie sans le payer. Peut-être a-t-il tout simplement été victime de son impatience face au mauvais service aux caisses de nos grands magasins ? Je ne suis pas ici pour le juger ni le défendre et encore moins présumer quoi que ce soit, mais ce que je trouve ignoble, c'est que pour un si petit larcin on ait donné sans pitié son nom en public à toute la province sans penser un seul instant que sa femme et ses enfants allaient être montrées du doigt par tous ceux qui les reconnaîtront. Comment peut-on faire telle infamie à des enfants qui n'ont pas à payer pour une faute de ce genre et comment un si petit vol peut-il se retrouver en manchettes des quotidiens quand des délits beaucoup plus graves sont passés sous silence ? Parce que c'était un policier ? Je me demande si un plombier aurait eu droit à deux lignes dans le même journal. Sûrement pas pour 4,50 $! On veut donner l'exemple, être sévère, et ce, au détriment de la réputation d'une famille entière ? Honte à de tels procédés, car il n'est pas toujours vrai que qui vole un œuf volera un bœuf. Le même principe s'applique à certaines personnalités publiques qui se font arrêter au volant de leur voiture avec un « p'tit coup de trop dans la casquette ! » Je suis d'accord que la loi doit être la même pour tout le monde et que, ministre ou pâtissier, personne ne doit être épargné, mais de là à en faire le scandale du siècle parce que la personne est connue, c'est malheureux. Dans une province comme la nôtre, je vous jure qu'il est préférable d'être un parfait inconnu plutôt que d'avoir un certain nom, car vous avez beaucoup plus de chance de sortir indemne d'un magasin avec l'outil que « vous aurez oublié de payer » que si vous êtes « matière à alimenter la une ». Vous savez que ça finit par rendre nerveux tout ce tapage publicitaire ! S'il fallait que l'on prenne une bière de trop lors d'un mariage ? Une seule bière et l'on est cuit à moins d'être un illustre inconnu ! On dirait que le Québécois n'a jamais cessé de guetter le Québécois pour lui frapper sur la tête, surtout si elle a une certaine valeur commerciale. C'est là notre mentalité, que voulez-vous, et nous ne la changerons pas de sitôt. Donc si vous êtes une personnalité, si vous êtes le fils, la fille ou la mère de... prenez garde, car vous êtes aussi vulnérables. N'allez jamais mettre un rouleau de ruban adhésif dans votre poche par mégarde, car je vous jure que vous ne pourriez jamais expliquer ce malentendu à qui que ce soit, encore moins aux médias qui auront déjà publié votre photo et imprimé votre adresse, pour le plus grand malheur de vos enfants. Si c'est ça avoir le cœur à la bonne place, moi je pense que le bon sens a depuis longtemps… perdu la face !

Lettre à un inconnu...

Récemment, j'ai senti monter en moi une douce chaleur après avoir lu la lettre d'une jeune fille qui se sentait si seule au monde qu'elle avait éprouvé le besoin d'écrire « à l'inconnu » que je suis pour elle. Sans me connaître, mêlant le vous et le tu, ayant lu mes billets, je suis devenu lors de ces dix pages de confidences « l'ami » dont elle avait besoin pour se vider le cœur, comme elle me le disait si bien. Elle n'exigeait aucune réponse et n'avait signé que de son prénom et de sa petite ville des Laurentides. J'ai gardé le tout précieusement, sachant que je ne pouvais l'aider qu'en la lisant. Désespérée après la fin d'un bel amour, triste dans sa solitude et indécise à quitter ce patelin qui l'avait vue naître, cette jeune femme avait besoin de se confier à quelqu'un, de livrer son long monologue et d'exorciser son cœur de toutes les peines qui l'étouffaient. Je la lisais et je me demandais : « Mais elle n'a donc personne autour d'elle pour l'aider ? Aucune amie pour l'entendre et la comprendre ? Aucun parent pour lui prêter l'oreille ? » Et j'ai senti qu'elle avait sans doute tout ça à sa portée, mais qu'elle cherchait à s'ouvrir à quelqu'un qui ne ferait que l'écouter en silence. Écrire à un inconnu, comme à un frère, comme à un ami, c'est vouloir que quelqu'un d'autre sache le tourment qui nous angoisse. Plus je la lisais, plus je comprenais qu'il lui était impossible de se livrer à quelqu'un de plus près d'elle. D'ailleurs, elle ne voulait pas qu'on l'aide puisqu'elle était assez forte pour se sortir de son dilemme. Tout ce qu'elle voulait, c'était écrire pour qu'on la comprenne, que quelqu'un soit au courant de sa détresse, de sa vie, et qu'une fois l'enveloppe scellée elle puisse laisser échapper un soupir de soulagement sachant que désormais je partageais son secret. Être celui qu'on choisit comme déversoir de ses chagrins, c'est flatteur et triste à la fois. Flatteur parce qu'on sent la marque de confiance qui s'en dégage et triste parce qu'on est là, impuissant, ne pouvant rien faire, rien dire. Seulement comprendre sans pouvoir l'exprimer. Oui, mademoiselle, j'ai compris dans votre lettre tout le désarroi qui vous avait envahi, mais j'ai aussi noté cette force extraordinaire qui vous habitait. J'ai saisi entre le «tu» et le «vous», entre le «Denis» et le «monsieur», que l'inconnu à qui vous parliez, vous le considériez comme un ami. J'ai prêté mes yeux à vos neuf ou dix pages et j'ai relu et relu tous ces mots afin que mon cœur puisse atteindre les pensées du vôtre et vous dire «vous n'êtes plus seule, j'ai compris». Pour se sortir de cette impasse, cette jeune maman n'avait besoin que de s'ouvrir à «un inconnu» et voilà que c'est fait. Curieusement, cette missive m'a rappelé le jour de mes dix-sept ans alors qu'en mal d'aimer j'avais écrit comme ça à une courriériste sans que ma lettre paraisse. Je n'avais signé que d'un prénom et je ne voulais surtout pas de réponse. Dans un courrier suivant, elle m'avait écrit au bas de sa page. «Je suis de tout cœur avec toi!» et j'étais rassuré, heureux de savoir qu'elle était dès lors ma complice. Ce fut notre seul entretien, mais «mon inconnue» à moi avait été un baume tout comme j'espère l'être pour celle à qui s'adresse plus particulièrement ce billet. Il y a de ces moments dans la vie où l'on a envie de parler à quelqu'un qu'on choisit au hasard de la vie. Quelqu'un en qui l'on a confiance et qui se veut l'oreille dont on a besoin pour se délier la langue. Il arrive que l'inconnu à qui l'on raconte sa vie finisse par nous connaître par cette missive beaucoup plus que tous ceux qui nous entourent. Et je pourrais vous dire, mademoiselle, que j'ai compris à quel point vous serez encore heureuse d'ici peu… si seulement votre cœur le veut!

Ces enfants dont on abuse...

Pauvres petits êtres sans défense ! Pauvres petites créatures du bon Dieu dont on abuse froidement ! Je ne sais pas ce qui se passe en notre siècle dément, mais j'en suis rendu à avoir peur d'ouvrir un journal par crainte de lire le triste sort d'un autre enfant agressé par ses propres parents. Je suis chaque fois indigné, pour ne pas dire révolté, et je me retiens dans un excès de trop grande bonté pour ne pas souhaiter qu'on écrase comme des poux ces abuseurs. Comment peut-on mettre un enfant au monde et en abuser sexuellement dès qu'il fait ses premiers pas ? C'est inconcevable et pourtant, c'est arrivé plus d'une fois. Imaginez ! De pauvres petites filles en âge de jouer avec leur première poupée qui se retrouvent dans le lit du père, de l'oncle ou du grand frère... quand ce n'est pas dans celui du grand-père ? N'est-ce pas assez dégueulasse ? Je n'ai qu'à y penser pour sentir mon sang faire vingt tours dans mes veines. Je veux bien croire que ces gens sont des malades qui ont besoin de soins, mais n'allez pas me dire que ce mal est conta-gieux au point qu'on soit obligés de venir en aide à une petite victime chaque semaine. Il y a peut-être des inconscients dans le lot, mais il y a sûrement des désaxés qui, au gré de leurs fantasmes, s'accordent des permissions qui mériteraient un juste châtiment. Quand je pense qu'une famille entière de la sorte a été remise en liberté parce que la pauvre petite fille n'a pas été capable de les accuser, ça me dépasse ! Une pauvre fille qui a à peine l'âge de raison et qui se tait par peur de repré-sailles et voilà que ces monstres humains sur qui on avait pour-tant des preuves sont lavés de leur crime. Faudra-t-il en venir

au « flagrant délit » ? Les yeux tristes d'un enfant, ses tremblements de peur ne suffisent-ils pas à discerner les faits ? Si
seulement vous saviez ce que deviennent ces enfants agressés
sexuellement. Allez visiter un centre où l'on tente de les réa-
dapter et vous serez blessés autant que moi de voir que des
êtres immondes sont encore en liberté. Des enfants agressés, ce
sont des enfants marqués pour la vie. La route parsemée
d'étoiles qui aurait dû être la leur devient un sentier de ronces
et d'épines. On ne fait pas d'un buisson malmené un chêne à
toute épreuve. Ce que ces jeunes ont subi les suivra toute leur
vie et rares sont ceux qui s'en remettront complètement. Même
le temps n'efface pas ces images d'une enfance piétinée. Il y a
de ces bourreaux qui s'attaquent aux enfants, n'importe quel
enfant qu'ils croisent sur leur chemin. C'est affreux, mais c'est
encore moins dégoûtant que lorsqu'un enfant subit les sévices
d'un père ou d'une mère. Le respect de l'enfant, c'est important. Qu'importe ses tendances, qu'on les refoule ou du moins
qu'on écarte de son chemin ceux à qui on a donné la vie. Si
vous qui me lisez êtes de ce nombre, de grâce, évitez à ce petit
être de frémir pour le reste de ses jours. Confiez-le à des
parents, à des amis, à des institutions, faites tout en votre
possible pour l'éloigner de vous et ce sera déjà un pas vers une
solution. Je sais qu'il y a des lois qui protègent ces enfants dont
on abuse. Je sais qu'on les enlève à leurs parents quand on
l'apprend, mais quand le mal est fait, que reste-t-il de cet enfant ? C'est à ceux et celles dont l'instinct l'emporte sur le cœur
que je m'adresse. S'il vous reste une parcelle de bon sens, un
grain de paille d'intelligence, sauvez vite cet enfant, votre
propre enfant, de tout ce qui pourrait déboussoler son existence. Est-ce là trop vous demander avant qu'il soit trop tard ?
Pour l'amour de sa petite vie, si vous avez encore un cœur et
qu'il ne soit pas de pierre, épargnez-le… avant d'en avoir du
remords jusqu'à votre dernière prière !

Sous mon sapin bleu...

Je ne vous l'ai jamais dit, mais j'ai la chance d'avoir, dans ma cour, un énorme sapin bleu qui m'apporte une brise et me procure de l'ombre quand il fait trop chaud. Je m'en suis bien souvent servi cet été et c'est encore avec joie que je lui fais au seuil de l'automne encore la cour. J'ai placé sous ce sapin majestueux une chaise longue avec un bon matelas coussiné qui me permet le réel sommeil d'après-midi que chante le poète. C'est sûr que ça m'a rendu bien souvent paresseux et que j'aurais fait de trop longues siestes si le gros chien du voisin n'avait pas eu plusieurs fois la bonne idée de venir me réveiller pour avoir son biscuit. Sous cet arbre, quand je ne dors pas, je réfléchis. Oui, je pense à tout ce qu'a été ma vie d'hier à aujourd'hui et à tout ce qu'elle m'apportera avec le temps, même si je suis du genre à ne vivre qu'un jour à la fois. C'est quand on est seul, allongé, les yeux levés vers le ciel qu'on fait avec son cœur son plus beau tour de terre. Je me revois dans mon autre petite maison où, encombrés les uns sur les autres, je tentais de travailler de la tête avec le téléviseur allumé pour les enfants et la machine à laver comme accompagnement. Je regarde encore plus en arrière et je me revois sur ce petit balcon avec juste de la place pour un pouf et deux petites chaises pour les enfants. Je ne regrette rien de tout cela car le bonheur, ça ne se mesure pas, mais à regarder ce gros sapin, qui somme toute m'appartient, j'ai l'impression d'être roi et maître d'un paradis terrestre. Il m'en aura fallu du temps pour avoir droit à ce bienfait, par contre ça en valait la peine. Non, je ne suis pas exigeant. Non, je n'ai pas de piscine ni de luxe chez moi. J'ai ce sapin, une balançoire, de la verdure et une sainte paix. Que pourrais-je demander de plus pour me sentir bien ? J'ai chaque jour la visite de deux petits écureuils qui viennent quémander quelques noix ou une prune. J'ai aussi, sur ma remise, une ou deux familles complètes de moineaux qui, postés en rang d'oignons, attendent leur pain quotidien. J'ai le gros chien noir du voisin, un bouvier, qui sort dès qu'il entend mon pas et qui veut que je le gâte chaque fois. Et c'est là que je réfléchis, que je revois toutes les belles images de ma vie pendant que mon épouse à déjà entrepris un tricot en prévision de l'hiver. Ma fille est repartie pour la Saskatchewan et mon fils ne vient à la maison que de temps en temps. Le repos du guerrier ? Tout simplement le bel entracte de la vie quand on a toujours durement travaillé. Aujourd'hui, sous mon sapin bleu, je lis et relis les lettres de lectrices reçues après la parution de mes livres ou après un article dans *Le Lundi*. Tout en me reposant, j'ai la tête qui trotte sans cesse et je me demande ce que sera mon prochain pas pour vous faire plaisir, vous garder encore longtemps avec moi. Comme dans la vie, rien n'est acquis, c'est sans cesse que j'avive la flamme de notre douce complicité. Et en même temps, j'entrevois que d'ici peu je devrai rentrer ma chaise longue, ranger le matelas coussiné et voir peu à peu mon sapin bleu devenir tout blanc comme le plus bel arbre de Noël qui soit. Je verrai alors des petits oiseaux affamés qui viendront s'y percher et c'est de ma fenêtre que je leur lancerai des croûtons. Sous mon sapin bleu, j'écoute aussi la musique, ce qui prouve que parfois, dans la vie, il en faut bien peu pour se sentir riche en émotions. Moi, en moins d'une heure, je viens d'en vivre un million !

Ah ! ces voleurs... sans cœur !

Qu'on soit Bélier, Scorpion, Verseau ou Balance, on n'est pas tous nés sous « le signe de l'honnêteté » ! Pas un seul jour ne s'écoule sans qu'une dame se fasse dérober son sac à main ou qu'un honorable citoyen soit délesté de son porte-monnaie quand ce n'est pas de son argent tout simplement. Le pire, c'est que ces larcins se commettent en pleine rue et même dans des endroits publics. On a du culot, hein ? Un de mes amis a même vu une jeune femme en train de tirer avec son pied la bourse d'une autre dame déposée prudemment sous la table dans un restaurant. On n'empêchera jamais les voleurs de voler et c'est pourquoi il nous faut redoubler de prudence. Par contre, je me demande si, au sein de notre société, on va finir par tomber sur des malfaiteurs... avec encore quelques sentiments au fond du cœur. Se faire voler son sac, c'est le début d'un paquet de troubles indescriptibles. La victime, qui voit ainsi s'envoler une partie de sa vie, a dès lors le triste sort de faire je ne sais combien de démarches pour récupérer tout ce qui ne sert à rien au voleur, mais qui est si important dans sa vie. À partir de l'instant où l'on est ainsi délesté, il faut aviser toutes les compagnies de cartes de crédit, aller à la banque changer son ou ses numéros de comptes, se rendre au bureau des permis de conduire et en obtenir un autre après une heure d'attente, informer le gouvernement de la perte de sa carte d'assurance sociale, de celle de son assurance mala-die, etc. J'en sais quelque chose puisque je suis passé par toutes ces phases il n'y a pas très longtemps en me faisant dérober mon porte-documents en plein restaurant. Les coups de téléphone que j'ai pu faire, je ne les compte plus, sans parler des explications à fournir chaque fois. Il faut répéter son histoire au moins cinquante fois sans compter les déplacements occasionnés. Le pire, c'est qu'il n'y avait que des papiers et des cartes dans ce fameux porte-documents, des choses tout à fait inutiles à ce voleur d'occasion, mais combien précieuses pour moi. Bien sûr qu'il y avait des babioles et c'est avec joie que je lui en fais cadeau. J'espère même que mon eau de toilette sera à son goût. J'ai espéré, j'ai souhaité que «mon voleur» ait au moins la décence de me retourner par la poste mon carnet d'adresses et les photos et papiers qui ne lui serviraient pas. Mais non, je suis tombé sur un voleur sans cœur qui n'a même pas daigné me retourner les photos de ma femme et de mes enfants sans parler de la dernière photo de ma mère de son vivant. Par contre, il a tenté maladroitement d'obtenir un télé-viseur d'un grand magasin en se servant de l'un de mes chèques qui n'était même plus valable. Pensent-ils vraiment que nous sommes à ce point naïfs parce qu'honnêtes ? Des voleurs avec un cœur, ça existe sûrement, mais le mien et tant d'autres n'en savent encore rien. Je pense que je lui aurais même pardonné, que j'aurais retiré ma plainte, s'il avait seule-ment eu, au fond de l'âme, une seule émotion face à celle d'au-trui. Plaie d'argent n'est pas mortelle… mais les souvenirs sont essentiels. Mes lunettes et mes médicaments, que le diable les emporte, mais le reste aurait pu me revenir en main propre si seulement mon voleur avait eu un peu de cœur. À vous tous qui prenez un malin plaisir à dérober les honnêtes gens, je vous de-mande, au nom de la décence, d'avoir au moins la main aussi généreuse que «preneuse». Retournez donc à vos victimes ces petites choses qui ont tant d'importance pour eux. En faisant ce simple petit geste, qui sait si au jugement dernier le bon Dieu… ne fermera pas un peu les yeux !

Sa petite vie... à soi !

Il m'arrive trop souvent d'entendre des jeunes affirmer : « Ah ! si seulement je peux en arriver à avoir ma petite vie à moi, dans mes affaires et quitter enfin ce toit familial que je trouve si lourd... » pour ne pas en faire un billet. Bien sûr que c'est là le rêve de tout jeune adulte qui aspire à vivre sa petite vie avec celui ou celle qu'il aime. Je me souviens de mes vingt ans et de ma hâte de me retrouver dans un petit logement juste pour deux. Je me disais même : « Si j'avais de l'argent, je le ferais plus vite encore ! » Il est évident qu'avec le temps, quand on devient adulte, les parents peuvent devenir pesants à la longue. Mais, avez-vous pensé un seul instant que ces parents ont aussi hâte que vous de se retrouver enfin seuls en tête-à-tête, mission accomplie auprès de leurs enfants ? Avez-vous songé qu'en dépit des ans et de leur dur labeur, ils ont aussi le désir bien légitime de vivre quelques années de quiétude et de solitude avant de partir pour le grand voyage ? Que deux ou trois grands enfants encore à la maison, avec leur « chum » ou leur « blonde » en plus, ça fait bien du monde sous le même toit... pour eux comme pour vous ! Mais non, on dirait que les parents, c'est fait pour tout prendre sans jamais dire un mot. C'est comme s'ils n'avaient plus rien d'autre à espérer de la vie que ces enfants qui sont encore là à rêver de ne plus y être. Dommage que la sagesse vienne si tard dans le cœur des humains. Quand je me suis marié à vingt ans pour avoir ma petite vie bien à moi, je n'ai pas réalisé un instant que ma pauvre mère allait enfin pouvoir avoir la sienne bien à elle. Comme il ne lui restait qu'un enfant à la maison, ses corvées étaient certes de beaucoup diminuées et sa liste d'épicerie aussi. Finis pour elle mes caprices, mes sautes d'humeur, mes exigences, mes manies. Elle m'aimait certes de tout son cœur et je le lui rendais bien, mais dans ma petite tête écervelée, j'ai sûrement pensé que j'étais le seul « bénéficiaire » de cette bonne affaire ! Et pourtant. Pendant que j'étais sous le toit familial, je n'ai jamais pensé un seul instant que les trois repas que je prenais, le chauffage et l'électricité, sans parler du reste, étaient payés par mon père. Je l'ai vite compris, croyez-moi. C'est sans doute à ce moment que j'ai également compris que « le toit familial » n'était pas si « écrasant » que je le pensais. Quand on est appelés à vivre à quatre ou six adultes dans la même maison, il faut apprendre à faire des concessions. Ce n'est pas parce qu'on est un peu « tassés » qu'il faut pour autant souffrir de claustrophobie. Les plus mal servis sont encore ceux qui en assument les frais. Parents un jour, parents toujours, et le meilleur confort ne leur revient pas toujours… même de droit. Des parents qui aiment, ça se tait et ça accepte sans jamais se plaindre de rien. Des enfants qui aiment devraient en faire autant tout en s'excusant de ne pas avoir compris avant. À vous, jeunes de notre temps qui rêvez d'un petit bien-être personnel, sachez que malgré tout l'amour que vos parents vous portent, ils jouiront eux aussi d'un petit bien-être naturel. Sa petite vie à soi, c'est aussi celle des autres. Être deux, ce n'est pas seulement pour les amoureux. Les parents aussi rêvent parfois d'être deux et de se reposer de tout ce qu'ils ont de grand cœur donné. Ne croyez pas que c'est toujours en pleurant qu'ils vous verront quitter le toit. Alors, pourquoi leur faire de la peine par des mots qui blessent ? Tant qu'à être encore sous ce toit, soyez-y de bon cœur… ou partez. Votre petite vie « bien à vous » deviendra la leur sur le coup. Changez dans vos écrits le « je » pour le « nous », sinon vous constaterez, en dépit du dicton, que « le bonheur des uns… fait parfois le bonheur des autres ! »

L'ère de la violence...

Tous les jours on entend à la télévision parler de crimes et de délits qui deviennent, rapidement, des faits divers ou presque, parce qu'on n'y porte pas plus attention qu'il ne le faut. La semaine dernière, j'ai acheté un de ces journaux dont le titre finit par «police» parce qu'un ancien confrère y travaille maintenant et que j'étais curieux de lire sa plume en ce domaine. Croyez-le ou non, mais de la première page à la dernière, j'ai frémi, j'ai eu peur et j'ai été révolté face à cette société que je n'avais jamais étudiée sous cet angle. Un professeur accusé d'agressions sexuelles sur des p'tits gars, un garçon de quinze ans assassiné par un pédophile, et je vous épargne la brutalité des détails. Le meurtrier s'en est tiré avec vingt-cinq ans de prison ce qui veut dire... non, j'aime mieux me taire. Plus loin, un jeune homme assassine sa blonde, une belle fille de dix-neuf ans, avant de s'enlever la vie à son tour. Un drame passionnel, quoi! Plus loin encore, là, j'ai été révolté, le viol le plus sadique de l'histoire par trois gars qui, parce qu'ils étaient trois, ont écopé de dix, six et quatre ans de prison... seulement. La pauvre fille, qui ne se remettra sans doute jamais de cette humiliation dont je vous épargne les détails, en tremble sûrement encore d'horreur. Je tourne la page et c'est un homme coupé en morceaux par son épouse et l'amant de cette dernière qui fait la manchette. On n'a même pas encore retrouvé la tête! Peut-on être primitif à ce point même dans sa façon de tuer? J'en ai des frissons. Là, c'est une petite fille de sept ans qui est morte brûlée vive, accidentellement... parce que sa grand-mère qui en avait la garde était allée prendre un coup. Je tourne la page presque de peur et je lis qu'un couple a écopé d'une journée de prison, une seule journée de quelques heures, pour avoir abusé sexuellement, dans une orgie, de deux personnes atteintes de déficience mentale ! Un homme a eu la gorge tranchée d'une oreille à l'autre pour avoir invité un gai chez lui pour prendre une bière. Une autre enquête piétine parce qu'on n'a aucune trace du meurtrier d'un homme, de sa concubine et d'une innocente petite fille qui se trouvait sur les lieux. Plus loin, on tente de régler en cour une affaire de sodomie... et j'arrête là. Heureusement qu'il y avait un horoscope et un mot caché à faire, car, j'en serais encore à trembler d'indignation devant tant de violence dans si peu de pages. Mais où en sommes-nous donc ? Quelle est donc la raison qui fait que le monde est devenu si malsain tout d'un coup ? Les amateurs de sensations n'ont même plus le temps de suivre un procès qu'on leur annonce deux autres meurtres en les numérotant pour être sûr de battre le record de l'an dernier. Pas surprenant qu'il y ait trois journaux spécialisés et que le *Journal de Montréal* leur fasse aussi concurrence. Pas surprenant non plus que les jeunes couples ne puissent plus laisser leurs enfants jouer dans la rue comme nous le faisions jadis et pas surprenant que personne n'ose se promener en ville ou dans les parcs le soir. Pendant ce temps, on marche pour le désarmement nucléaire, on proteste contre tout ce qui pourrait mettre le monde en péril alors qu'on n'est même plus en sécurité dans sa propre petite ville. Que faut-il faire ? Abolir les drogues qui sont bien souvent à l'origine de ces crimes ? Ce ne serait pas bête, mais il faudrait s'y mettre. Si on arrêtait ces gens le soir au lieu de ceux qui ont pris un verre de vin de trop, ce serait déjà un pas de fait. Je n'ai pas de solution, non, pas vraiment, mais si l'on remet en question la peine de mort... je vous jure que je vais me poser la question sérieusement !

En pleine dénatalité…

Je lisais dernièrement les statistiques ayant trait à cette fameuse dénatalité que le Québec vit en ce moment et dont personne ne semble s'inquiéter. En l'an 2000, nous serons si peu nombreux, à moins qu'un régiment de réfugiés vienne s'installer parmi nous, qu'on se demande qui travaillera alors pour payer les pensions de vieillesse… que nous n'aurons sans doute plus. Si la solution consiste à ouvrir les portes de l'immigration, le Québec n'aura jamais été aussi cosmopolite et nos enfants seront les premiers à se plaindre de ne plus se sentir chez eux. Bon, quelle serait donc la solution à ce moment ? Il n'est pas facile à régler ce fameux problème de dénatalité, car si j'avais moi aussi vingt ans, je me demande si en un siècle aussi perturbé où l'inflation croît sans cesse, je serais intéressé à fonder « une grosse famille de trois ou quatre enfants » ! Ce qu'il faut analyser et comprendre au départ, c'est que les jeunes couples d'aujourd'hui ont besoin de deux salaires pour réussir à vivre convenablement. Vous me direz qu'il y a parfois exagération et qu'ils n'ont pas besoin de « deux voitures » et de la maison avec foyer. J'en conviens, mais les jeunes couples d'aujourd'hui ne sont plus ceux que nous étions hier. Il ne faut pas oublier que nous les avons gâtés ces enfants et qu'à leur place peut-être serions-nous tout aussi exigeants. Dans notre temps, un petit loyer, l'autobus, le petit balcon et notre marmaille… c'était ça le bonheur ! Heureux temps que celui où un rien savait nous contenter, mais il n'en est plus ainsi et notre relève aura des cheveux gris bien avant nous. Avec tout ce bavardage, je n'ai pas encore réglé le problème et je vais tenter de soumettre à la bonne foi du gouvernement une solution qui pourrait peut-être s'avérer fructueuse. Il se donne chaque mois des sommes considérables en guise de bien-être social à des gens qui se moquent éperdument de se chercher du travail, même pétants de santé. Pour être explicite, pourquoi ne favoriserions-nous pas ces petites femmes qui accepteraient d'être mères à part entière en leur versant ce que j'appellerais un salaire… pour que nous puissions nous multiplier. Imaginez ! J'ai une nièce qui a trois enfants sur les bras et un mari qui en arrache en tirant le diable par la queue pour les faire vivre. Le pire, c'est que pendant les années où ils n'étaient pas mariés, elle recevait une assistance sociale. Là, parce qu'elle a légalisé son union, plus rien… et les besoins sont pourtant les mêmes ! On réclame des mariages, des unions solides, des enfants pour assurer la relève et l'on ne fait rien pour encourager ces bâtisseurs de demain. Au contraire, on va même jusqu'à geler les allocations familiales qui sont tout juste utiles à payer le beurre de pinottes et la poudre pour bébé. Pendant ce temps, on verse chaque mois des montants substantiels à des parasites qui se pavanent, croyez-le ou non, sur les berges de la Floride en plein mois de janvier. Aucune étude sérieuse n'est faite dans la plupart des cas et c'est nous qui payons bêtement cette farce monumentale. Tant qu'à payer, je serais beaucoup plus heureux de savoir que mon argent s'en va vers une maman qui vient de mettre un autre enfant au monde pour enrayer le fléau de la dénatalité. Ne pensez-vous pas que la mère au foyer qui en est à trois ou quatre enfants pour la survie d'un peuple ne mériterait pas d'être rémunérée par ce même peuple duquel elle assurera la relève… et nos pensions de vieillesse ? C'est peut-être pas encore là «la solution», mais je me dis que c'est pas plus bête que toutes les gaffes qu'ils font. On veut des enfants ? Qu'on vienne en aide aux mamans !

Le vandalisme... toléré !

Vous allez certes vous dire : « Quelle mouche l'a piqué dernièrement ? » parce que je m'emporte encore une fois cette semaine ? Je vous répondrai que j'en suis parfois à regretter que ce ne soit pas toujours l'hiver pour ne pas avoir à subir plusieurs désagréments propres à l'été. Oui, je suis en beau m... et pour cause. Moi qui habite tout près d'un vaste parc public, je n'ai pas à vous dire ce qui m'arrive si vous avez aussi cette malchance. Figurez-vous donc que ce parc, lorsque vient le soir, est envahi par de jeunes gens de la pire espèce. Anglais, Français, Noirs et autres que je ne peux pas toujours identifier s'y donnent rendez-vous avec des caisses de bière, de la drogue, des blasphèmes et le laisser-aller le plus total... d'autant plus qu'ils n'ont même pas un sou pour s'acheter un hamburger. Le retour de ce parc, c'est vers deux heures du matin qu'il s'effectue et je vous jure que ce n'est pas là le remède à l'insomnie, puisque les deux rues qu'ils arpentent sont plus animées que s'il était deux heures de l'après-midi. Ce qu'on entend, je vous ferai grâce des jurons, ce sont des cris d'un bord à l'autre de la rue, des radios avec le son assez fort pour réveiller les morts et des batailles pour « le fun » quand ce n'est pas « pour le vrai ». Si on ajoute à cela les bouteilles de bière vides cassées en mille miettes que je ramasse le lendemain dans mon entrée, des branches d'arbres arrachées, des fleurs piétinées et des autos égratignées avec antenne de radio pliée en deux... et j'en passe. Ce vandalisme est quotidien et dure depuis que j'habite ce beau coin tranquille le jour et qui se veut pire que la rue Sainte-Catherine le soir. Bon là, je vous ai dit ce qui se passait.

Il faudrait bien que je vous dise ce que j'ai fait... en vain, croyez-moi. Un de ces soirs où c'était pire que d'habitude, j'appelai la police qui s'occupe du coin et on m'a répondu : «Oui, on sait, on a envoyé trois chars vider le parc !» Belle solution, on les sort du parc et on les garroche dans nos rues alors qu'ils sont saouls ou drogués jusqu'aux oreilles. Sur qui se venge alors ce beau monde sinon sur de paisibles citoyens qui tentent de se remettre d'une dure journée de labeur. J'ai bien expliqué au sergent que ce n'était pas là une solution et qu'il fallait patrouiller nos rues de onze heures jusqu'à deux heures du matin afin de protéger nos biens. Tout ce que je leur demandais, c'était une étroite surveillance de nous, citoyens qui payons nos taxes et je lui ai même donné mon adresse pour qu'ils viennent constater les dégâts qui venaient de se produire chez moi. Vous pensez qu'ils sont venus ? Je les attends encore. Peut-être que si je leur avais dit qui j'étais et que j'allais rendre ce fait public, peut-être se seraient-ils empressés de venir, mais je n'ai pas à être une menace pour eux pour qu'ils s'occupent de moi et je crois que tout individu quel qu'il soit a droit à ce privilège. C'est donc pourquoi je les épargne cette fois et que je ne nomme pas le sergent en question pas plus que le numéro du poste. Et moi qui ai dit tant de bien des policiers ! Non, je ne le regrette pas, car il ne faut pas faire un tout d'un cas. Ce que je demande à la Ville, et je pense que plusieurs seront de mon avis, c'est qu'on ferme ces parcs dès que la noirceur survient. De cette façon, vous éviteriez bien des drames et les policiers seraient moins invectivés. De plus, la boisson devrait être interdite et il devrait y avoir des gardiens de sécurité constamment. Si vous n'êtes pas capables de nous offrir cela, fermez-les ces m... parcs et nous n'aurons plus à subir ces animaux nocturnes. Quant aux policiers, pendant que je m'évertuais à leur parler de vandalisme, une vieille dame écopait dans le même coin d'une contravention pour avoir stationné dix minutes dans un endroit interdit. Voilà qui se veut moins risqué... et sans doute plus payant !

Quand les cloches sonnent...

Tintement mélodieux, sons harmonieux, musique impressionnante que celle qui émane des clochers de nos églises. Un certain dimanche, alors que le soleil en était président et que je paressais sur ma longue chaise de paille, j'entendis les cloches de mon église sonner et je me suis demandé : « Tiens ! pourquoi aujourd'hui ? » Comme j'habite tout près de l'une des maisons de Dieu, je pus apercevoir un couple en sortir avec un enfant enveloppé de langes, suivis de parents et amis. Les sourires, les clameurs et même les pleurs de ce petit être invitaient à la grande fête qui allait certes se poursuivre. Ce petit bébé de quelques mois venait tout bonnement d'avoir un nom bien à lui, tout en faisant partie de cette grande famille qu'est notre religion. Je regardais ce beau portrait de famille et je me disais avec joie : « Enfin, voilà quelque chose qui ne change pas ! » En un siècle où tout semble de plus en plus périmé, les valeurs fondamentales de la vie restent les mêmes, avec le même emblème. Voilà ce qui est merveilleux. Ce son venu du clocher est le même que celui où j'ai fait avec maints petits compagnons... ma première communion. Oh ! comme j'aurais voulu que le temps s'arrête ce jour-là. Juste pour entendre et regarder sans cesse ces cloches qui valsaient sur mes émotions. Avez-vous remarqué comment belles sont les occasions où elles se mettent de la partie ? Les samedis, c'est pour les mariés qu'elles dansent fébrilement. Elles vont d'une à l'autre sans se bousculer dans le seul but de s'ajouter à l'amour de ceux qui se sont juré de s'aimer pour l'éternité. Sur le parvis de l'église, on prend des photos, on lance des confettis, on retient son chapeau pour que le vent ne l'emporte, on rit, on se salue, on félicite cette mariée qui n'est jamais trop belle... et les cloches se veulent plus solennelles. C'est comme si elles se voulaient le complément du plus beau des verbes. Les autos se dispersent, les klaxons s'éparpillent, quelques fleurs sont encore sur l'autel, et même au loin... on les entend encore se mêler à la joie de nos cœurs. Il y a d'autres moments où elles tintent plus lentement, plus discrètement pour ensuite, soleil ou pluie, se mettre à nous offrir leurs plus beaux sons. À ce moment, c'est le dernier repos d'un être cher qu'on s'apprête à mettre en terre. Bien sûr que la joie n'est pas du décor, mais ne voit-on pas partir une âme vers le Ciel avec moins de chagrin quand les cloches lui ouvrent les portes du paradis? Ce qu'elles signifient à ce moment précis, c'est que pour l'être qui part, rien n'est fini. Elles se veulent de réjouissances, parce qu'elles savent depuis bien des années, que l'au-delà, c'est l'immortalité. Elles ont sonné pour tant d'autres et ne se sont jamais trompées. Les cloches des églises ne faussent pas la vérité. Quand elles se croisent aussi majestueusement, c'est pour nous ouvrir triomphalement un sentier au-dessus des nuages. C'est comme si c'était un devoir que de s'en faire gage. Et chaque dimanche qui vient, n'entendons-nous pas de ces innombrables clochers, l'appel vibrant du bon Dieu? Ces gens qui sortent de la messe, ces gens qui ont prié et communié, ces âmes qui ont partagé. Ah! comme il est doux le merci de cette église qui nous a pieusement accueillis. Je me rappelle, étant enfant, être resté souvent sur le perron de l'église Saint-Vincent-Ferrier à regarder, à contempler ces cloches dorées jusqu'à ce que le dernier son ait fini de frapper. Et en ce certain dimanche, tout comme autrefois, avec la même candeur, la même foi, j'ai réappris à aimer le chant de ces cloches qui ne cesseront jamais de nous enivrer... du récital de nos plus belles pensées!

Le vil opportunisme...

C'est à être trop bon qu'on s'en retrouve le plus souvent victime, mais que voulez-vous, je pense qu'il est dans les lois de la vie d'être naïf à tout âge. Il a certes dû vous arriver d'avoir affaire à ces êtres diaboliques qu'on appelle des «profiteurs», aussi minime soit le profit. Je ne parle pas ici d'escrocs d'envergure, oh non! Je ne fais mention que de ceux qui confondent amitié avec opportunisme. Si l'on regarde dans le *Petit Robert*, on pourra lire que l'opportunisme est une politique qui consiste à tirer parti des circonstances, à les utiliser au mieux, en transigeant même au besoin... avec les principes. C'est finalement quelqu'un qui règle sa conduite sur son intérêt momentané. Paraît-il qu'ils sont légion les êtres de cet acabit et c'est là qu'est le drame. Jamais je n'aurais cru que quelqu'un puisse abuser ainsi de la bonne foi d'autrui. J'en parlais dernièrement avec une très bonne amie qui me disait à quel point elle avait été victime de ces opportunistes qui ne la fréquentaient que pour ce qu'ils pourraient tirer de sa célébrité. Elle qui croyait que tout cela se voulait une saine amitié s'en est vite rendu compte et a quand même réussi à se faire avoir à trois reprises. Imaginez sa méfiance dès lors face à ceux et celles qui s'approchaient candidement de sa personne avisée. Le plus dramatique, me disait-elle, c'est que les gens remplis de bonnes intentions, «les vrais» comme elle les appelle, ont eu à payer pour les faux bien souvent. Sa méfiance était telle qu'elle ne pouvait croire qu'on puisse lui vouloir du bien pour l'être humain qu'elle était et non pour le nom fameux qu'elle portait. Dans d'autres circonstances, c'est quand on détient un poste qui nous rend vulnérable à ces attentats qu'on se fait aussi prendre au piège. Arrivistes de nature, ces opportunistes sont prêts à tout pour se hisser une place au soleil et si un mécène se présente, vlan ! ils ne lâchent plus la proie, jouant avec la sensibilité, l'altruisme, la bonne nature de l'autre. Bien souvent, on s'en rend compte, mais on ferme les yeux parce qu'on se dit qu'ils ont besoin d'être aidés peu importe la stratégie et l'on fait bêtement semblant d'y croire, de peur de les mettre au pied du mur. Oui, la générosité peut aller jusque-là et je pense que lorsqu'on a un cœur d'or, il faut beaucoup de temps avant de le rendre de pierre. À un certain moment, le vent tourne cependant ct il ne suffit que d'une erreur de l'ami pour que la porte de notre indulgence se referme à tout jamais. Ce moment, c'est quand on met cette supposée amitié à l'épreuve et qu'on se retrouve seul au moment où nous n'aurions eu besoin à notre tour que d'un effort de la part de l'autre pour se rendre chez soi quand ça ne file pas. C'est drôle, mais à ce moment, vous n'êtes plus mécène ni monarque de celui ou celle qui vous adulait la veille, vous n'êtes que le fautif qu'on laisse à son désarroi parce qu'une autre personne à l'improviste vient de lui dire qu'il ou qu'elle est génial. Conscient de tout ce qu'il a appris, il s'en sert encore une fois pour jouer une autre carte opportuniste sans savoir qu'à courir deux lièvres on se retrouve seul, surtout quand les victimes ne sont pas dupes à ce point. Doit-on les juger ? les condamner ces opportunistes de la vie ? Non, je les plains tout simplement et je tente même de les comprendre… pour ne plus jamais m'y laisser prendre. Et pourtant, qui sait si demain avec mon grand cœur, comme me disait ma bonne amie, je ne serai pas encore une fois à porter aux nues un opportuniste de plus ? Bah, qu'importe ! C'est peut-être ainsi qu'on récolte des indulgences pour le paradis !

Quand on fait place aux autres...

Ça veut dire qu'on voit sonner pour soi ce qu'on appelle l'heure de la retraite. La plupart du temps, ce changement dans notre vie survient vers l'âge de soixante-cinq ans, mais plus le monde progresse, plus on décroche plus tôt, c'est-à-dire qu'on voit maintenant des retraités de cinquante-cinq à soixante ans. Pour la plupart, c'est un très beau jour que celui où l'on dépose les armes pour faire place à d'autres, mais il y a de ces personnes qui, même si elles l'ont souhaité, prennent panique lorsque ce jour arrive. C'est un peu le cas d'un monsieur que j'appellerai Maurice et qui m'écrivait dernièrement pour me dire à quel point il se sentait démuni devant cette évidence. «Que vais-je faire?» me demandait-il et il ajoutait: «Comment ma femme et moi allons-nous vivre ces vingt-quatre heures constamment ensemble, nous qui travaillions chacun de notre côté?» Premièrement, une retraite, ce n'est pas une condamnation à la chaise berçante avec, pour toute motivation... qu'un écran de télévision qu'on regarde à deux du matin jusqu'au soir. Ce n'est pas parce qu'on arrête de travailler après trente-cinq ans qu'il faut vivre comme des «vieillards» dès le lendemain. Une retraite, ce n'est pas un arrêt cardiaque à ce que je sache! Vous êtes en forme? Vous n'êtes qu'au début de ce bel automne de votre vie? Alors... qu'est-ce qui ne va pas? Non, Maurice, vous n'avez pas à vous demander si vous parviendrez à passer vingt-quatre heures avec Évelyne sans en arriver à vous arracher les cheveux. Une retraite ne vous impose pas du jour au lendemain de vous souder l'un à l'autre. Que faisiez-vous lorsque vous travailliez tous les deux ? Vous aviez vos amis respectifs, vos groupes, vos sorties individuelles, non ? Alors, pourquoi faudrait-il que vous fassiez une croix sur tout ce qui entourait votre vie active parce que vous ne faites plus partie d'un *payroll* hebdomadaire ? Les amis d'hier ne demandent pas mieux que d'être les amis de demain… si vous ne les mettez pas au rancart vous-même. Bien souvent, parce qu'on est à la retraite, on s'imagine qu'on n'appartient plus aux cercles actifs et que tout ce qui nous attend, ce sont les clubs de l'âge d'or. Au départ, dès que l'heure de « la délivrance » sonne, on devrait se mettre en tête de faire tout ce qu'on n'a jamais eu le temps de faire avant de penser à quelque aspect négatif, quel qu'il soit. On ne se demande pas si Évelyne nous tombera sur les nerfs et vice versa, on commence d'abord par s'acclimater et à se tracer un livret de bord des journées à venir. Évelyne, pour sa part, a sûrement des idées plein la tête que ce soit pour elle… ou pour les deux. À l'heure de la retraite, il est temps de laisser la vie nous emporter sur ses improvisations. N'avons-nous pas été pendant des années esclaves d'une carrière ou d'un métier ? J'ai connu un monsieur qui me disait : « Moi, au début, je pensais que j'aurais le temps de tout faire pour ensuite m'apercevoir que je n'avais encore jamais eu le temps de ne rien faire. » Cet homme en pleine santé avait opté pour un bénévolat dans la politique pendant que son épouse prenait des cours de peinture et faisait valser un talent gardé entre guillemets depuis vingt-cinq ans. Allons Maurice, cessez de vous en faire. La retraite, ce n'est pas la fin mais plutôt le commencement d'une autre belle étape de la vie. Ne planifiez pas trop ce que vous ferez de la vôtre. Commencez par prendre une grande respiration, retirez votre cravate pour de bon et ensuite, avec Évelyne, poursuivez votre vie à deux telle qu'elle était hier, juste avant ce coup de minuit. Finalement, ce que ça change, c'est ce que l'on change, et je vous assure que lorsque viendra la mienne… je serai loin d'être en peine !

Entre la tolérance... et l'indécence !

C'est peut-être après avoir lu mon titre qu'il serait bon de se dire : « Il est temps d'avoir du bon sens ! » Je ne veux pas me faire le défenseur de tout ce qui est illégal ou illicite, mais la façon dont nos autorités opèrent est la farce la plus monumentale qui soit. Oui, pour une fois, je vais vous parler de ce qu'on appelle « le sexe à l'étalage » ! Pas une seule semaine ne s'écoule sans qu'on puisse lire, dans certains journaux spécialisés, qu'un salon de massage a été fermé suite à une descente des policiers. Le plus drôle, c'est que ces mêmes journaux en font bien souvent la publicité dans les pages suivantes sous forme d'annonces payées. Ce qui est encore plus ridicule, c'est qu'on ne cesse d'émettre des permis pour l'opération de ce genre d'établissement... pour ensuite les fermer au nom de la moralité. Comme si ces jolies masseuses étaient là pour soigner l'arthrite des gens du troisième âge ! Allons donc ! On sait fort bien que ces endroits qui fourmillent ne servent qu'au plaisir des sens. Alors, pourquoi leur octroyer des licences d'exploitation quand on sait d'avance qu'on va ensuite les fermer ? Qu'on cesse de jouer à l'autruche ou qu'on leur donne le droit, une fois pour toutes, d'exercer à profit ces commerces destinées à une clientèle particulière. De toute façon, j'aime beaucoup mieux voir certains désaxés se rendre dans ces endroits plutôt que de les voir attaquer de braves jeunes filles en pleine rue. Un quotidien de Montréal a même sa rubrique d'annonces classées permettant à des « hôtesses », « masseuses », « danseurs et danseuses » d'aller offrir leurs faveurs à domicile ou dans les chambres d'hôtel. Et que dire de ces lignes téléphoniques érotiques dont les jeunes abusent et qui sont légales, paraît-il ? Si ces méthodes sont tolérées, alors qu'on tolère donc ce qu'on appelle le plus vieux métier de la terre. Qu'on cesse de nous embêter avec toutes ces arrestations qu'on provoque de toute façon. La prostitution a toujours existé et ne s'en sert-on pas à toutes les sauces ? N'a-t-on pas vu des prostituées, des danseuses, des travestis, des gens qui s'adonnent à l'échange de couples, des… et j'en passe, en pleine télévision autour d'une table bien garnie ? On les invite pour comprendre, non pour juger et le lendemain, ces mêmes prostituées se font arrêter pour avoir osé négocier avec un policier en civil qui les a approchées. Mais où donc est le bon sens dans toute cette affaire ? Qu'on y mette un frein définitivement, qu'on ferme même tous les « sex-shops », les salons de massage, les saunas, les cabines pour voyeurs, et qu'on arrête de publiciser leur « business » dans les journaux. Si l'État n'est pas capable de faire cela, alors qu'on les laisse faire et qu'on cesse de nous ennuyer avec ce qu'ils appellent « leurs bons coups », quand on leur tend si bien la perche. D'ailleurs, ceux qui fréquentent ces endroits interdits ne se font pas tordre les bras pour s'y rendre. Pire, voilà qu'on arrête aussi les clients qui répondent bien souvent à une réclame de journaux crédibles. S'ils veulent prendre la chance malgré tous les énoncés sur les risques… qu'ils aillent au diable, non ? Moi, je préfère voir ce genre de clients arpenter les couloirs de ces établissements que de les voir dans nos rues le soir. Pendant qu'ils payent pour des services, d'honorables jeunes filles n'ont pas à subir leurs sévices. Je veux bien croire que tout ceci est illégal dans notre beau pays, que ce n'est pas permis par la loi. Alors, si on veut qu'elles soient respectées, ces lois, pourquoi ne pas interdire avant plutôt qu'intervenir après ? On accorde, on retire, on permet, on arrête, et le bon sens me dit que d'abord et avant tout, les autorités se devraient d'être les piliers des normes… de notre si bonne société ! Pas vrai ?

À ma défunte mère...

Un an déjà que tu es partie, mère chérie, et je garde au fond du cœur une image douce et belle, ainsi que ce dernier soupir que tu m'as offert en me serrant contre toi. Comme le temps passe, surtout quand le tic-tac de l'horloge poursuit sa route inlassablement. Je te revois encore en ce jour de janvier de l'an dernier, alors que, remplie d'espoir, tu entrais à l'hôpital, sûre et certaine d'en sortir quelques heures plus tard afin d'aller visiter ce cher Ernest qui t'attendait, lui, le dernier grand amour de ta vie. Hélas, Dieu en avait décidé autrement et c'est la porte du ciel qu'Il t'ouvrit en dépit des supplications de tes enfants. Non maman, je ne Lui en ai pas voulu. J'ai certes pleuré de te voir nous quitter aussi rapidement, sans un dernier baiser, sans un dernier mot de tendresse, mais j'ai compris que ton voyage sur terre était terminé et que ce repos éternel te ferait jouir d'une paix sans trêve à ses côtés. Tu as dû retrouver avec joie papa qui t'y attendait ainsi que tes deux fils partis avant toi sans oublier ton père, ta mère, ta sœur et tous ces amis dont tu avais pleuré la perte. J'imagine que la fête des retrouvailles dans l'au-delà valait bien le sombre couloir qu'il t'a fallu traverser avant d'en être l'invitée. Je t'entendais me dire : « Ne vous en faites pas, ne me pleurez pas, on est si bien au paradis où je vous accueillerai à bras ouverts quand viendra votre tour. » Mais tu sais, maman, il est bien difficile pour nous, qui sommes encore sur terre, d'imaginer le bonheur de cet autre monde qu'on dit meilleur. On a beau se figurer le bien-être de l'éternité, ce qui n'est pas vu... s'avère encore l'inconnu. L'année qui s'est écoulée après ton départ, nous l'avons trouvée bien triste, crois-moi. Si tu savais comme je les ai attendus ces fameux coups de téléphone du matin qui venaient combler ta solitude, toi qui, ayant eu une si grosse famille, n'avais jamais pu t'habituer au calme et au silence d'une maison vide. Il n'a pas été facile d'aller reprendre tous ces bibelots que tu chérissais et cet amas de photos qui nous rappelaient de si beaux souvenirs. Porte close, je savais dès lors à quel point tu nous manquerais. Quand il m'arrive d'aller méditer sur l'urne qui contient tes cendres, je te sens là, tout près de moi, tout comme autrefois. Tu as tellement marqué nos vies que la route est difficile à poursuivre sans toi, avec tes belles manières… et parfois ton vilain caractère. Oui, tu nous manques, ma mère, et ce temps des Fêtes qui vient de s'écouler sans toi pour la première fois n'a pas été aisé. Née sous le signe du Capricorne, tu es partie sous le même signe en ce mois de janvier. Tu me crois maintenant quand je te disais que tu n'en faisais toujours qu'à ta tête ? Permets-moi de blaguer encore avec toi, maman, tout comme jadis, alors que tu m'envoyais paître… quand je visais trop juste. Tu sais, il y a encore des lectrices qui me parlent de toi et qui prient pour le repos de ton âme. C'est à travers moi qu'elles ont appris à t'aimer et lorsqu'elles m'écrivent pour me raconter leurs déboires, je leur dis que, du haut du Ciel, tu vas les aider… comme tu le fais si bien pour tous ceux que tu as laissés derrière toi. Je te quitte sur ces mots, mère bénie, et sache qu'en cette messe anniversaire de ta mort, je prierai avec toute la ferveur de mon âme pour que ton éternité soit telle que désirée. Sois heureuse en ce lieu céleste, encore plus heureuse que tu as pu l'être sur terre. Sois surtout assurée de mon amour et de ma meilleure pensée jusqu'au jour où un dernier signe de croix me conduira avec foi… jusqu'à toi !

La volonté de Dieu,
c'est que des
enfants naissent
pour fermer les yeux
... de ceux
qui disparaissent !

Sous les flèches de Cupidon...

Depuis que le monde est monde... ou presque, on le voit sous toutes les formes et de toutes les couleurs ce gentil Cupidon. La plupart du temps, sous les traits d'un enfant blond et bouclé, avec des ailes et un arc à la main, il lance, à qui veut bien s'en saisir, ses flèches de tendresse. Dieu de l'amour chez les Romains, assimilé à l'Éros grec, ce charmant petit personnage est devenu symbole des gens qui ont un cœur à offrir en guise de partage. Et de là son apport à la Saint-Valentin qu'on fête une fois l'an au nom de ceux qui aiment en silence, discrètement... ou très ouvertement. Un cœur à donner ? Bien sûr, à moins qu'il ne soit déjà pris par un autre qu'on ne veut délaisser. Je me revois enfant, postant ma toute première carte à une petite compagne de classe sans signer mon nom pour qu'elle puisse deviner en secret les sentiments de son Cupidon. Je me rappelle toutes ces boîtes de friandises en forme de cœur et garnies de satin que j'achetais pour celle qui allait partager ma vie. Il y en avait même une tout en rose pour ma mère, celle qui m'avait avec amour donné la vie. Et aujourd'hui ? La tradition se poursuit parce qu'il y a toujours quelque part... un cœur dans l'oubli. N'est-ce pas ainsi que Roméo a trouvé sa Juliette et que d'un seul baiser, La Belle au bois dormant s'est éveillée ? Non, il ne faut pas être timide en un jour comme celui-là. Il faut s'exprimer, avouer ses sentiments et faire savoir à l'autre par un geste ou une pensée à quel point on peut l'aimer. Non, ce n'est pas un jeu d'enfant que d'être archer et projeter dans le cœur du ou de la bien-aimée, les flèches de ses pensées. Allez ! dites-lui combien vous pouvez l'aimer, votre cœur ne s'en portera que mieux. Vous ne trouvez pas les mots ? Pourquoi ne pas vous servir de ceux d'une chanson ou d'un poème d'occasion ? Que vous viviez depuis longtemps avec l'être aimé ou que ce soit un tout premier ébat, le cœur a droit de s'annoncer. Dans le premier cas, si l'emphase est moins grande, l'affection n'en sera que plus forte. Dans le second, rien ne saurait être trop beau ni trop grand pour le début d'une passion. Il y a aussi ces cœurs pour qui l'amour prend soudain des angles lyriques. Chanter les louanges d'un père, d'une mère, d'un frère, d'une sœur et même celles d'un enfant, n'est-ce pas là aimer profondément ? Ce tout petit être qui dans une carte vient dire «Maman, je t'aime», quoi de plus adorable ! Bien sûr que les mots ne glissent pas de la langue, mais son petit cœur n'est-il pas un ruisseau de bonheur ? On peut fort aisément ajouter un présent en guise de sentiments. Un flacon de parfum pour elle, un œillet pour lui, des roses pour grand-maman, des chocolats pour un ami... et la fête se marie aux teintes des plus belles promesses de la vie. La Saint-Valentin, c'est le jour tout indiqué pour écrire avec l'encre de ses émotions ce que l'on n'oserait dire. C'est l'instant des doux aveux, d'un «peut-être», d'un «toujours», d'un «j'ai besoin de toi» ou d'un «j'ai soif de ton amour» ! Rien n'est plus tendre que d'entendre l'écho des rimes qu'un cœur avait en trop. Il y a également ceux qui aiment encore... sans ne plus aimer, ceux qui n'ont pas oublié la teneur du verbe au passé. Il y a aussi de ces amours naissantes qui n'attendent qu'un mot afin d'éclore au plus profond de notre âme. Il y a ceux qui n'ont plus à prouver l'intensité de leur bien-être, mais qui se doivent de le souligner. Sous les flèches de Cupidon, les cœurs les plus coriaces tombent parfois d'abandon. On se doit d'oser, de clamer, de crier tous ces mots qui nous sont permis... même quand l'amour est interdit !

La perte d'un enfant...

« Ah ! mon Dieu, comment font-ils pour surmonter cet immense chagrin, ceux à qui le drame arrive ? » Je me suis souvent posé cette question et j'en ai ressenti un long frisson juste à penser que j'aurais pu être de ces parents cruellement éprouvés. Comment se remettre d'un tel choc ? d'une telle affliction ? Ma mère, qui a perdu bêtement un fils à l'âge de deux ans, m'a dit jusqu'au dernier jour de sa vie : « Il n'est pas normal d'enterrer son enfant ! » Vieille, ridée, après avoir longuement vécu, elle avait encore ces larmes de mère accrochées aux paupières lorsqu'elle revoyait ce jeune enfant qu'elle avait jadis nourri de son sein. Jusqu'à son dernier souffle, elle y a pensé sans l'avoir jamais démontré durant sa vie. Je lui disais : « Tu sais, maman, il n'est pas dit que nous sommes inscrits à tour de rôle dans le registre de l'immortalité. » Elle baissait la tête, me répondait « oui, je sais »... le cœur plein de regret. Chaque semaine, je vois dans la colonne des décès des jeunes qui partent pour l'au-delà avant même d'avoir joui du printemps de la vie. Je suis ému, bouleversé, décontenancé et je pense en silence à ceux qui restent pour les pleurer. Que ce soit dû bêtement à un banal accident, ou au faîte d'une longue agonie, la peine est sans doute la même. Le cœur est peut-être plus meurtri quand on voit peu à peu le souffle quitter la vie, mais comme le cœur doit exploser brutalement quand l'enfant qu'on chérissait la veille, en lui disant : « Passe une bonne soirée »... nous revient le lendemain dans un cercueil. Pour ceux dont les enfants meurent de leucémie ou de diverses et longues maladies, c'est sans doute l'angoisse la plus pénible qui soit. On a beau s'y préparer, s'y attendre, se dire qu'il ne souffrira plus, mais combien doivent être longues ces nuits blanches. Face à l'accident qui nous ravit notre enfant, c'est le désespoir, la révolte intérieure, l'incapacité de ne pouvoir rien faire et une évidence qu'on traverse de prime abord le cœur bourré de remords. On s'accuse parfois bien injustement et les « si j'avais su » ou « j'aurais donc dû » se succèdent jusqu'à l'accalmie. Un enfant qui part, c'est la plus grande peine qui soit. Dieu soit loué que la chose ne me soit pas arrivée... même si un jour j'ai eu bien peur d'être à mon tour éprouvé. Un enfant qui part, c'est une âme que le ciel rappelle à lui. Douce consolation, me direz-vous, mais un père de famille qui a eu à traverser ce cauchemar avouait un peu plus tard, avec sagesse et sérénité : « Je ne suis qu'un mortel, mon fils, lui, est déjà immortel ! » Bien sûr qu'il a versé des larmes, qu'il s'est refusé à croire que son petit gars ne rentrerait plus le soir, mais le temps, ce grand maître, a eu peu à peu raison de son désespoir. Je vous l'avoue bien humblement, je n'ai pas pu trouver les mots pour lui témoigner mon partage de sa douleur. Avoir été moi-même, je l'aurais sans doute fait pleurer davantage, et à être un autre, celui qui se tourne vers la réflexion, aurait donné l'image... de l'outrage. Non, je suis resté muet, pensif et incommensurablement triste. C'est lui qui m'a secouru de mon inquiétude par sa foi, sa force et son courage. Comme pour plusieurs parents, la vie doit se poursuivre pour leur propre bien-être et ceux de leurs autres enfants. Épreuve épouvantable ? Sans doute, et la pire qui soit en ce qui me concerne. Par contre, ces agneaux qui meurent à l'âge des fleurs laissent derrière eux, si j'en juge par ce que j'ai vu, une lumière où scintille le courage. La vie doit continuer, avec les joies et même les autres peines qui surviendront. La force est parfois un silence et c'est sans doute pourquoi ma mère ne m'a jamais parlé de cet enfant qu'elle a fini par serrer dans ses bras... dans le couloir de son éternité !

Quand la coquille se brise...

C'est à ce moment, selon les normes, que le poussin sort de l'œuf en guise d'emblème pour que l'on puisse se souhaiter « Joyeuses Pâques ! » La fête toujours aussi belle est un peu en avance sur les fleurs cette année. Le printemps vient à peine de naître et le dernier mois de l'hiver n'est pas tout à fait mort que le fameux dimanche se doit d'être célébré un vingt-six, comme ça, selon les règles du calendrier. Je vous avoue avoir préféré les dimanches de Pâques de ma jeunesse alors qu'il faisait si beau et si chaud à la mi-avril et que nous allions à la messe en habit et en souliers, sans paletot, sans caoutchoucs. Comme on ne peut rien contre le temps et que j'ai l'impression que le printemps n'existe plus, mieux vaut célébrer positivement ce dimanche qui vient. Qu'il fasse soleil, qu'il pleuve ou qu'il neige, le Christ n'en ressuscitera pas moins pour autant et c'est à Celui qui a expié toutes nos fautes qu'il faut d'abord penser. Je ne dirais pas que j'ai gardé le culte au point de suivre la semaine sainte pas à pas, d'aller recevoir les Cendres ou de jeûner le Vendredi saint comme je le faisais autrefois, mais la magie de Pâques ne s'est pas pour autant envolée de mon cœur. La ferveur reviendra peut-être quand j'en serai à l'âge où le temps me permettra de me retremper les doigts dans le bénitier mais, en attendant, c'est en toute âme et conscience que je m'agenouille devant cette résurrection qui se veut chaque année le présage d'un monde meilleur. Ce qui est important, c'est qu'après un bon examen de mon for intérieur, je me sente capable de regarder le bon Dieu en face et de Lui demander sa bénédiction. De ce geste, je me sens renaître et j'ai l'impression que plus rien de mal ne peut arriver à personne. C'est comme si la Sainte Vierge avait essuyé, avec les langes de son fils, la misère humaine et les fléaux de la terre entière. C'est dès lors avec un regard vers le ciel et un autre sur ceux qui m'entourent que je déballe les petits colis qu'on vient de m'offrir. Oui, je suis toujours à l'âge des gourmandises et je vous avoue que les lapins de chocolat ont toujours mon appréciation. Je suis encore plus heureux quand je découvre un flacon renfermant mon eau de Cologne préférée mais, paraît-il, selon ma fille, de tels présents n'ont pas de signification en ce jour de Pâques. Je me soumets donc de bonne grâce à ces calories que je vais prendre et je me gave de sucreries comme au temps où ma mère me disait que j'allais y laisser mes dents. Pour ma part, je n'ai pas dérogé à la coutume que j'ai toujours gardée d'envoyer des cartes de souhaits à ceux que j'aime. En ce qui a trait aux cadeaux, j'opte pour les fleurs, les chocolats et aussi pour les foulards de soie imprimés aux couleurs du printemps. Chez moi, Pâques, ce n'est pas grandiose, mais délicieusement intime. Avec les membres de ma famille les plus proches, c'est un souper où le jambon est à l'honneur, il va de soi, et où l'on peut parler des bourgeons, des vacances estivales qui s'en viennent. J'en profite aussi pour regarder ma balançoire qui n'attend que les beaux soirs pour nous bercer et je sens tout l'optimisme possible monter en moi. C'est tôt cette année, mais d'un autre côté, ça nous permettra d'anticiper un été plus long. Loin du temps des fleurs de papier, des chapeaux de paille, des fers qu'on faisait poser à nos talons, Pâques a gardé l'essentiel de sa tradition, c'est-à-dire cet arôme qu'il dépose en nos cœurs à chaque année. Pour les petits, la joie se voudra toujours la même et poulettes et canards seront vite sortis de leurs petits paniers tressés. Que la joie soit dans tous les cœurs. Quand la coquille se brise… c'est le bonheur qui se répand !

Comme un pétale de rose...

Quel beau dimanche que celui où le soleil se réveille gentiment pour inonder de ses bienfaits le cœur des mamans. Avec lui, nous entrouvrons les yeux sur la douceur de cette journée et déjà, la tendresse nous envahit jusqu'au fond de l'âme. À peine habile sur ses deux pieds, c'est en ce jour qu'on voit un tout petit enfant remettre, au nom de papa, un cadeau à sa maman pour la première fois. Pour d'autres plus âgés, c'est la tirelire qu'on a défoncée pour couvrir de fleurs celle qui, à longueur de journée, les entoure d'amour et de bonheur. Savoir rendre, ne serait-ce que le dixième de tout ce qu'une mère peut donner, c'est déjà prouver que la gratitude est une bien belle habitude. Que ce soit un tout petit collier de perles, un flacon de parfum, une boîte de bonbons ou encore un foulard de soie, c'est le geste qui compte, surtout quand ce sont les yeux qui disent «merci» faute de trouver les mots. Une mère, c'est tendre, c'est fragile et si les mains deviennent de marbre à force d'avoir travaillé, son cœur demeure à jamais de porcelaine. Moi, quand j'avais dix ou douze ans, je me rappelle avec quelle joie j'emballais son petit cadeau de quelques sous. Oh! ce n'était pas grand-chose, sûrement pas avec le peu que j'avais. C'était parfois un gâteau de boulanger ou deux petites boucles qui venaient agrémenter ses souliers, mais c'était tellement de bon cœur, que pour elle le présent se faisait grandiose. J'attendais ce jour-là comme un grand événement. C'était ma façon à moi, petit garçon timide, de lui dire une fois l'an: «Si tu savais comme je t'aime, maman!» Les années passent et l'on vieillit pendant qu'on voit sa mère compter ses premiers cheveux gris. Là, c'est une autre histoire et c'est au compte de son avoir qu'on y dépose son bon vouloir. Du tout petit présent, nous voici aux gerbes de roses qui meurent hélas trop vite. On ramasse le dernier pétale et on le lui souffle tendrement pour que plus forte soit la cause. On ferme les yeux sur une douce nostalgie et on la revoit œuvrant jusqu'à minuit sur son « moulin à coudre ». On se rappelle toutes ses lessives, le tordeur qui restait toujours pris, ses chaudrons toujours pleins, du soir jusqu'au matin. On hume encore sa bonne soupe aux pois, ses œufs dans une sauce blanche, sa bonne tarte au citron et l'on se dit « pas déjà... » parce qu'il est derrière nous ce beau temps-là. Repos bien mérité, ces mères qui deviennent grands-mères se bercent de leur passé... sans jamais cesser de nous aimer. Mains plus usées par le dur labeur d'une vie, elles tricotent en silence de chauds vêtements pour nos petits. Oh ! non, leur mission n'est pas terminée. Elles se dévouent sans cesse même après nous avoir tout donné, et ce, jusqu'à leur propre éternité. C'est là qu'on se rend compte, qu'on apprécie vraiment tout ce qu'elles ont fait pour nous au fil des ans sans attendre le moindre remerciement. Et voilà que c'est à leur tour d'être timides, tout comme moi étant enfant, quand on leur propose un tout petit souper dans un grand restaurant. On insiste, on les pare de leurs plus beaux atours avec des mains remplies d'amour et elles nous suivent les yeux inquiets... de nous voir sortir quelques billets. Allez, gâtez-les ces mères qui ont tant fait. Au présent, ajoutez un baiser, une caresse, un mot d'amour, que sais-je. Offrez-leur de vive voix tous ces mots qu'on retrouve dans les cartes de souhaits et vous verrez que dès lors sa joie ne sera plus un secret. Une telle émotion n'a pas de condition quand un pétale de rose vient humecter son front. Si seulement vous saviez comme j'aimerais être comme vous auprès d'une mère qu'on aime... moi qui n'ai plus la mienne !

Mère un jour, mère toujours
... avec le même amour !

Devant le portrait de mon père...

Je suis là à partager ce visage dans un petit cadre rond, un visage sans sourire, un visage bon sur cette photo qui date du temps de la guerre. Il avait trente-trois ans à ce moment et c'est vrai qu'en lui cachant les cheveux qui étaient d'un autre style, je lui ressemble comme deux gouttes d'eau. Ce n'est pourtant pas là, l'âge où il est mort, c'était celui de son ma-riage. J'avoue avoir été plus pressé que lui puisque je l'ai fait à vingt ans, moi, ce grand pas. Il va sans dire qu'étant le cinquième en lice, il n'était plus très jeune lorsque je suis arrivé. C'est drôle, je le regarde et j'ai l'impression de ne l'avoir jamais connu. Je n'ai de lui comme souvenir qu'une image, qu'une photo que je tiens entre mes mains. J'avais certes sa montre de poche en or, mais les voleurs sont passés. Homme d'affaires averti, collet blanc immaculé, mouchoir de poche, il n'était guère souvent à la maison, mon père, et c'est ma mère qui eut à porter, bon gré mal gré, les plumes du chef de tribu. J'avais seize ans et je m'en souviens comme si c'était hier. C'était le soir de l'Halloween et je n'avais guère le cœur à fêter. Mon père, victime d'une thrombose, venait d'être transporté à l'hôpital. Homme d'affaires assez fortuné, les meilleurs spécialistes furent appelés à son chevet et on lui sauva la vie pour nous le laisser paralysé du côté droit sans usage de la parole, avec un caillot au cerveau qui devait nous le rendre insupportable... pendant dix ans. C'est de cette façon que j'ai connu mon père et de cette façon que j'ai pu admirer toute la patience de ma pauvre mère qui l'a gardé sous son toit, beau temps, mauvais temps, de bonne humeur parfois mais plus souvent enragé comme un taureau devant la cape du matador. Il n'était pas facile, ce père qui a rendu malgré lui la vie difficile à ma mère, mais quand il a rendu l'âme dix ans plus tard, je vous avoue avoir échappé un soupir de soulagement... surtout pour elle ! Non, je ne l'ai guère connu et c'est peut-être parce que c'est aujourd'hui la fête des Pères que j'ai eu envie de vous parler du mien. Je le regarde et me demande comment aurait été notre relation, si nous avions des points en commun, si lui et moi aurions pu être de bons copains. Ma mère se plaît à répéter : « Avec ton père, on n'a manqué de rien ! » mais est-ce là assez pour en faire un héros dans ma tête ? À l'époque, un homme responsable était déjà considéré comme maître de céans. On n'en demandait pas plus et la tendresse n'avait guère son mot à dire. Moi qui suis à mon tour père, moi qui suis entouré de deux enfants qui m'aiment parce que j'ai su les aimer, je me demande si la même chose aurait pu se produire avec lui si Dieu lui avait prêté longue vie. C'est peut-être parce que je suis face à un point d'interrogation que chaque année j'ai beaucoup de misère à parler des pères et tant de facilité à vanter les mérites d'une mère. Bref, le seul père que je connaisse à fond, c'est celui que je suis devenu avec les ans et il est plutôt gênant de parler de soi quand on a des enfants pour le faire. Je pense avoir réussi dans ce rôle que le ciel m'a confié, mais lui, comment aurait-il été s'il avait pu être sur scène au lever du rideau ? Devant le portrait de mon père, je me questionne, bien sûr, mais je me raisonne en me disant qu'il aurait peut-être été comme moi, un homme plein d'affection pour ses enfants. Je n'ai jamais eu l'occasion de lui dire « Bonne fête des Pères, Papa ! » mais je le lui murmure

dans l'au-delà avec l'espoir qu'il m'entendra. Vous avez encore le vôtre ? Voulez-vous lui dire s'il vous plaît avec
entrain… ce que je n'ai jamais pu dire au mien ? !

Elle s'en va de nous...

Oui, tout doucement, notre fille bien-aimée nous quittera comme un oiseau quitte son nid pour voler de ses ailes au bras d'un époux qu'elle a choisi. Nous n'avons que deux enfants, ma femme et moi, et voilà qu'après son frère, c'est au tour de notre petite dernière d'emprunter le sentier de sa propre vie. C'est à mon bras qu'elle franchira le seuil de l'église qui l'unira le 5 août 1989 à Christopher, ce prince charmant qu'elle a trouvé alors qu'elle enseignait en Saskatchewan. C'est bien pour dire, on ne sait jamais dans quel coin du globe terrestre l'amour nous fera son clin d'œil. Je la vois déjà, robe de satin et dentelle, collier de perles, voile blanc orné de fleurs, bouquet de roses à la main, faire son entrée solennelle afin de rejoindre l'homme qu'elle aime au pied de l'autel. Dieu que le temps passe vite ! Il me semble qu'il n'y a pas si longtemps elle me demandait encore la permission de rentrer après dix heures. Il me semble même que c'est hier que je la berçais dans mes bras alors que, toute petite, elle suçait son pouce pour s'endormir. Oui, je l'ai bercée de mon amour et de ma tendresse, cette petite fille que je gardais égoïstement pour moi. Ma pauvre épouse, qui était déjà fort affairée avec l'aîné, n'avait même pas le temps de s'en emparer que déjà... elle était auprès de moi avec « encore une autre histoire, papa ! » Je me souviens de sa première communion, et juste avant, de ces dimanches où nous l'emmenions au Jardin botanique et qu'elle boudait quand on voulait la prendre en photo parmi les fleurs. C'est son frère qui, avec ruse, finissait par la convaincre. Elle était souvent entêtée notre petite Sylvie que j'appelais affectueusement « ma Bobinette ! » Oui, elle avait du caractère parfois. Tout comme son père… pourrait ajouter sa mère ! Les années se sont succédé et jamais cette douce enfant n'a su nous inquiéter, ne serait-ce qu'un moment. Vive, agréable, équilibrée, nous n'avons que de merveilleux souvenirs de son adolescence. C'était vraiment… la perle rare ! Elle s'en va de nous, mais je ne le dis pas avec ressentiment. Notre petite fille n'est plus une enfant. Au moment de prendre époux, elle aura fêté son vingt-septième printemps. Il est tout à fait normal qu'on en vienne à quitter ses parents, non ? Mon épouse et moi avions à peine franchi la vingtaine quand nous avons uni nos vies. De nos jours, ils ont plus que l'âge de raison les mariés qui s'échangent des vœux. En un mot, je pense qu'ils savent ce qu'ils font… beaucoup plus que nous le savions. Elle s'en va de nous et vous allez me dire que la maison va être vide, sans doute trop grande pour deux, sans vie même ? Je ne crois pas. Nous aimons nos enfants, ma femme et moi, mais ce retour à deux se voudra peut-être le repos des guerriers que nous attendions au fil des années. Nos enfants sont partis tour à tour travailler à l'extérieur et peu à peu, nous nous sommes conditionnés à vivre sans eux, tout en les sachant tout près. Ce n'est pas parce qu'ils ne sont plus sous notre toit qu'ils ont fui notre cœur. J'ai même l'impression que des enfants, c'est encore plus près de leurs parents quand ils sont plus loin… que tout contre. Elle s'en va de nous, mais c'est avec joie au cœur que nous la verrons partir, sachant qu'elle emprunte le chemin du bonheur. Celui qu'elle aime et qui l'aime, comme seuls les mariés savent aimer, lui tendra la main pour l'entraîner sous le charme d'un merveilleux destin. Tout comme son frère, elle franchira à son tour la porte de la maison paternelle sur un nuage d'espoir. Oui, elle s'en ira de nous au nom de l'amour, au gré de sa vie, mais d'un signe de la main, je sens qu'elle laissera derrière elle, un morceau de son cœur… sur un gant de dentelle !

L'amour jusque dans l'au-delà...

Je vous ai souvent parlé de ma mère de son vivant et même après sa mort. Vous rappelez-vous ce billet alors que je vous parlais du plus grand amour de sa vie qu'elle avait ressenti à l'âge de… soixante-dix-huit ans ? Comment c'était beau de la

Ernest Charette
1901 – 1988

voir, amoureuse, comme si elle avait eu encore vingt ans ! Cela prouvait en outre que l'amour n'avait pas d'âge et qu'il était possible de découvrir l'être de sa vie à l'hiver de ses derniers espoirs. Elle l'a aimé « son Ernest », comme elle n'avait jamais aimé mon père. Il représentait tout pour elle, au point qu'elle oubliait d'appeler ses propres enfants. Mon Dieu qu'elle a été belle cette histoire ! Il est vrai que le temps ne respecte pas ce que l'on fait sans lui. Depuis le départ de mon père, il y a vingt-cinq ans, ma mère semblait avoir fermé son cœur à tout jamais. Elle n'espérait plus rien, sauf vivre pour ceux qui l'entouraient. Et soudain, lentement, doucereusement, Ernest s'infiltra dans l'entrebâillement de ses volets clos. Libres tous les deux, ils ont uni dès ce jour toutes les forces des dernières rimes du verbe aimer. Ils se fréquentaient délicieusement, amoureusement… comme deux enfants. Qu'elle était belle l'image de leur bonheur ! L'homme qu'elle ne voulait plus quitter a par la suite été hospitalisé et c'est sans relâche, jour après jour, soleil d'été ou vent froid de janvier, qu'elle le visitait, lui apportant le réconfort et la chaleur de son faible cœur. Chaque matin, il attendait anxieusement qu'elle lui téléphone, qu'elle lui dise qu'elle allait venir le jour même. C'était là sa raison de vivre. Puis un jour, subitement, sans même un mot d'adieu, ma mère est partie pour les Cieux. Ernest attendit le fameux coup de fil quotidien… qui ne vint pas ce jour-là. Sa douce compagne était déjà dans l'au-delà, sans même l'avoir consulté, sans le dernier baiser. Elle m'avait dit quelques jours avant sa mort alors qu'elle ne se sentait pas bien : « Denis, si jamais je pars avant lui, dis-lui que je vais venir le chercher ! » À d'autres moments, elle murmurait : « J'aimerais mieux qu'il parte avant moi, même si je ne pourrais pas lui survivre ! » Elle craignait tellement qu'il soit dépourvu sans elle, qu'il manque d'affection, de tendresse… même si « son vieux » avait des enfants dévoués qui l'entouraient de bienfaits. Il a eu bien de la peine, son cher Ernest, quand sa fille lui a annoncé que sa petite fiancée ne reviendrait jamais plus. Il a pleuré, il est resté muet, pantois, et a continué d'attendre ses appels pendant des mois. Et voilà que dix-huit mois après elle, c'était au tour de Ernest de rendre l'âme. J'imagine à quel point ma mère a dû plaider sa cause auprès du Seigneur. Le pauvre vieux s'est éteint tout doucement et quand je suis allé le voir au salon funéraire, j'ai perçu sur son visage une espèce de sourire que seuls ont les morts qui partent heureux. Ma mère avait tenu promesse et si trois saisons s'étaient écoulées avant qu'elle ne soit exaucée, c'est peut-être parce que Ernest avait un dernier petit péché véniel à expier. Là, ils sont enfin réunis et pour l'éternité. Ces bienheureux octogénaires poursuivront leur voyage de noces dans un bien plus beau paradis que sur la terre. Ce Noël qui vient, ils pourront une fois de plus le célébrer ensemble, mais dans la joie d'avoir l'Enfant-Dieu auprès d'eux. Parfois j'y pense et je me demande comment les choses s'arrangent de l'autre côté. Ernest avait eu une épouse avant elle et ma mère a dû se retrouver face à face avec mon père. J'avoue que ça me laisse perplexe, mais le bon Dieu a sûrement prévu tout ça. Un mystère de plus, quoi ! Il existe peut-être un onzième commandement que nous ne connaissons pas, pour ceux qui ont juré de s'aimer… jusque dans l'au-delà !

Douce nostalgie...

À l'approche de ce Noël qui vient, j'ai repris pour un soir mon cœur d'enfant et je me suis évadé, les yeux fermés, dans le sentier de mes jeunes années. Oui, je suis nostalgique et je dirais même que je m'ennuie terriblement de ces Noëls d'antan, ceux de ma douce jeunesse. Je me revois encore à l'âge de six ou sept ans alors que le plus vieux de mes frères venait nous dire, à nous les plus jeunes, que le Père Noël était à quelques maisons de chez nous et qu'il fallait vite dormir si nous voulions qu'il nous laisse des cadeaux. Quel doux sommeil que celui d'un enfant qui espère en la joie, au bonheur d'être choyé ! Je ne peux oublier ces matins où, levé tôt parce qu'agité, je trouvais au pied du sapin, pas une tonne de jouets, mais au moins celui que j'avais demandé. Je me rappelle encore ce petit singe sur un tricycle que l'on montait à l'aide d'une clé pour le voir faire ses pirouettes. Comme je l'avais désiré, ce jouet dans la vitrine du coin et voilà qu'il était enfin à moi. Je n'oublierai jamais le sourire de ma mère alors qu'elle faisait cuire sa dinde, car à ce moment, c'est le souper de Noël qu'on prenait en famille et non le réveillon. Avec des sous ramassés pendant toute une année à faire des courses pour les voisins, j'avais réussi à lui acheter un beau « compact » avec un camée dessus, dans lequel elle pouvait mettre sa poudre. Imaginez ! Il m'avait coûté 4 $, une fortune à l'époque, et ma mère avait trouvé le cadeau trop coûteux pour mes moyens. Je me rappelle aussi cette fameuse bûche traditionnelle qu'elle achetait du boulanger qui passait de porte en porte et aussi le fameux gâteau aux fruits... que nous n'aimions pas mais qu'elle adorait. J'ai aussi la nostalgie des Noëls de mon adolescence, alors qu'à quinze ans j'avais eu mon premier vrai réveillon chez «ma blonde» qui allait devenir ma femme cinq ans plus tard. Le *Minuit, Chrétiens* de Raoul Jobin, le *Petit Papa Noël* de Tino Rossi et, bien sûr, des «plain» qu'on dansait collés, surtout ceux des Four Aces ou de Patti Page. Et voilà que j'ai aussi la nostalgie des Noëls de mes enfants alors que, tout petits, ils ouvraient leurs cadeaux au pied du sapin. J'ai toujours conservé le culte de la crèche et même en ce Noël qui vient, elle sera au pied de l'arbre. Oui, je les revois mes enfants, au fil des ans, ouvrir leurs présents, nous remercier chaleureusement et nous combler à leur tour de joies incommensurables. Les traditions ont pris un autre aspect et, maintenant, ce sont mes enfants qui partent réveillonner alors que ma femme et moi préférons une bonne nuit de sommeil pour être en meilleure forme le jour même. Finis ces «rock'n'roll» endiablés de Presley que nous dansions toute la nuit et les «rye» que nous buvions parfois jusqu'à en être malades. Quand je revois toutes ces images de mon passé et que j'en regarde toutes les photos, mon plus grand regret est de réaliser que tant d'être aimés sont disparus depuis, et qu'ils ne seront pas là cette année pour que nous puissions leur offrir nos vœux. Ces gens qui aimaient nos dîners, ces douces personnes qui chantaient en chœur avec nous et que Dieu a rappelées auprès de Lui. Faut croire qu'il est beau le dernier voyage puisque personne n'en revient. C'est peut-être du ciel que tous ces êtres aimés président notre Noël et ils sont sans doute encore de la Fête. Douce nostalgie... fais vite place à la réalité et que ce Noël qui vient nous soit le présage des plus grandes joies... de demain !

Ceux qu'on oublie...

L'ambiance est dans l'air et déjà l'on entend la musique de Noël dans les magasins, à la radio et même sur nos tourne-disques puisqu'on a sorti de la poussière, tous nos microsillons d'hier. Dès lors, on pense à ceux qu'on aime et qu'on veut combler d'amour et de cadeaux. On se dit : « Que pourrais-je offrir à Micheline, à Christophe ou à Michel et Sylvie ? » On ne veut pas oublier ceux qui nous sont chers, ceux à qui on veut offrir avec tendresse une partie de soi... car c'est la joie. Le sapin est garni, la dinde farcie, les invitations lancées. Bref, on tient à bien réveillonner sachant et souhaitant surtout que rien ne viendra entraver les festivités. On pense même à ceux qui ne sont plus là pour fêter Noël avec nous cette année. À cette mère qui n'est plus de ce monde, à ce fils qu'on a perdu et qui attriste les préparatifs. À ces amis qui encore l'an dernier étaient de la fête sans se douter qu'ils ne seraient plus là cette année. Oui, il y a tout ce monde qu'on n'oublie pas mais, de par le monde, que penser, que faire... de tous ceux qu'on oublie ? Ces oubliés des réjouissances, ce sont les malheureux qui à travers le monde se demandent si quelqu'un daignera penser un instant à eux en cette nuit de décembre. Des enfants sans parents qui, d'un foyer nourricier à un autre, espèrent chaque fois que, le Père Noël, eux aussi y ont droit. Un petit jouet dont ils rêvent, un tout petit morceau de gâteau aux fruits, une affection, un geste de tendresse. Parfois, même ces petits bonheurs leur sont interdits. Si je parle avec chagrin de ces enfants d'ici, imaginez ce que sera Noël des enfants de la guerre qui n'auront pour tout artifice que ces bombes qui pleuvent sur leur tête. Je sais qu'on ne peut soulager la misère lointaine, les inviter à notre table, mais le seul fait d'avoir pour eux une pensée, une prière, et je suis certain que leur sort sera déjà plus confortable. Le bon Dieu n'est-il pas toujours aussi miséricordieux ? Je pense aussi à ces grands malades dans les hôpitaux, à ceux qui ne pourront sortir pour festoyer, pour rire et s'amuser. Ah ! si seulement mon présent pouvait être un arrêt momentané de leur douleur. Ceux que nous oublions aussi dans nos prières, ce sont ces personnes handicapées qui tenteront de s'amuser d'un fauteuil roulant ou confinés sur un brancard à regarder le sol plutôt que le ciel. Bien sûr qu'on peut se pencher pour leur offrir une joie ou un présent et si le don est accepté avec le sourire, leur Noël ne sera pas impotent. Je songe aussi à ces personnes âgées qu'on oublie trop souvent et qui se retrouvent dans des résidences qu'on appelait autrefois « hospices ». Oui, tous ces vieux qui ont jadis été jeunes et qui maintenant sont oubliés de leurs propres enfants. Ces gens d'un autre âge pour qui Noël ne veut plus rien dire avec les yeux, mais qui en ont gardé la saveur dans leur cœur. Fort heureusement, il y a de nos jours ces bénévoles que je qualifie de samaritains qui viennent gentiment leur tendre une part de bonheur de la main. Comme ils ont du mérite tous ceux qui s'oublient… pour ne penser qu'aux autres. Je pourrais aussi parler de ceux qui n'ont presque rien à se mettre sous la dent, de ces pauvres itinérants, et même des chats de gouttière qui attendent le bon vouloir de nos restants. Je ne voudrais pas pour autant enlever la joie du cœur de ceux qui festoient. Noël, c'est un moment à passer, un beau moment pour les pensées. On ne peut pas tout régler, c'est certain, mais le seul fait de s'arrêter à songer un instant à tous ceux qu'on oublie, c'est peut-être la clef de notre propre paradis. À vous tous qui êtes heureux et en santé, un très Joyeux Noël. Aux autres, les oubliés, les malmenés… tout le bonheur qui peut venir du ciel ! Et c'est ainsi que dans les cœurs naîtra la joie… quand sonnera l'heure !

Être plus raisonnable...

Eh oui ! le temps des Fêtes est révolu... ou presque. On a trinqué, on a mangé, on s'est fait plaisir et on a dépensé ! Sans doute trop peut-être ? C'est votre carte de crédit qui, à la fin du mois, se payera maintenant votre tête. Moi, en ce temps des réjouissances, pour la première fois je m'étais juré d'être plus raisonnable. J'ai bien sûr offert des cadeaux à ceux et celles qui me sont chers, mais de façon intelligente. Au lieu de déposer au pied du sapin une douzaine de babioles pour chacun, j'ai pensé n'offrir qu'un seul cadeau, mais un présent de choix et de bonne qualité. Un seul cadeau pour chacun, mais combien apprécié. J'ai aussi modifié ma façon d'être dans les extravagances qui de coutume semblaient combler mon bien-être. Ces dépenses folles chez mon tailleur, je les ai bannies de mon orgueil. N'avais-je pas sous la main, complets, chemises, cravates, chaussures, bref, tout ce dont j'avais besoin pour le peu d'occasions d'en profiter ? J'ai donc mis de côté une certaine vanité qui me coûtait jadis les yeux de la tête et j'ai analysé le tout avec raisonnement. Mon épouse a fait de même. D'ailleurs, tout ce dont nous avions convenu, c'était quelques petites réunions intimes avec les membres proches de ma famille. Qui donc avions-nous à impressionner ? Ma femme, parée de la plus jolie robe de sa garde-robe a fait bonne figure, et moi, n'avais-je pas à portée de la main deux ou trois complets qui n'attendaient que les grandes occasions ? J'avais un urgent besoin d'un manteau ? C'est fait ! Le reste n'aurait été que superflu. Ma fille désirait une montre-bracelet qui se voulait nécessité... et l'a obtenue. Mon fils et son épouse rêvaient d'un tableau pour leur mur de salon et on le leur a offert. Mon futur gendre était pauvre en chemises ? Son problème n'existe plus. Et ma petite-fille dans tout ça, que pouvait-elle désirer à l'aube de ses huit mois ? Choyée par ses parents, elle eut droit de notre part à un charmant petit pyjama auquel nous avons ajouté une petite poupée, histoire de la voir s'ébahir. Et voilà que pour la première fois, ma carte de crédit ne fronce pas les sourcils. Vous savez, avec le temps, et je parle des gens de mon âge, les besoins sont moindres. On en vient même à se départir de choses qui nous semblaient essentielles autrefois. On ne le fait pas par souci d'économie, mais tout simplement parce qu'on n'en a plus envie. Simplifier son avoir, amoindrir ses désirs, voilà ce qui se produit quand la raison l'emporte sur l'euphorie. Un poète disait : « Je suis riche des biens dont je peux me passer. » Et c'est tellement vrai. La voiture de l'année pour impressionner, c'est périmé en ce qui me concerne. Une cave à vin bien remplie, c'était de la folie à grand prix. Les voyages qu'on n'a même pas le goût de faire, c'est du surmenage. Non, pour être heureux, calmes et sereins, il nous faut beaucoup moins. Désormais, ma maison n'a plus l'allure d'un magasin. C'est comme les ventes d'après les Fêtes. A-t-on besoin de tout ce qu'on achète juste parce que c'est moins cher ? Moi, je vous le dis, j'ai passé un temps des Fêtes réussi. Un bon repas sur la table, quelques bouteilles de vin, mes enfants... et beaucoup d'amour. Être raisonnable, c'est ouvrir son cœur sans trop délier sa bourse. Il m'aura fallu bien du temps pour le comprendre, mais c'est avec les ans... qu'on finit par apprendre !

C'est dans l'temps du jour de l'An...

« On s'donne la main, on s'embrasse... » Tout le monde connaît la célèbre chanson de La Bolduc et après plusieurs décennies, on la chante encore... faute de mieux ! Je l'écoutais dernièrement et je me disais : « Mais, c'est encore ça le jour de l'An et c'est tant mieux ! » Oui, c'est un beau moment de réjouissances qui s'amène quand on sonne le minuit qui nous fait sauter d'une année à l'autre. Encore chanceux d'être là n'est-ce pas, quand on en a vu tant d'autres ! Pour moi, c'est un jour quasi solennel puisque j'entame la toute première page de mon nouveau journal intime. J'ai déjà rangé celui de l'an dernier, non sans y avoir jeté un dernier coup d'œil. Finalement, elle a aussi eu ses bons moments celle qui s'éteint, même si on s'attend toujours à mieux de celle qui vient. Je revis mes quatre saisons et je me dis : « Bien oui, il y a eu la canicule, une visite médicale par-ci, une chez le dentiste par-là, mais n'ayant pas eu à subir les fracas de "gros malheurs", faudrait quand même se contenter des belles joies du cœur. » Là, à quelques pas d'entrer dans le mois de janvier, j'en suis déjà à inviter « la parenté » afin de célébrer n'importe quoi ou à peu près. Pourquoi ? Tout simplement parce qu'il est de mise de se souhaiter une « bonne santé » et « le paradis à la fin de nos jours ». Quand on ne sait pas quoi dire, on s'écrie « Je te souhaite tout ce que tu désires ! » Ah !... ces désirs ! Ils sont nombreux au fond de l'âme, mais parfois si « fous » qu'on sait d'avance qu'ils ne se réaliseront pas du tout. C'est comme les résolutions. Belle tradition sans doute, mais qui donc tient à ce point ses promesses ? Non, je n'ai pas envie d'enlever cette joie à qui que ce soit. Je suis un fanatique de tout ce qui ne meurt jamais et le jour de l'An me permet d'être une fois de plus « une bonne carte de souhaits ». Ce qui importe en ce jour qui pointe, c'est de se lever du bon pied, le cœur rempli d'amour, sourire aux lèvres. On se doit aussi de se gaver encore de tourtière, de prendre quelques verres, de dire à ceux qui nous aiment à quel point ils nous sont chers. C'est la journée pour décompresser, pour s'apaiser, pour reprendre son souffle. C'est également la journée pour faire le point sur sa vie, sur son avenir, sur ce petit demain qui s'en vient… puisque dans quelques jours, nous en serons encore à gagner notre pain. Qu'importe ! N'est-ce pas là ce qu'on fait depuis tant d'années ? Le seul fait d'être encore en vie et heureux de l'être et l'année pourrait même se lever sur une tempête que ça ne changerait rien. Pas quand on se sent bien au fond de son cœur… et c'est là ce que je vous souhaite du fond du mien. Bonne et Heureuse Année à tous !

Jusqu'à mon dernier souffle...

Oui, jusqu'à mon dernier souffle je ne cesserai jamais de me battre pour que des mères et des enfants ne soient plus malmenés. Pour que des malheureux n'aient plus à coucher sur la place publique et pour que des gens qui souffrent sur un lit d'hôpital ne cessent d'espérer. Jusqu'à mon dernier souffle je jure de donner le meilleur de moi-même afin que ceux qui s'aiment ne cessent de rêver et que le sourire ne fasse jamais place à la grimace. Je ferai en sorte d'être bon, d'être là quand les autres ont besoin de moi, sans pour autant négliger ma propre qualité de vie. Je me soulèverai sans cesse contre la bêtise humaine et contre l'injustice sous toutes ses formes. Peut-on regarder cette bonne vieille terre rouler à l'envers sans ne rien oser faire ? Non, je m'élèverai au-dessus de mes forces s'il le faut, mais je ne permettrai jamais que des vieillards soient maltraités et que de pauvres petits bébés soient lâchement abandonnés. Jusqu'à mon dernier souffle je tenterai, ne serait-ce que par des mots, de réhabiliter tous ces prisonniers qui se sentent condamnés par l'humanité. Il n'y a pas de vain espoir quand on ne ferme pas les yeux sur tout ce qui est noir. J'irai même jusqu'à appuyer tous ces êtres qu'on dit marginaux et qui sont repoussés comme s'ils n'étaient pas de notre société. Comme si la vie se devait d'avoir un seul couloir. Allons donc ! Devant toutes ces misères, le plus grand mal qu'on puisse se faire... c'est de se taire. On n'a pas le droit de passer outre en se disant que d'autres vont s'occuper... des autres. Des animaux qu'on malmène et déjà je proteste. Il y a trop de gestes gratuits, irréfléchis, pour qu'on puisse tourner la page comme si nous étions d'un autre âge. Trop de difformités pour continuer sa route sans être dérangés. Jusqu'à mon dernier souffle je me battrai contre les «Grands» qui font qu'il y a des guerres et non la paix sur terre. Je plaindrai tous ceux qui font qu'il n'y a pas assez de lits dans nos hôpitaux et que des maisons soient sans chauffage en plein février. Jusqu'à mon dernier souffle je vaincrai ces lois qui font que nous n'avons plus de droits et je blâmerai tous ces gouvernements qui se succèdent au gré de promesses qu'ils ne tiennent jamais. Je me plaindrai du fait qu'on piétine des fleurs et qu'on abîme sans raison les beautés de la faune de notre civilisation. Je me soulèverai contre le parti pris, contre l'aberration, contre l'hypocrisie et les préjugés. Je revendiquerai les droits des humains en milieu de travail et n'accepterai pas que l'on gagne ses lauriers au détriment de ceux qui gagnent leur pain. Jusqu'à mon dernier souffle je livrerai un combat pour que plus jamais d'enfants soient abusés et que des femmes soient violées et forcées de n'en rien dire. Jusqu'à mon dernier souffle je prierai, oui, je prierai pour que dans d'autres pays on cesse de crier famine. Je prierai également pour que des humains en viennent à comprendre que le paradis peut avoir une certaine part sur terre. Je prierai pour que la solitude n'existe plus, pour que chacun rencontre l'âme sœur et pour que la vie s'écoule sous les auspices du bonheur. Jusqu'à mon dernier souffle je ferai en sorte d'être bon pour que le mal s'estompe et que la joie fasse salle comble. Comme tout vient droit du cœur, je tenterai d'extraire du mien quelques rires pour contrer les pleurs, quelques baumes pour apaiser toutes les douleurs. Oh! non, je ne suis pas le bon Dieu, mais puisqu'il y en a un et qu'il n'attend que nos prières, je le prierai pour ceux qui souffrent… jusqu'à mon dernier souffle !

Tout sentier
mène au bonheur,
quand la boussole
... en est le cœur !

Table des matières

AU CŒUR DES SENTIMENTS

AU GRÉ DES ÉVÉNEMENTS

Achevé d'imprimer
au Canada
en septembre 2004